❋

깊은 감사와
사랑하는 마음을 담아
이 책을 드립니다.

지혜로운 조부모의
감성 육아법

지혜로운 조부모의
감성 육아법

한눈에 쉽게 읽히는 손주 돌보기 대백과

맑은샘생명학교

송금례 | 김은혜 | 유석란 | 이옥선
정혜기 | 권정혁 | 김선일 | 김정민

여는 글

다시 아기 돌볼 준비를 하는 시간

자식을 낳아 부모가 되고 정성스럽게 아이들을 키워 시집, 장가 보내면 이제 그 아이들이 자식을 낳아 부모가 됩니다. 손주를 품에 안게 된 할머니, 할아버지는 아기가 마냥 예쁘고 귀엽습니다. 기쁨에 들떠 아기를 돌보는 일에 뛰어들지만, 막상 겪어 보면 여러 가지로 어려움이 있는 것이 현실입니다.
손주를 돌보면서 자녀들과 갈등을 겪게 되고, "나도 다 그렇게 키웠어!"라고 큰 소리치지만 정말 누군가 "괜찮아요. 잘하고 계세요.", "네, 맞아요. 그건 그렇게 하는 거예요.", "다음부터는 이렇게 하시면 돼요."라고 격려해 주고, 위로해 주었으면 하는 마음이 늘 있습니다.

현장에서 조부모 손주 돌보기 강의를 하면서 만나는 많은 할머니, 할아버지들은 여러 가지 고민에 빠져 계십니다. 그 가운데 하나가 요즘 젊은 사람들은 어떻게 아기를 키우는가 하는 것입니다. 조부모의 손주 돌보기는 모두 자식과 손주를 사랑하는 마음에서 시작됩니다. 그러나 막상 육아 현실은 할머니와 엄마의 육아 방식의 차이, 아이 부모와 조부모와의 좋지 않은 관계, 워킹맘의 육아 스트레스, 응급상황 시 서로 다른 대처 방법, 미디어(TV, 휴대폰, 컴퓨터) 중독 등으로 갈등이 증폭되어 매우 힘든 상황입니다.

그럼에도 불구하고 많은 젊은 부부들이 맞벌이를 하면서 '소중한 내 아이'를 마음 놓고 맡기고 나가서 일할 수 있는 최선책이 조부모가 될 수밖에 없는 지금입니다. 그렇다면 '어쩔 수 없이'가 아닌 '감사함으로' 육아에 대한 생각의 차이를 좁히고, 지나가면 오지 않을 소중하고 행복한 시간을 온 가족이 준비하고 누릴 수 있어야 합니다.

조부모 교육은 항상 있었습니다. 그러나 조부모 교육의 구체적인 매뉴얼은 없었습니다. 출산 후부터 미취학 이전의 교육에는 사랑이 아주 중요합니다. 이때 할머니, 할아버지로부터 받는 무조건적인 사랑과 아이의 눈높이에 맞춘 따뜻한 시선은 학교에서도 배울 수 없는 자존감, 정체성, 좋은 인성과 사회성, 배려심, 인내심, 정서적 안정감, 유대감을 형성시킵니다. 평생을 좌우하는 가장 중요한 시기인 '태어나서 첫 3년'의 애착 형성으로 몸과 마음이 따뜻하고 건강한 사람으로 성장할 수 있는 경험과 기회를 주는 것입니다.

조부모가 아이와 놀아 주고, 씻기고, 먹이고, 재우는 일만 하는 것은 아닙니다. 단순히 아이가 다치나 안 다치나 안과 밖에서 관리 감독만 하는 것도 아닙니다. 그렇다면 조부모 교육은 무엇일까요? 할머니, 할아버지가 육아에 나서야 하는 이유는 무엇일까요? 온 가족 육아가 아이에게 주는 영향은 무엇일까요?

조부모는 엄마, 아빠 다음으로 아기와 가까운 가족입니다. 맞벌이를 해야 하는 젊은 부부들을 대신하여 할머니가 엄마가 되고, 할아버지가 아빠가 되어 사랑의 손길로 토닥토닥 손주를 키웁니다. '할마'(할머니 + 엄마), '할빠'(할아버지 + 아빠)라는 신조어가 생겨날 정도로 요즘의 비교적 젊은 조부모들은 손주들에게 사랑을 듬뿍 줍니다. 엄마, 아빠의 빈자리를 채워 주는 것이지요.

또한 조부모는 먼저 살아온 인생 경험이 풍부하기에 마음의 여유와 지혜를 갖추고 있습니다. 그리하여 요즘 아이들이 겪어 보지 못한 경험을 간접적으로 전해 줄 수 있고, 급하고 빠르게 변화하는 세상에서 아이가 자기 중심을 잘 잡을 수 있도록 정서적인 안정을 갖게 해줍니다. 나아가 조부모는 부모보다 조금 더 멀리, 조금 더 넓게 바라보면서 감성을 건드려 주고, 따뜻한 사랑을 충분히 전할 수 있는 여유와 혜안이 있습니다.

미국 최초의 흑인 대통령을 지낸 버락 오바마도 외할머니의 손에 길러졌습니다. 그는 "내가 편견 없이 자랄 수 있었던 것은 모두 외할머니 덕분이었다."고 말했습니다. 조부모의 손에서 길러진 아이는 편안함 가운데 정서적인 안정과 풍부한 감성과 자발적인 자주성을 가지고 자라날 수 있습니다. 이것이 부모와 다른 조부모 육아의 장점입니다.

'인생을 살아가면서 자녀 교육만큼 중요한 일이 있을까' 싶을 정도로 누구나 삶 속에서 교육의 중요성을 깨닫고 실제 경험으로 체득하며 살아가고 있습니다. 지금까지 인류에게 가장 큰 영향을 준 분야는 교육입니다. 그래서 모든 사람들이 그 필요성을 절감하고 있는 것입니다.

그러나 교육은 각자의 관심과 노력에 따라서 그 효과가 다 다릅니다. 교육은 성장 과정에서 정확한 때에 전략을 가지고 일관성 있게 삶으로 보여 줄 때 가장 효과적이기 때문입니다.

　　이 책은 할머니, 할아버지의 마음과 경험을 기초로 건강하고 따뜻한 가족을 만들기 위한 손주 돌보기 지침서입니다. 어머니이기도 하고, 할머니이기도 한 각 분야의 육아 전문가들이 시대적 요구에 부응하여, 영유아 교육, 육아 상담, 조부모 교육, 의료, 교육 현장에서 경험한 산지식을 집대성한 것입니다.

　　이 책을 다 읽었을 즈음, 무릎을 탁 치며, 할머니와 할아버지는 자신감을 갖게 되고, 엄마는 육아 스트레스로부터 자유로워질 수 있을 것입니다.

2019년 3월

차례

여는 글 _ 다시 아기 돌볼 준비를 하는 시간   4

part 1 손주 탄생 전에 해야 할 건강 챙김, 마음 챙김 ······ 15

아기의 탄생은 가정의 축복
조부모는 세대 간의 갈등을 줄이는 연결고리
조부모 양육이 아이에게 미치는 좋은 영향력

할머니·엄마·아기가 행복해지기 위한 지혜 ①
* 미리 계획하고 준비하자!   20

할머니·엄마·아기가 행복해지기 위한 지혜 ②
* 아기 부모의 양육 방식을 받아들이자!   24

할머니·엄마·아기가 행복해지기 위한 지혜 ③
* 내 건강을 챙기자!   27

할머니·엄마·아기가 행복해지기 위한 지혜 ④
* 육아 스트레스 꼭 해소하자!   30

part 2 영아기 손주를 제대로 알자 ······ 33

월령별 아기의 성장과 발달 특징   34

1장 · 갓 태어난 신생아 손주 돌보기
신생아기의 발달 특징   36
신생아 모유 잘 먹이기   40

신생아 분유 잘 먹이기	45
신생아와 놀아 주기	49
신생아 목욕 시키기	50
엄마 배 속과 같은 환경 만들기	57
신생아 재우기	60
신생아 건강 살피기	63

2장 · 2~3개월 된 손주 돌보기

2~3개월 된 아기의 특징	74
2~3개월 된 아기 먹이기	77
2~3개월 된 아기와 놀아 주기	81

3장 · 4~6개월 된 손주 돌보기

4~6개월 된 아기의 특징	83
아기의 젖니 관리	**88**
아기의 양치질 방법	**89**
4~6개월 된 아기 먹이기	91
이유식의 모든 것	**94**
초기 이유식	101
초기 이유식 레시피	103
4~6개월 된 아기와 놀아 주기	104

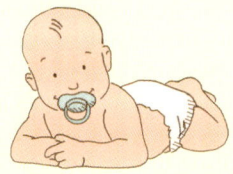

4장 • 7~9개월 된 손주 돌보기

7~9개월 된 아기의 특징	106
중기 이유식	112
중기 이유식 레시피	115
7~9개월 된 아기와 놀아 주기	116

5장 • 10~12개월 된 손주 돌보기

10~12개월 된 아기의 특징	118
후기 이유식	120
후기 이유식 레시피	123
10~12개월 된 아기와 놀아 주기	124

6장 • 13~15개월 된 손주 돌보기

13~15개월 된 아기의 특징	126
완료기 이유식	132
완료기 이유식 레시피	133
13~15개월 된 아기와 놀아 주기	134

할머니 • 엄마 • 아기가 행복해지기 위한 지혜 ⑤

＊ 이유식에 관한 질문들	135

7장 • 16~18개월 된 손주 돌보기

16~18개월 된 아기의 특징	138
16~18개월 된 아기와 놀아 주기	144
미세먼지로부터 우리 손주 지키기	146

8장 • 19~21개월 된 손주 돌보기

19~21개월 된 아기의 특징	150
19~21개월 된 아기와 놀아 주기	156

9장 • 22~24개월 된 손주 돌보기
22~24개월 된 아기의 특징 158
22~24개월 된 아기와 놀아 주기 165

part 3 아픈 손주 돌보기 167

1 영아산통(배앓이)
2 아구창
3 지루성 피부염
4 로타바이러스 장염
5 사시
6 세기관지염
7 철결핍성 빈혈
8 감기

할머니 • 엄마 • 아기가 행복해지기 위한 지혜 ⑥
✻ 다양한 감기 증상 관리법 179

9 중이염
10 축농증
11 알레르기성 비염
12 폐렴
13 요로감염
14 수족구 병
15 열성 경련
16 일광화상
17 천식
18 가와사끼 병

할머니·엄마·아기가 행복해지기 위한 지혜 ⑦
* 영유아 검진   195

part 4 예방접종 놓치지 말자 ---------- 197

기본 예방접종   198
신생아 한달 이내 예방접종   199
1~3개월 된 아기의 예방접종   200
4~6개월 된 아기의 예방접종   203
10개월 이후 아기의 예방접종   203

part 5 안전 365일 응급 처치 ---------- 209

영아돌연사증후군   210
흔들린 아기 증후군   212
월령별로 살펴보는 사고 유형과 안전 예방법   212
응급 처치 시 기본 수칙   219

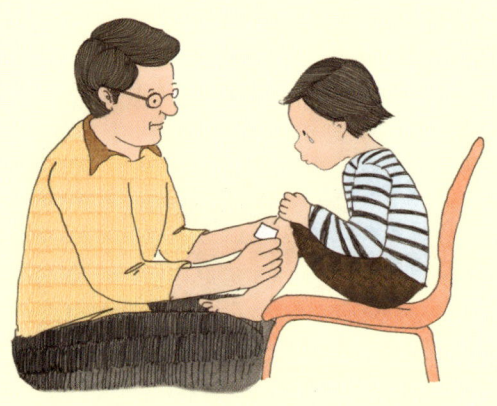

part 6 기적을 만드는 베이비 마사지 · 223

아기를 예쁘고 건강하게 만드는 마사지 224
신생아 마사지 226
기저귀 체조 227
아침에 일어난 후에 하는 마사지 228
잠들기 전에 하는 마사지 229
목욕 후에 하는 마사지 230
장 튼튼 마사지 232
두뇌 발달에 좋은 마사지 233
예뻐지는 마사지 234
성장 마사지 235
근육 이완을 위한 스트레칭 236
체형 마사지 238
감기 예방 마사지 240
비염 예방 마사지 241

조부모를 위한 특별 마사지 242
통증을 없애 주는 마사지 242
요실금 예방 발 마사지 244
관절의 통증 완화 발 마사지 245

부록 · 246

국가 기관에서 운영하는 조부모 육아지원정책 247
지역 단체에서 행하는 육아지원정책 248
스마트폰 앱을 통한 조부모 육아 커뮤니티 248
참고 자료 250
표준예방접종일정표 251

PART 1

손주 탄생 전에 해야 할 건강 챙김, 마음 챙김

아기의 탄생은 가정의 축복

저 출산 시대에 아기의 탄생은 가정의 축복이자 사회와 국가, 더 나아가 인류의 희망이 됩니다. 그러나 기쁨도 잠시, 현실은 날마다 전쟁 같은 육아를 치르고 있습니다. 때때로 어린이집의 아동폭력이나 아동학대 사건, 유치원 대란과 같은 사건이 일어나면 당장 맞벌이를 하는 부모들은 심장이 멎는 것만 같습니다. 그들을 바라보는 조부모의 마음은 또 어떻겠습니까? 곁에서 바라보다가 안타까운 마음에, 남의 손에 맡기고 불안해하느니 가족이 돌보자 싶어 어느새 손주들 양육을 맡게 됩니다.

어찌 보면 부모 다음으로 안전한 양육자가 조부모일 것입니다. 그러나 그것은 어디까지나 아기 부모의 입장인 것이고, 조부모 당사자들은 생각이 다를 수 있습니다. 황혼 육아를 피하고 싶어 손주 돌보기를 거절하는 어른들도 있고, 고민을 거듭하다가 어쩔 수 없이 손주 양육을 떠맡게 되기도 합니다. 만약 손주의 육아를 맡게 되었다면, 그 상황을 긍정적으로 받아들이고, 지혜롭게 헤쳐 나가는 것이 중요할 것입니다.

조부모는 세대 간의 갈등을 줄이는 연결고리

어느 나라나 마찬가지겠지만, 특히 우리나라 젊은 부모들은 자녀 양육에 대한 무게가 너무 커 힘들어 하는 경우가 많습니다. 그 이유는 양육비에 대한 부담과 자신의 인생 목표를 포기하고 양육해야 하는 막연한 두려움과 책임감 때문입니다. 젊은 부모는 홍수처럼 쏟아지는 양육 정보는 빠르게 습득합니다. 그러나 실제 육아에서 일어나는 시행착오에 당혹한 나머지 죄책감을 갖게 되어 스트레스가 점점 더 커지는 것입니다. 특히 워킹맘은 자녀에게 충분한 사랑과 보살핌을 주지 못하고 있다는 죄책감과 미안함이 더 큽니다. 그래서 자꾸만 아이에게 물질적으로 보상하려 하고, 일관성 없는 태도를 보이기도 합니다. 이런 것은 아이에게 혼란만 가중시킬 뿐 근본적인 문제 해결이 되지 않습니다.

육아와 관련된 문제를 해결하는 가장 좋은 방법은 누구보다 사랑해 줄 수 있는 조부모가 도와주는 것입니다. 조부모가 육아 문제를 모두 해결해 줄 수는 없지만, 경험 부족에서 오는 어려움들을 만났을 때 옆에서 도와주고, 함께 머리를 맞대고 문제를 해결할 수 있는 든든한 지원군이 되는 것은 사실입니다.

조부모의 극진한 사랑과 관심을 받고 자란 아이는 조부모에게 받은 어린 시절의 기억으로 조부모에 대한 각별한 친밀감을 느끼며, 함께 세대를 잇는 애정의 대상이 됩니다. 조부모 역시 손주와의 친밀한 관계로 큰 기쁨과 행복감을 느끼며, 가문을 든든히 세워 가는 안정감을 누리게 됩니다. 또한 조부모의 손주 양육은 젊은이들에게 노인에 대한 긍정적인 인식을 갖도록 하고, 100세 시대에 세대 간의 갈등을 줄이는 연결고리 역할을 합니다. 조부모와 함께 사는 경험들이 늘어나고, 조부모에 대한 친밀감이 깊어질수록 세대 간의 간격도 그만큼 좁힐 수 있기에 조부모의 양육 역할은 매우 중요할 수밖에 없습니다.

조부모 양육이 아이에게 미치는 좋은 영향력

스킨십을 통해 아이의 정서를 안정적으로 만듭니다

우리의 전통 육아는 애착 육아인 동시에 안정 육아를 지향했습니다. 옛날부터 내려온 우리 선조들의 육아 방식을 보면 양육자가 아이에게 충분한 스킨십을 하는 육아 방식이었음을 알 수 있습니다. 업어 주고, 안아 주며 심장 고동

소리를 듣고, 체취를 맡을 수 있도록 아기를 밀착하여 키웠습니다.

인간의 뇌는 접촉을 좋아한다고 합니다. 그러니 양육자의 지속적인 스킨십은 아이로 하여금 안정감을 느끼게 하는 중요한 행위입니다. 스킨십은 배려이고, 사랑이고, 관심입니다. 스킨십은 아이가 원하고 만족할 만큼 이루어져야 합니다. 조부모는 충분한 스킨십을 통해 아이가 심리적 안정감을 갖고 편안한 분위기에서 자라도록 하며, 부모가 해주지 못하는 빈자리를 채워 주는 역할을 합니다.

인공적인 장난감이 아닌 자연물로 놀 수 있도록 인도합니다

요즘에는 유아용 침대, 보행기, 유모차, 장난감, 게임기 등이 다양하게 쏟아져 나와 아이들의 호기심을 자극합니다. 그런데 이런 놀잇감에 빠지다 보면 부모 혹은 조부모와 분리되어 아이들의 애착 및 정서 형성에 부정적인 영향을 미칠 수 있습니다. 이런 면에서 조부모는 인공적인 장난감에 의존하지 않고, 가까운 자연 속에서 다양한 놀잇감을 찾아 놀 수 있는 방법을 아이에게 가르쳐 줄 수 있습니다.

아이는 자연물 장난감을 갖고 놀다가 그 자리에 두고 오면서 놀잇감이 다시 자

연이 되는 것을 저절로 배웁니다. 자유로운 놀이를 통해 자연의 순리를 배우고 안정적인 정서를 갖게 되는 것입니다. 이처럼 조부모의 육아 방법은 아이의 상상력과 창의력을 자극합니다.

인생 선배로서, 자녀를 양육한 풍부한 경험을 가지고 있습니다

조부모는 양육의 경험자로서 젊은 부모가 미처 알아차리지 못하는 아이의 욕구들을 안정적이고 따뜻하게 해결해 주는 지혜가 있습니다. 손주와의 정서적 교류와 사랑의 교감을 통해 친밀한 관계를 유지하고, 가문을 중심으로 바른 인성과 성품을 기르게 해주는 능력이 조부모에게는 있습니다.

어른으로서 안정감을 주고, 내리사랑으로 세대 간의 친밀감을 키워 줍니다

조부모의 무조건적인 손주 사랑은 부모의 빈자리에서 오는 결핍을 메워 주고, 심리적인 행복감 가운데 아이들이 자라게 합니다. 또한 노인에 대한 예의와 친밀감을 갖게 하는 장점이 있습니다. 조부모는 위기의 순간에 다양한 경험으로 이를 해결하고, 주변 가족들을 안심시키는 큰 나무 그늘 같은 존재입니다. 조부모의 지혜와 경륜은 아이에게 안정적인 정서를 키워 줄 것입니다.

손주는 정말 눈에 넣어도 아프지 않을 만큼 예쁘고 사랑스럽습니다. 하지만 어린 아기를 돌보는 일은 또 다른 문제입니다. 아기와 관련된 모든 것을 도맡아 살피고 감당해야 하니, 큰 책임과 체력 소모가 따릅니다. 게다가 이제는 정보력과 경제력까지 갖추어야 하는 시대이니 손주 육아에 대한 부담감은 점점 더 커져만 갑니다. 이렇게 부담과 책임감이 앞서는 손주 양육을 보다 즐겁고 의미 있게 할 수 있는 방법은 무엇일까요? 그 방법을 알고 익히면 훨씬 지혜롭게 그리고 건강하게 아기를 돌볼 수 있을 것입니다.

할머니·엄마·아기가 행복해지기 위한 지혜 ①
미리 계획하고 준비하자!

한 가정에 태어난 손주는 조부모의 삶에 활력을 불어넣습니다. 대를 이어 삶이 이어지고 있다는 연속성과 성취감으로 노년기에 새로운 행복감을 느끼게 합니다. 신비로운 어린 생명은 조부모로 하여금 감격하게 하고 뿌듯하게 만드는 존재입니다. 그러므로 아무리 몸이 힘들어도 손주를 보호하고 양육하려는 의지가 생기는 것입니다. 하지만 육아는 하루 이틀에 끝나는 일이 아니고, 장기간에 걸쳐 지속적으로 해야 하는 것이기에 적절한 계획과 준비가 필요합니다.

1. 자신의 감정과 건강 상태 살피기

조부모는 손주 양육에 대한 책임과 부담으로 인한 스트레스를 받을 수밖에 없습니다. 스트레스의 정도는 각 개인의 정서와 신체적 건강에 따라 다를 것입니다. 예를 들어, 신체적으로 힘들거나 정서적으로 우울한 상태라면 손주 양육의 스트레스가 더 높을 것이며, 손주와의 상호작용도 원활하지 못할 것입니다.
자신의 몸과 마음의 건강 상태를 스스로 살피고, 그에 대한 적절한 조치를 취해야 불필요한 스트레스를 줄일 수 있습니다. 때문에 손주가 태어나기 전부터 지속적으로 걷기나 스트레칭, 가벼운 근력운동으로 몸의 컨디션을 끌어올려야 합니다. 육아로 인해 생길 어깨나 무릎의 부상을 방지하기 위해서입니다.

2. 스트레스를 긍정적으로 해소하기

손주를 돌보게 되면 상대적으로 개인 시간이 줄어들고 육아에 묶여 있다는 심리로 인해 사회적 고립감을 느낄 수도 있습니다. 이런 경우, 신경질이 늘고 좌절감을 느껴 자신도 모르게 아이에게 강압적인 행동을 할 수 있습니다. 그러다 보면 양육 능력에 대한 자신감을 상실하면서 심리적인 불만족으로 인해 생활 전반적인 행복도도 낮아지게 됩니다.

이럴 때는 쌓여 가는 스트레스를 긍정적으로 해결하려는 태도가 필요합니다. 적극적으로 스트레스를 해소하기 위해 운동을 하거나, 심리적으로 안정을 찾을 수 있는 음악을 듣는다거나 이웃과 대화를 하는 것입니다. 스트레스를 모른 척 하고 회피하면 또 다른 스트레스가 생길 수 있습니다.

3. 생활 사건에서 오는 스트레스는 가족, 이웃과 함께 풀기

가정 환경은 아이들에게 큰 영향을 미치는 요소입니다. 생활 사건에서 오는 스트레스는 가족이 함께 해결하려는 노력이 필요합니다. 경제적 여건이나 주거환경 등은 쉽게 바꿀 수 없기에 오히려 자신의 마음을 다스리고 환경을 해석하고 받아들이는 태도를 갖게 하는 것이 더 좋습니다.

가족이 함께하는 상호작용의 경험은 아이의 성격 형성이나 지적 발달에 긍정적인 영향을 미치게 됩니다. 아이들은 가족관계의 경험을 통해 원만한 사회생활과 친구들과의 관계를 배웁니다. 또 아이의 순탄한 사회생활을 보면서 양육자의 스트레스는 줄고 만족감도 높아지지요.

이웃과도 대화를 자주 하세요. 육아에서 받는 스트레스를 공유하고 유용한 육아 정보를 나누면 서로 공감대를 이루어 스트레스 해소가 저절로 될 것입니다. 요즘 아기를 돌보는 조부모가 많기 때문에 같은 세대의 조부모들끼리 대화를 나누다 보면 금세 가까워지고 친구가 됩니다.

4. 손주의 연령과 행동에 따라 적절한 반응 보이기

아기는 매일 매 순간 성장하고 달라집니다. 따라서 손주의 발달에 따른 행동 변화를 미리 알고 이해할 때 더 적절한 반응을 해줄 수 있게 됩니다.

• 성장 발달에 따른 변화의 이해

신생아를 돌볼 때는 아기가 무엇을 요구하는지 잘 몰라 적절히 반응하지 못하는 경우가 많습니다. 영유아의 경우는 자기주장이 강하고, 감정과 행동 조절 능력이 미숙하여 공격적인 행동을 보일 때가 있는데, 이러한 반응으로 인해 양육자인 조부모가 큰 부담감이나 불안감을 느끼게 됩니다. 특히 말을 배우거나 걸음마를 배우는 시기에는 자기중심적 사고가 훨씬 강해져서 조부모의 스트레스도 같이 높아지는데, 이때 아이를 통제하기 위해 강압적인 모습을 보이면 아이의 정서에 부정적인 영향을 미칠 수 있습니다.

때문에 아기의 성장에 따른 변화를 미리 알고 예측하는 것이 좋습니다. 아기의 수준에 맞는 언어로 대화를 시도하고, 아기의 정서적 사고와 감정을 이해한 부분을 구체적으로 설명해 주면 아기는 긍정적인 정서를 키울 수 있습니다.

• 성격이나 기질에 따라 다른 아기에 대한 이해

손주가 허약하거나 화를 잘 내며 성격이 예민하면 돌보는 일이 쉽지 않습니다. 양육할 때 훨씬 에너지가 많이 소모되고, 스트레스도 같이 높아집니다.

몸이 허약한 아이는 자주 품에 안아 주며 스킨십을 해줍니다.

자주 화를 내고 예민한 아이는 다루기가 무척 힘든 아이입니다. 그러므로 강압적으로 대하기보다는 화를 내는 이유에 대해 공감해 주는 것이 필요합니다. 일단 아이의 화를 무조건 억누르기 위해 애쓰기보다는 조용히 기다려 주세요. 예민한 아이는 주변 환경이나 자극에 민감하므로 급작스러운 환경 변화를 주는 것은 안 좋을 수 있습니다. 아이가 변화에 적응할 수 있는 시간을 주고, 그 변화를 이해할 수 있도록 미리 설명해 주는 것이 필요합니다. 단, 물건을 던지거나 폭력적인 행동을 할 때는 단호하게 그 행동을 멈추게 해야 합니다.

5. 정정당당하게 양육의 대가 받기

보통 자녀들이 맞벌이를 하는 경우는 경제적인 이유 때문입니다. 그래서 아기의 양육을 맡으면서도 자녀들에게 섣불리 양육비에 대한 이야기를 꺼내지 못합니다. 게다가 요즘에는 자녀들이 부모 집에 얹혀살면서 생활비를 아끼고, 아이들까지 맡기는 경우가 많아져서 부모의 역할이 점점 더 커지고 있습니다.

하지만 아기를 돌보는 일은 개인의 시간을 거의 다 반납하고 희생해야 하는 경우가 많으므로 그에 대한 경제적인 보상이 있어야 지치지 않고 할 수 있습니다. 실제로 아기를 키우다 보면 병원비나 간식비 등 소소하게 들어가는 돈이 많습니다. 물론 경제적으로 여유가 있어서 자녀들을 도와주고 손주까지 돌본다면 더할 나위 없이 좋겠지만, 아기를 돌보는 일이 만만치 않으므로 그에 합당한 양육비를 받아 서로 불필요한 스트레스를 키우지 않는 게 좋습니다.

6. 육아의 범위와 시간을 확실하게 정하기

육아와 더불어 빨래, 청소, 밥 차리기, 설거지 등 온갖 살림을 다 하다 보면 몸에 무리가 오고 체력적으로 한계를 느끼게 됩니다. 모든 일을 다 해줄 수는 없으므로 가능한 선에서 육아 시간과 집안일의 범위를 자녀들과 의논하여 확실하게 정하는 것이 좋습니다. 할머니, 할아버지가 지혜롭게 역할을 분담하여 육아를 감당하는 것도 한 방법입니다.

할머니 · 엄마 · 아기가 행복해지기 위한 지혜 ②
아기 부모의 양육 방식을 받아들이자!

아기를 교육하고 돌보는 일의 모든 책임은 전적으로 아기의 부모에게 있습니다. 그러므로 아기 부모의 방식을 받아들이고 변화된 양육 방법을 익히는 게 좋습니다. 조부모는 이전 육아 경험에서 오는 지혜로 아기를 안전하게 살피고 충분한 사랑을 주는 것이 가장 중요합니다.

1. 모유가 좋다고 우기지 말기
모유가 좋다는 건 누구나 다 아는 상식입니다. 하지만 모유를 먹이고 싶어도 뜻대로 안 되는 경우가 많습니다. 돼지족을 삶아 먹으면 효과가 있다는 민간요법을 강요하기도 하는데, 이런 것들이 젊은 엄마들에게는 스트레스가 됩니다. 요즘에는 돼지족보다는 마사지 등으로 모유가 잘 나오게 합니다. 오히려 돼지족은 지방 섭취로 유선이 막히게 할 수도 있습니다. 이런저런 노력에도 불구하고 모유를 먹이기 힘들 때는 아기 엄마가 죄책감을 느끼지 않도록 배려하는 것이 중요합니다.

2. 아기에게 함부로 어른 약 먹이지 않기
아기들은 수시로 아픕니다. 갑자기 열이 나거나 체할 때가 많은데, 이때 어른이 먹는 감기약이나 소화제를 쪼개서 먹이는 경우가 있습니다. 하지만 이것은 매우 위험한 행동입니다. 반드시 의사에게 검진받은 후 약 처방을 받아서 먹여야 합니다.

3. 함부로 뽀뽀하지 않기

어른들은 아이들한테 뽀뽀해 달라고 요구하거나 귀엽고 예쁘다는 표현으로 볼에 뽀뽀를 해주기도 합니다. 그런데 이것을 애정 표현으로만 받아들이기에는 사회적 분위기가 바뀌어 과도한 표현으로 여겨질 수도 있습니다. 특히 어린아이들한테는 위생적으로 좋지 않으니 뽀뽀를 강요하지 않는 것이 좋습니다. 뽀뽀를 좋아하는 아이도 있지만, 싫어하는 아이도 있으므로 아이의 의사를 존중해 주는 것이 필요합니다.

4. 아무 데서나 기저귀 갈지 않기

아기와 외출할 때 적어도 한두 번은 기저귀를 갈아 주게 됩니다. 이럴 경우 아무렇지 않게 식당이나 바깥에서 갈아 주는 경우가 있는데, 요즘은 기저귀를 갈아 주는 별도의 공간에서 하는 것을 권합니다. 부득이한 상황에서는 어쩔 수 없겠지만, 되도록 드러내 놓고 하는 것은 피합니다.

5. 꼬집고 물기보다는 쓰다듬어 주기

간혹 손주들이 예쁘다고 깨물고 꼬집을 때가 있는데, 그것이 습관화되면 아이도 애정 표현을 그런 식으로 할 수 있습니다. 스킨십의 방법이 사람마다 다르겠지만, 꼬집고 물기보다는 부드럽게 쓰다듬어 주는 것이 아이들에게 더 긍정적인 영향을 미칩니다. 또한 아이의 얼굴, 어깨, 배, 허벅지 안쪽 등은 민감하게 반응할 수 있는 부분이기 때문에 그저 지그시 손을 만져 주는 것이 좋습니다.

6. 머리숱이 없다고 무조건 머리 밀지 않기

배냇머리가 자꾸 빠지거나 머리숱이 없다고 머리를 빡빡 밀어 버리는 경우가 있는데, 이것은 젊은 엄마들이 불편해합니다. 어떤 경우에는 면도 독이 오를 수도 있습니다. 머리를 민다고 반드시 머리숱이 많아지는 것은 아니니 아기 엄마의 결정에 맡기는 것이 좋습니다.

7. 보행기 오래 태우지 않기

예전에는 보행기를 많이 태웠는데, 지금은 안전사고의 위험뿐만 아니라, 보행기를 밀기 위해 발뒤꿈치를 들고 까치발을 하게 되므로 다리 근육 발달에 좋지 않은 영향을 미칩니다. 게다가 아킬레스건의 발달이 미숙해지고, 허리에 무리가 가므로 보행기는 오래 태우지 않는 것이 좋습니다.

8. 육아 트렌드 공부하기

양육 방식이 시대마다 달라지므로 육아에 대한 새로운 정보들을 수시로 습득하는 노력이 필요합니다. 각 지역 보건소나 육아지원센터에서 시행하는 조부모 무료 교육 프로그램이 많으니 이런 교육에 참여하는 것도 도움이 됩니다.

할머니 · 엄마 · 아기가 행복해지기 위한 지혜 ③
내 건강을 챙기자!

노화는 필연적 과정입니다. 노화가 진행되면 신체적으로는 근육량 감소와 근력 저하, 기초대사량의 감소로 체내 지방이 쌓이게 됩니다. 따라서 체지방이나 복강 내 지방이 증가하고, 신체의 기능 이상과 질병의 발생률이 높아집니다. 노화가 진행되면서 활동 부족으로 오는 유연성, 민첩성, 지구력 등 전반적인 운동 능력과 균형 능력의 감소가 낙상의 원인이 되기도 합니다. 조부모는 손주를 돌보면서 자신의 건강을 돌보는 지혜를 가져야 합니다. 지속적인 건강 관리를 위해 일상생활에서 손쉽게 할 수 있는 운동을 몇 가지 소개합니다.

1. 유산소 운동

의자에 앉아 몸 앞으로 굽히기, 몸을 좌우로 비틀기, 고정식 자전거 타기, 스트레칭 등 몸의 움직임을 수시로 합니다. 유산소 운동은 체중을 감소시키고, 콜레스테롤 수치를 낮춰 줍니다. 또한 심폐지구력과 유연성을 높입니다.

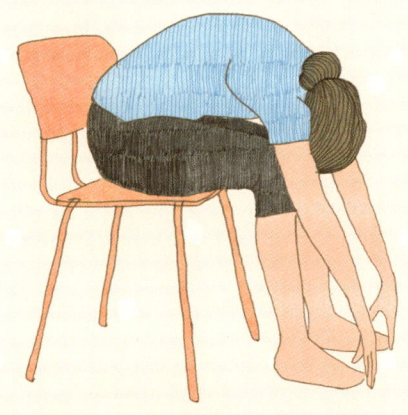

의자에 앉아 몸을 앞으로 굽히는 운동

PART 1 손주 탄생 전에 해야 할 건강 챙김, 마음 챙김

2. 근육 강화 운동

눈 뜨고 외발로 서기, 벽 기대고 버티기, 두 손을 마주 잡고 당기기, 손으로 물병이나 아령 같은 소도구를 쥐고 힘 주기 등 손발에 힘을 주어 몸에 저항을 느끼게 하는 운동입니다. 근육강화 운동은 근력, 지구력, 근육량을 증가시키고, 몸의 움직임을 자연스럽게 합니다.

벽 기대고 버티기 운동

3. 수중 운동

수중 운동은 신체뿐만 아니라 정신 건강에도 긍정적인 영향을 주어 삶의 질을 향상시킵니다. 물속에서 음악을 들으며 걷고 달리고 체조를 하는 운동으로, 몸에 무리를 주지 않아 부드럽게 할 수 있습니다. 또한 적절한 수압이 순환계와 호흡계에 자극을 주고, 근육을 부드럽게 마사지해 줌으로써 혈액 순환에도 도움이 됩니다. 수중 운동은 아쿠아 에어로빅스, 아쿠아 세라픽, 수중 엑서사이즈, 수중 보행 등 여러 가지가 있습니다.

4. 배드민턴 운동

배드민턴은 달리기, 점프, 몸의 회전, 굴곡, 파워 등 전신 운동이 되는 스포츠입니다. 또한 라켓으로 셔틀콕을 치고 달리면 스트레스가 해소되어 정신 건강에도 도움이 됩니다.

5. 리듬 운동

리듬 운동으로는 스포츠 댄스, 라인 댄스 등이 있습니다. 우울과 불안 심리 감소, 대인 관계 회복, 행복감, 건강에 대한 자신감, 리더십, 자아 존중감을 높이는 데 도움을 줍니다.

6. 노르딕 걷기 운동

스틱을 양손에 들고 걷는 운동입니다. 북유럽 크로스컨트리 스키 선수들이 하는 전신 운동인데, 몸매 관리와 다이어트에 효과적입니다. 스틱을 양손에 쥐고 땅을 짚어 걸을 때 상체의 무게를 양 어깨가 나눠 지기 때문에 무릎과 발목에 무리가 덜 가고, 양손을 쓰므로 팔 운동도 됩니다. 심장과 무릎, 신체 각 관절에 오는 부담이 30~50% 줄어 무리한 운동이 힘든 이에게도 적합합니다.

*노르딕 걷기 운동 시 주의 사항

❶ 허리를 펴고 바른 자세로 걷습니다.
❷ 스틱의 길이는 자신의 키에 맞추어야 어깨와 팔에 무리를 주지 않습니다.
❸ 스틱과 발을 맞추어 걷습니다(왼발과 오른손이 동시에 나가는 것을 말합니다).
❹ 햇볕이 뜨거운 낮이나 추운 새벽, 늦은 밤은 피합니다.
❺ 고혈압이나 당뇨, 지병이 있는 경우에는 자신의 몸 상태를 잘 살피며 합니다.
❻ 물, 사탕이나 초콜릿, 상비약 등을 챙기는 것이 좋습니다.

할머니·엄마·아기가 행복해지기 위한 지혜 ④
육아 스트레스 꼭 해소하자!

1. 나만을 위한 시간 갖기

손주를 키우는 동안 자신에 대한 성찰과 더불어 하루 동안 힘들었던 부분을 다시 점검해 봅니다. 이때 조부모 자신의 감정과 젊은 부모의 감정, 손주의 감정을 따로 떼어 놓고 생각해 보는 것이 좋습니다. 감정이 뒤엉킨 상태로 오래 묵혀 두면 더 큰 스트레스로 불어나니 객관적으로 생각하는 것이 필요합니다.

그날 받은 스트레스를 종이에 적어 보세요. 하나하나 써 내려가면서 내 안의 스트레스가 빠져 나간다고 생각해 보세요. 스트레스가 많이 쌓였다고 느끼면 자녀에게 말해서 하루 정도 나만의 시간을 즐기도록 합니다. 또는 직장인을 위한 저녁 강좌를 신청하여 취미 생활을 하는 것도 방법입니다.

2. 손주에 대한 지나친 기대 내려놓기

조부모 입장에서 손주에 대한 지나친 기대는 아이의 행동에 대한 잘못된 인식을 갖게 할 수 있습니다.

3. 아기 부모와 편안한 분위기에서 끊임없이 대화하기

만약 자녀와 손주의 양육 방식의 차이, 혹은 가치관의 차이로 부정적인 감정이 일어날 때는 어떻게 해야 할까요? "이 정도는 내가 참을 수 있어." 하고 참는 것은 바람직하지 않습니다. 꾹 눌러 참는 것보다는 터놓고 이야기하고, 끊임없이 대화하며 서로의 견해 차이를 좁히고 이해하려는 노력이 필요합니다. 단, 감정이 상해 있을 때는 대화를 피하는 것이 좋습니다. 자녀와 차 한 잔을 나누며 부드러운 분위기를 만들면 대화하기가 훨씬 편해집니다.

4. 자신에 대해 칭찬하기
육아를 가장 잘할 수 있는 비결은 자신을 잘 돌보는 것입니다. 건강한 생각에서 건강한 육체가 비롯됩니다. 양육자의 건강한 마음과 생각, 행동은 육아에 있어 가장 중요한 요소입니다. 자신이 잘하고 있다고 칭찬하고 스스로를 격려해 보세요.

5. 신체적 부담을 줄이는 자세 유지하기

❶ 아침에 일어날 때 바로 일어나기보다는 간단한 스트레칭 후 천천히 일어납니다.
❷ 틈나는 대로 맨손 체조나 스트레칭을 합니다.
❸ 아기를 안을 때 무릎을 약간 구부린 후 팔의 힘으로 안지 말고 몸에 바짝 붙여 안습니다.
❹ 우유를 먹일 때도 되도록 자세를 계속 바꾸고, 쿠션 등을 이용해 편안한 자세를 유지합니다.
❺ 30분 이상 아기를 업거나 안지 않습니다.
❻ 아기와 놀아 줄 때 쭈그리며 앉는 자세를 피하고, 바닥에 앉아 다리를 뻗거나 소파에 앉는 것이 좋습니다.
❼ 아기가 잘 때 같이 눈을 붙여 부족한 잠을 보충합니다.

PART 2

영아기 손주를
제대로 알자

월령별 아기의 성장과 발달 특징

누구나 똑같이 성장 발달할 수는 없습니다. 발달 단계는 개인에 따라 순서나 시기가 다를 수 있으므로 남과 비교해서 조금 빠르다 하여 우리 아기가 영재라고 좋아할 필요도 없고, 조금 늦다 하여 일부러 자극을 주거나 과도하게 연습시키며 좌절할 필요도 없습니다. 그렇다고 너무 무관심하다가 바로잡아야 할 시기를 놓치는 안타까운 일이 생기지는 않도록 주의해야 합니다. 이처럼 육아는 힘든 일입니다. 특히 엄마, 아빠를 대신해서 육아를 할 경우 더욱 그렇습니다. 다음의 표는 개월마다 꼭 알아야 할 아기의 성장과 발달 특징입니다. 틈틈이 보고 아기의 상태를 잘 체크하는 것이 중요합니다.

영아기 월령별 성장과 발달 특징

개월	신체 · 운동	언어	정서
신생아기	• 장애와 질환 여부 파악 • 각종 반사행동 • 먹는 시간 외에는 거의 잠을 잔다. • 감각을 통한 인지	• 울음으로 의사 표현을 한다. • "졸려?", "배고파?", "쉬했어?" 등으로 반응해 준다.	• 애착 형성
2~3개월	• 누워서 팔, 다리를 많이 움직인다. • 사물을 뚜렷이 바라본다. • 체중은 출생 시의 2배가 된다. • 소리에 반응한다. • 손가락을 열심히 빤다. • 젖니 관리를 시작한다(가제에 물을 묻혀 입안을 닦아 준다). • 영아산통으로 밤에 이유 없이 운다.	• 좀 더 분화된 울음을 보인다. • "우", "아" 같은 옹알이를 시작한다. • 옹알이에 "배고프다고?", "기저귀 갈아 달라고?" 등의 말로 응답해 준다.	• 웃음으로 자기의 정서를 표현한다. • 애착 형성이 중요한 시기이다. • 안아 주기, 웃어 주기, 만져 주기 등으로 반응해 준다.
4~6개월	• 목 가누기, 배밀이, 뒤집기가 가능하다. • 잡아 주면 잠시 혼자 앉기가 가능하다. • 딸랑이를 잡을 수 있다. • 보행기를 탈 수 있다. • 엄마의 얼굴을 알 수 있다. • 무엇이든 입으로 가져간다.	• 옹알이를 하면 똑같이 반응해 주는 것을 좋아한다.	• 거울놀이를 좋아한다.

개월	신체·운동	언어	정서
4~6개월	• 공갈 젖꼭지를 사용한다. • 젖니가 나기 시작한다. • 이유식을 시작한다.	• 목소리를 분별할 줄 안다.	• 좋고 나쁨을 표현할 수 있다.
7~9개월	• 기기, 붙잡고 걷기, 던지기 • 대상영속성 발달 • 만세 동작 가능 • 밤중 수유를 끊는다. • 시력이 좋아진다.	• 몇몇 단어를 알아듣고 행동을 따라 한다(곤지곤지, 잼잼, 도리도리 등).	• 낯가림이 시작된다. • 분리불안이 나타나기 시작한다.
10~12개월	• 체중은 출생 시의 3배, 키는 1.5배로 성장한다. • 대천문이 닫히기 시작한다. • 붙잡고 걷기, 혼자 걷기가 가능해진다. • 시력이 좋아진다. • 치아 관리: 핑거 칫솔을 사용한다.	• 간단한 말과 행동을 한다. "맘마", "엄마", "주세요", "감사합니다" 등의 말을 한다.	• 낯가림이 다시 시작된다. • 좋고 나쁨의 감정 표현이 분명해진다.
13~15개월	• 손과 무릎을 이용하여 계단 오르기를 한다. • 계속 움직이며 주변을 탐색한다. • 포크 사용이 가능해진다. • 손가락을 사용할 수 있다. • 선을 사용한 끄적거리기를 한다. • 유아용 칫솔을 사용한다.	• 말귀를 알아듣고 심부름을 한다. • 그림책에 관심을 갖는다. • 전화놀이를 좋아한다. • "안 해", "싫어"라고 말한다.	• 낯가림과 불안 증상을 보인다. • 친구와 다툼이 일어난다. • 자기주장이 강해지며 반항을 한다.
16~18개월	• 뛰기, 기어오르기 • 의자에 앉는다. • 끄적거리기를 한다. • 어금니가 나온다. • 대소변을 가리기 위한 준비를 한다. • 물컵을 사용할 수 있다. • 음악이 나오면 몸을 흔들며 춤춘다.	• 두 단어를 조합해서 말을 한다. • 말을 알아듣고 심부름도 할 줄 안다. • 텔레비전에 관심을 보인다.	• 자아의식이 생긴다. • 질투의 감정이 생긴다. • 인형놀이를 좋아한다.
19~21개월	• 신발을 혼자 신을 수 있다. • 양손 사용이 가능해진다. • 블록 쌓기를 할 수 있다. • 동그라미 형태를 그릴 수 있다.	• "싫어"라는 말을 자주 사용한다. • 20~50개 단어를 사용한다. • 간단한 물음에 답할 수 있다.	• 바깥 활동을 좋아하며 호기심이 점점 많아진다. • 모방놀이를 좋아한다.
22~24개월	• 한 발로 설 수 있다. • 서툴지만 혼자 옷을 입을 수 있다. • 두 번째 어금니가 나온다. • 칫솔질을 잘 해준다. • 치약 사용이 가능하다.	• 폭발적 언어의 팽창기이다. • 욕을 하기도 한다. • 질문을 많이 한다. • 노랫말을 만들어 흥얼거린다.	• 역할놀이를 좋아한다. • 자아의식이 형성된다. • 체벌은 엉덩이 3대 정도가 적당하다.

1. 갓 태어난 신생아 손주 돌보기

갓 태어난 아기를 품에 안으면 더없이 사랑스럽고 예쁩니다. 하지만 막상 아기를 키울 때는 만만치가 않습니다. 여러 가지 어려운 문제에 부딪히고, 혹시 내가 잘못하여 아기가 다치거나 아플까 봐 걱정이 앞섭니다. 특히 태어난 지 한 달도 안 된 신생아는 만지는 것조차 조심스럽습니다. 발달심리학적으로 생후 4주까지를 신생아기라고 합니다. 이 시기는 외부 환경에 적응하면서 스스로 호흡하고 젖을 빨며 생명을 유지하는 중요한 때입니다.

신생아기의 발달 특징

신생아의 체중은 보통 2.5~4kg이고, 키는 50cm 정도예요

신체 발달 면에서 가장 중요한 것은 개인에 따라 성장의 차이가 있음을 인지하면서 장애와 질환을 보이는 곳이 없는지 아는 것입니다. 갓 태어난 아기는 3~4일 정도 되면 생리적 현상과 수분 증발로 체중이 일시적으로 감소하지만 일주일이 지나면 정상 체중으로 돌아오며 한 달이 지나면 1kg 정도 증가합니다. 머리는 전체 몸의 3분의 1을 차지합니다.

신생아는 밤과 낮 구분 없이 하루에 18~20시간 정도 자요

신생아기에는 아기가 잠을 많이 잡니다. 그런데 4시간 연달아 계속 자면 일부러 깨워서 젖을 먹여야 합니다. 2~3시간마다 반드시 깨워 수유를 해주세요.

신생아의 체온은 성인보다 1도 정도 높아요

신생아는 체온이 성인보다 1도 정도 높은 36.5~37.5도 정도 되는데, 체온 조절 능력이 약하므로 집 안의 온도와 습도 조절에 신경을 써야 합니다. 방 안 온도는 22~24도, 습도는 50~60%로 맞추는 것이 좋습니다.

신생아는 시각이 가장 늦게 발달해요

신생아 초기에는 빛에 반응하고 물체는 희미하게 보입니다. 명암 구분만 가능하므로 모빌은 아기가 태어났을 때 바로 달아 주기보다는 한 달 정도 지난 후 배꼽 위 25~30cm 거리에 흑백모빌을 달아 주는 것이 좋습니다.

반사행동을 본능적으로 보여요

신생아는 본능적으로 여러 반사행동을 보입니다. 반사행동에는 젖 찾기, 빨기, 삼키기, 눈 깜박거리기 등 외부 자극에 대해 자신을 보호하고 생명을 유지하기 위한 '생존반사행동'과 정상적인 성장을 하고 있는지 판단할 수 있는 '비생존반사행동'이 있습니다. 비생존반사행동으로는 잡기, 움츠리기, 뻗기와 같은 것들이 있습니다.

아기는 반사행동을 통해 세상을 인지해 가는데, 비생존반사행동은 생후 1년 안에 사라지고, 점차 의식적인 행동으로 변화하게 됩니다. 그러므로 출생 초기에 이러한 반사행동이 보이지 않거나 반대로 늦게까지 반사행동이 지속된다면 의사 선생님과 상담해 보는 것이 좋습니다.

① 생존반사행동

- 눈 깜박거리는 반사 : 눈에 빛을 비추거나 눈앞에서 손뼉을 치면 눈을 감거나 깜박이는 반사로, 평생 지속됩니다.

- 젖 찾기 반사 : 입 주변을 손으로 톡톡 건드리면 그쪽으로 고개를 돌리며 입을 벌립니다. 이것을 보고 아기가 배고프다는 것을 알 수 있습니다. 생후 3~4개월이면 사라집니다.

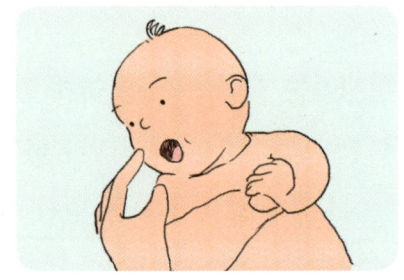

- 빨기반사 : 아기는 자기 입에 닿으면 무엇이든 빨려고 합니다.

② 비생존반사행동

- 잡기반사 : 아기 손바닥에 손가락을 갖다 대면 아기가 손을 꽉 잡습니다. 이것도 3~4개월이면 사라집니다.

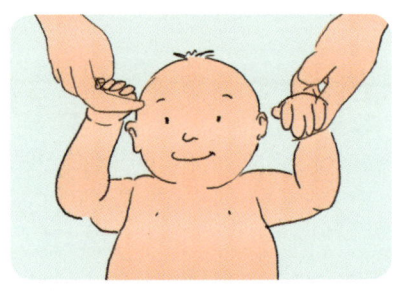

- 걷기반사 : 아기 겨드랑이에 손을 대고 안으면 아기가 다리를 쭉 펴고 마치 걷는 것과 같은 행동을 합니다. 스스로 걷기를 준비하는 것으로 6주 후면 사라집니다.

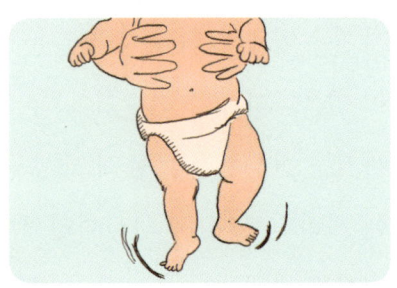

- 바빈스키반사 : 발바닥을 간질이면 발가락을 벌리는 행동입니다. 8개월~1년

정도면 사라집니다.
- **모로반사** : 큰소리나 충격이 있으면 아기가 놀라 팔다리를 뻗었다 오므리는 행동입니다. 3~4개월이면 사라집니다.
- **파악반사** : 무엇이든 손에 쥐어 주면 빼기 힘들 정도로 꼭 쥐는 현상으로, 3~4개월이 지나면 점차 약해지면서 1년 뒤면 사라집니다.
- **수영반사** : 아기를 물속에 넣으면 팔과 다리를 움직이며 수영하는 것처럼 허우적댑니다. 생후 4~6개월이면 사라집니다.

배냇짓과 울음 등으로 의사소통을 해요

배냇짓이라고 하는 미소와 찡그림, 울음, 젖 빨기 등이 아기가 하는 의사소통의 전부이지만 점차 그 울음을 통하여 의사를 표현합니다. 그러므로 아기가 왜 우는지 그 의도를 잘 파악하고 해결해 주는 것이 중요합니다. 그러면 아기는 자신이 사랑받고 있다고 느끼고, 안정적인 정서를 갖게 됩니다. 아기의 배냇짓 미소는 큰 의미는 없으며, 엄마의 젖 냄새나 익숙한 사람의 음성에 반응하는 것입니다. 하지만 이러한 아기의 행동에 적극적으로 반응을 해주는 것은 중요합니다.

감성 육아 tip

많이 웃어 주고 안아 주고 옹알이에 대답해 주세요

신생아기는 오직 감각을 통해 모든 것을 인지하는 시기이므로 수유를 하거나 기저귀를 갈 때마다 아기를 보면서 많이 웃어 주고, 안아 주고, 옹알이에 대답해 주는 것이 좋습니다. 아기의 감각 중 가장 큰 부분을 차지하는 피부 접촉을 통한 사랑의 표현은 정서적 안정과 애착 형성을 위한 가장 좋은 방법입니다. 피부는 '드러난 뇌'라고 할 정도로 두뇌 발달에 큰 영향을 주기 때문입니다. 사랑을 충분히 받고 자란 아기는 자존감이 높고 독립심이 강하며 사회성이 좋은 성인으로 성장하게 됩니다.

신생아 모유 잘 먹이기

　신생아는 엄마 젖을 먹고 자랍니다. 아기는 배 속에서 엄마와 탯줄로 연결되어 있다가 세상에 나오면서 모유라는 탯줄로 다시 엄마와 연결됩니다. 각종 영양분이 가득한 모유는 엄마가 아기에게 주는 최고의 선물이지요. 특히 처음 나오는 엄마 젖, 즉 초유는 꼭 먹여야 합니다. 초유는 외부로부터 나쁜 균이 몸에 들어왔을 때 면역력을 공급해 주는 천연 예방접종입니다. 엄마 젖이 좋다는 것은 다 알지만 모유 수유에 완벽히 성공하기란 쉽지 않습니다. 신생아 초기부터 정성을 들여야 합니다. 이때 할머니의 도움이 절실히 필요합니다. 아기에게 엄마 젖을 잘 먹이기 위한 몇 가지 원칙을 알아보겠습니다.

1. 모유 잘 먹이기 위한 6가지 원칙

① 최대한 빠른 시간 안에(1시간 이내에) 엄마 젖을 물립니다.
젖이 차기 전에 아기는 부드러운 엄마의 젖꼭지를 각인합니다. 충분히 빨리는 연습을 하면 3~4일 후 젖이 차오를 때도 젖을 잘 빨게 됩니다.

② 가급적 젖병을 물리지 않습니다.
젖병으로 한꺼번에 많은 양을 먹고 나면 위가 늘어납니다. 엄마 젖이 한꺼번에 늘어난 분유의 양을 따라갈 수 없어, 아기는 계속 배고파 하는 악순환이 반복될 수 있습니다.

③ 아기가 울기 전 배고파 하면 젖을 먹입니다.
배고픈 아기는 얕은 잠을 자다가 잠에서 깨어 똘망똘망해지고 움직임이 증가합

니다. 입맛을 다시며 젖을 찾으려고 고개를 이리저리 돌리고 입을 크게 벌립니다. 이렇게 신호를 보낼 때 젖을 먹여야 합니다. 그러기 위해서는 엄마와 아기가 같은 방에서 지내며 아기를 잘 관찰하는 것이 좋습니다.

④ 밤에도 모유를 먹입니다.

밤에 젖을 물리면 모유가 잘 나와 모유 수유 성공이 쉽습니다. 엄마는 잠을 못 자서 피곤할 수 있지만, 아기가 안 먹을 때는 자고, 먹을 때는 깨어 있는 생활습관을 가질 수 있도록 하는 것이 좋습니다. 엄마가 젖 먹이는 데만 주력할 수 있도록 조부모가 다른 일들을 도맡아 해주는 것이 도움이 됩니다. 이런 식으로 모유 수유를 확립하는 데에는 짧게는 보름, 길게는 한 달 정도 걸립니다. 젖이 잘 나와서 아기가 먹고자는 패턴이 확립될 때까지 주위에서 도와주세요. 초기 모유는 아기에게 평생 건강의 기초가 됩니다.

⑤ 한 번 먹일 때 충분히 먹이며 양쪽 젖을 다 먹입니다.

보통 10~15분 정도 한쪽 젖을 충분히 다 먹인 후 더 먹고 싶어 하면 다른 쪽을 더 먹입니다. 또한 먹일 때 바른 자세로 젖을 물리고 수유해야 배불리 먹을 수 있어 아기의 만족도가 높아집니다.

⑥ 젖 먹이는 횟수는 하루에 8~12번 정도가 적당합니다.

아기가 태어난 후 처음 2~3일 동안에는 수시로 자주 먹이는 게 좋습니다. 이때는 아기가 한 시간마다 젖을 먹어도 정상인 것입니다. 너무 적게 먹이면 모유가 잘 생성되지 않습니다. 3~5일 정도 지나면 젖양이 늘어나 2~3시간마다 먹는 패턴이 생깁니다. 아기가 배고플까 봐 염려되어 젖병에 분유를 더 넣어 먹이려는 경우가 있는데 이는 되도록 피하고 모유만 적절히 먹을 수 있도록 도와주세요.

2. 올바른 젖 물기

젖을 잘 물었을 때 아기의 혀는 유두를 아래에서 감싸고, 턱은 유방에 완전히 밀착되며, 코는 뜨고, 입술은 아래위로 뒤집어지게 됩니다. 아기가 젖을 바르게 물 수 있도록 할머니가 옆에서 도와주세요.

젖 잘 물리는 순서

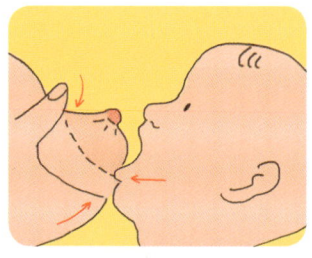

❶ 아기의 입을 유두 아래 접촉 포인트에 대고 엄마의 엄지로 유두를 살짝 들어올립니다.

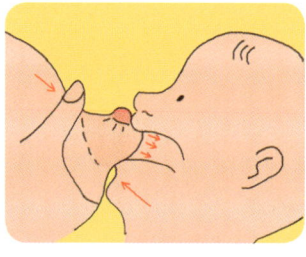

❷ 아기가 입을 크게 벌리면 잡고 있던 유두를 아기의 입안으로 밀어넣습니다.

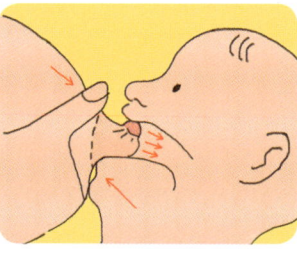

❸ 유두의 끝이 아기의 입천장에 닿게 합니다.

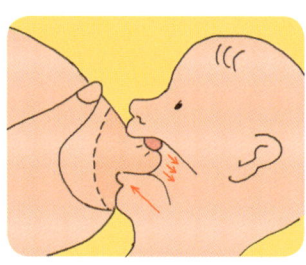

❹ 아기 입안의 경구개와 연구개의 접합점까지 유두가 들어가게 합니다.

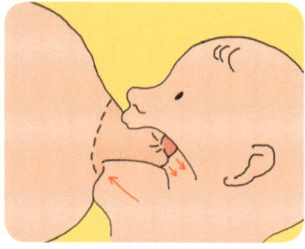

❺ 아기의 턱이 유방에 밀착되고, 코는 유방에서 살짝 떨어져 있어야 제대로 젖을 문 것입니다. 아기의 입술은 바깥으로 말려 있어야 합니다.

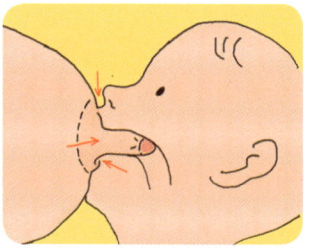

❻ 아기는 젖을 빨 때 턱을 움직이며 먹습니다. 관자놀이 부근이 움찔거리며 움직입니다.

유두의 통증

갓 태어난 아기가 처음 젖을 물면 아플 수 있습니다. 최대한 유륜(젖꼭지 둘레에 있는 거무스름하고 동그란 부분)까지 깊게 물리는 것이 해결 방법이며, 깊게 물리기 위해서는 바른 자세로 아기를 안고 유방을 야무지게 바쳐서 아기가 입을 크게 벌렸을 때 깊이 쑥 집어넣습니다. 자세를 교정해 주면 통증은 대부분 해결됩니다.

만약 통증이 빨리 가시지 않으면, 부드러운 면으로 된 속옷을 입습니다. 또한 젖을 먹이고 젖꼭지의 젖을 살짝 짜내어 유두와 유륜 전체에 바릅니다. 공기 중에 노출시켜 말린 후 속옷이 직접 닿지 않도록 해 줍니다.

3. 젖몸살 대처법

젖몸살은 젖이 불어 딱딱해지고 열이 나면서 통증이 있는 증상을 말합니다. 젖몸살을 풀기 위해서는 젖을 비워야 합니다. 젖을 비우는 방법은 마사지, 유축, 아기에게 먹이는 방법 등이 있는데, 가장 효과적인 방법은 아기가 빨아서 비워내는 것입니다. 이때는 손으로 유두와 유륜을 전체적으로 눌러가면서 앞 젖을 짜주고 젖을 먹이거나 유축을 하면 효과적입니다.

양배추로 젖몸살 풀기

양배추는 뜨거운 유방의 열을 식혀 주고 조직의 붓기를 빼 주는 역할을 합니다. 젖몸살을 풀거나 젖을 끊을 때 이런 방법으로 양배추 마사지를 해주세요.

- 생 양배추를 비닐에 싸서 냉장고에 넣어 두었다가 시원해지면 꺼냅니다. 칼로 잎을 크게 잘라서 가운데 딱딱한 심을 버리고 부드러운 잎만 유방에 올립니다. 이때 유두는 덮지 않습니다.

- 양배추는 2~3시간마다 새것으로 교체합니다.
- 한나절 혹은 하루 정도 지난 후 젖을 먹이거나 유축하면 젖이 부드러워지며 젖몸살이 풀리게 됩니다.
- 양배추 잎을 너무 오래 사용하면 모유량이 줄 수 있으므로 통증이 가라앉으면 바로 그만두어야 합니다.

4. 냉동한 모유 먹이기

- 냉동실에 보관해 둔 젖은 수유 전날 밤에 냉장실에 넣어 둡니다.
- 먹일 때는 한 번에 먹일 양 만큼만 덜어서 따뜻한 물에 중탕한 뒤 먹입니다. 전자레인지로 데우면 영양소가 파괴됩니다.
- 데운 젖을 젖병에 담을 때는 저장 팩을 한 번 흔들어서 젖병에 담습니다.
- 먹이고 남은 젖은 상할 수 있으므로, 아까워도 다시 냉동하지 말고 버립니다.

모유 보관 시간

모유 상태	실온	냉장실	냉동실
신선한 모유	4~6시간	2~3일	3개월 정도
냉동에서 녹인 모유	보관 안 됨	24시간	재 냉동은 안 됨

감성 육아 tip

아기가 배고파 할 때는 수시로 먹여 주세요!

아기가 배고플 때 양껏 먹고 만족감을 느끼게 하는 것이 중요합니다. 그래서 시간을 맞춰 먹이기보다 아기가 배고파 하는 것을 알아차리고 만족스럽게 먹이는 것이 좋습니다. 먹는 것에 대한 즐거움과 만족감이 있고 육체적인 편안함이 있어야 잠도 잘 자고 좋은 컨디션을 유지할 수 있습니다. 이렇게 하려면 아기의 욕구에 늘 민감하게 반응해야 합니다. 조부모가 아기의 표현과 행동에 관심을 갖고 이해하려 애쓴다면, 아기는 저절로 높은 자존감과 좋은 성품을 갖게 될 것입니다.

신생아 분유 잘 먹이기

부득이하게 모유를 중단해야 하는 경우에는 분유를 먹입니다. 특히 아기 엄마가 3개월간의 출산 휴가를 마치고, 회사로 복귀해야 하는 경우는 모유와 분유를 번갈아 먹이는 혼합수유를 하기도 합니다.

1. 분유 타서 먹이기

❶ 손을 깨끗이 씻고 소독된 젖병과 젖꼭지를 준비합니다. 가급적 먹기 직전에 타야 합니다. 미리 타 두는 건 좋지 않습니다.

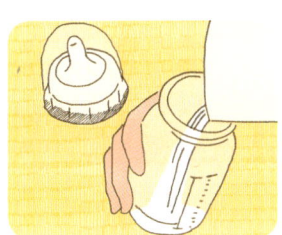
❷ 1분 이상 팔팔 끓인 맹물을 식혀서 젖병에 먹일 양의 반 정도를 붓습니다.

❸ 분유통에 들어 있는 계량스푼으로 정확하게 재어 젖병에 담습니다.

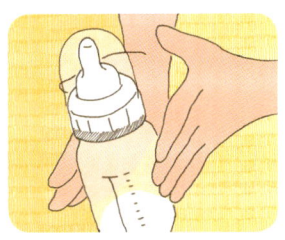
❹ 젖병을 잡고 가볍게 돌리며 분유가 잘 녹도록 합니다. 분유가 녹은 뒤에는 물을 마저 부은 다음 마개를 달고 더 흔들어 줍니다.

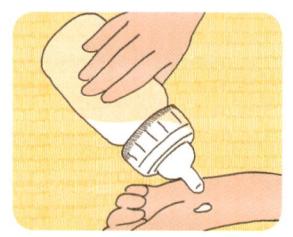

❺ 우유를 손목 안쪽에 떨어뜨려 온도가 적당한지 확인합니다.

❻ 우유를 먹일 때에는 반드시 아기를 안고 아기와 눈을 마주치며 먹여 주세요. 할머니의 심장 소리를 들으면 아기 정서에 좋습니다.

젖병의 젖꼭지 물리는 방법

- 물리는 각도는 45도 정도가 좋습니다. 입술에 분유를 한 방울 떨어뜨려 아기가 입을 벌리면, 혀 위에 젖꼭지를 올려놓습니다.
- 젖병의 젖꼭지가 보이지 않을 정도로 깊숙이 물립니다.
- 젖꼭지 안에 분유가 가득 차도록 해야 공기가 안으로 들어가지 않습니다.

2. 분유 수유 시 주의 사항

- 분유는 제품마다 정해진 농도로 타서 먹여야 합니다. 분유의 농도는 엄마 젖의 농도를 기준으로 맞추는 것이 좋습니다. 설사를 한다고 연하게 먹이거나 몸무게를 늘린다며 진하게 먹이는 것은 아기의 영양 흡수와 장 건강에 문제를 일으킬 수 있습니다.
- 분유에 영양제나 오곡가루 같은 것을 섞지 않습니다.
- 분유는 끓였다 식힌 물로 타야 합니다. 끓는 물에 분유를 타지 않는 이유는 영양소가 파괴되기 때문입니다. 물은 1분 정도만 끓이면 됩니다.

- 차를 우린 물이나 사골국물, 멸치 다시마 우린 물 등을 사용해서는 안 됩니다. 이유식을 시작하기 전에 아기가 짠맛, 강한 맛 등을 맛보는 것은 좋지 않기 때문입니다.
- 분유 대신 두유를 먹이지 마세요.
- 먹다 남긴 분유는 상온에서 쉽게 상하니 다시 먹이지 마세요. 만약 아기가 분유를 안 먹고 잠이 들었다면, 상온에서는 1시간 정도, 냉장고에서는 약 2일 정도 보관이 가능합니다. 냉장고에 있던 분유를 먹일 경우 중탕해서 먹여야 합니다.
- 분유는 자주 바꾸지 않는 것이 좋습니다. 부득이하게 분유를 바꿔서 먹여야 할 때는 서서히 상태를 살피며 바꾸는 것이 좋습니다. 먼저 3:7로 먹이면서 아기의 변, 잠자는 것, 배앓이 등의 상태를 살핍니다. 괜찮으면 5:5로 먹이고, 또 괜찮으면 7:3으로 늘리다가 확실하게 안전하다는 생각이 들면 바꿔 먹입니다. 중간 과정에서 변의 상태가 좋지 않다면 정상변의 상태가 될 때까지 일정 비율을 유지하는 것이 좋습니다.

> **tip 분유는 70도 이상의 물로!**
> 분유를 탈 때는 70도 이상의 뜨거운 물로 타 주세요. 그래야 사카자키균 등의 미생물이 죽습니다. 분유는 위아래로 세차게 흔들면 거품이 많이 생겨 배앓이의 원인이 됩니다. 좌우로 비비듯 돌리며 섞어 주세요.

월령별 분유량

개월수	1회 분유량	수유 간격	횟수
신생아	60~90cc	3~4시간	하루 7~8회
생후 1~2개월	120~160cc	4~5시간	하루 5~6회
생후 2~3개월	120~180cc	4~5시간	하루 5~6회

젖병 관리하기

- 젖병을 사용한 뒤 씻지 않고 그대로 두면 분유가 말라붙어 잘 떨어지지 않을 뿐 아니라 위생상 좋지 않으므로 곧바로 닦는 것이 좋습니다.
- 처음부터 뜨거운 물로 씻으면 젖병에 남아 있는 우유 찌꺼기가 응고되어 굳어버려 안 씻길 수 있으므로 반드시 찬물로 먼저 헹구어 씻습니다. 그다음에 뜨거운 물로 마무리를 합니다.
- 젖꼭지는 전용 솔로 바깥쪽부터 문질러 닦은 뒤, 뒤집어서 안쪽을 문질러 닦으면 찌꺼기를 깨끗하게 제거할 수 있습니다.
- 소독한 젖병은 반드시 엎어서 건조시킵니다.

3. 트림시키기

아기들은 젖이나 분유를 먹으면서 공기를 함께 먹게 되므로 트림을 시키는 것이 좋습니다. 배에 공기가 차면 불편해서 보채거나 쉽게 울고 젖을 게우거나 토하게 되기 때문입니다. 모유만 먹는 아기는 진공 상태에서 젖을 빨기 때문에 공기를 상대적으로 덜 먹게 됩니다. 그렇다 하더라도 자주 토하고 게운다면 반드시 트림을 시켜 주는 것이 좋습니다.

5분 정도 트림시키기를 한 후 눕힐 때는 옆으로 눕히는 것이 좋습니다. 이때 수건 등을 돌돌 말아서 등과 배 쪽에 놓으면 아기가 넘어가지 않고 고정됩니다. 이것은 게우거나 토했을 때 토한 것이 기도로 넘어가는 것을 막기 위함입니다.

트림시키는 여러 가지 방법

트림을 시킬 때는 어떤 것이든 편한 방법을 선택하면 되지만, 앉히거나 엎드려서 하면 좀 더 압박을 가하게 되므로 트림하기가 쉽습니다.

아기의 엉덩이를 받치고
곧추세워 안아서
등을 부드럽게 두드려 주는 방법입니다.

아기를 허벅지 위에 앉힌 다음 한 손으로
가슴을 받치고 다른 손으로 등을 두드리는
방법입니다. 이 방법은 대체로 트림을
잘하지 않는 아기에게 효과적입니다.

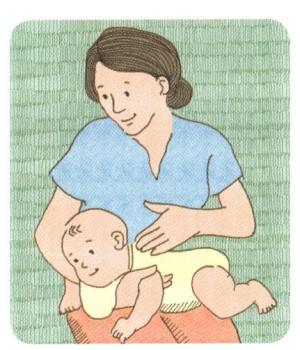

한 팔로 아기를 엎어 받치고
다른 손으로 등을 두드리는 방법입니다.

신생아와 놀아 주기

"부모의 얼굴과 목소리만큼 아이에게 더 좋은 장난감은 없다."라는 말이 있듯이 할머니와 할아버지가 손주의 의사 표현을 들어주려 애쓰고, 눈을 마주치며 집중하는 것이 가장 좋은 놀이입니다. 많은 시간 놀아 주는 것이 중요한 게 아니라 하나의 놀이를 하더라도 집중해서 교감하는 것이 중요합니다.

특히 신생아기에는 특정한 놀이법보다는 아기의 몸을 만져 주고 눈을 마주치며 이야기를 자주 해주는 것이 좋습니다. 예를 들면, 기저귀를 갈 때 "우리 손주 쉬 했네. 참 잘했어!"라고 말하거나, 배고파서 울 때 "우리 손주 배고프구나." 하면서 젖을 먹이는 것입니다. 이렇듯 상황에 맞는 이야기를 계속 하면 아기도 좋아합니다.

신생아 목욕 시키기

신생아가 있는 집에서 할머니의 손길이 가장 필요한 일 중 하나가 목욕입니다. 많은 아기 엄마들이 목욕에 대한 막연한 불안감을 갖고 있기 때문입니다. 목욕할 때 가장 중요한 첫 번째는 청결입니다. 두 번째는 목욕을 시키기 전에 아기의 상태를 살피는 것입니다. 아기의 몸에 짓무른 곳은 없는지, 긁힌 상처나 발진 등은 없는지 꼼꼼히 살펴야 합니다.

배꼽이 떨어지기 전의 아기도 목욕 후에 알코올로 잘 소독하고 말려 준다면 통 목욕을 시켜도 큰 문제는 없습니다. 하지만 통 목욕이 불안하다면 아기를 무릎에 눕히고 물수건으로 상체를 닦고 목욕통에 물을 약 5cm 정도 받아서 허벅지와 엉덩이만 살짝 담가 하체부터 닦아 주면 됩니다.

목욕하기 전에는 목욕통, 세숫대야(헹굴 물), 바가지, 아기 면봉, 오일이나 로션, 아기 샴푸 등이 필요합니다. 또 속싸개, 배냇저고리, 기저귀 등 목욕 후에 입힐 것을 한쪽에 준비합니다.

1. 목욕 준비하기

- 실내 온도는 24~26도로 적절히 유지합니다.
- 한여름에도 창문을 닫고 바람이 들어오지 않도록 하는 것이 좋습니다. 욕실

보다는 집안 가장 따뜻한 곳에서 하는 것을 추천합니다.
- 목욕물의 온도는 38도 정도가 적절합니다. 보통 팔꿈치를 담갔을 때 따뜻한 정도인데, 가능하면 목욕물 온도를 체크하는 온도계로 온도를 재는 것이 안전합니다.
- 아기는 체온 조절 능력이 없으므로 목욕 시간은 10분 이내로 하는 것이 좋습니다.
- 목욕 횟수는 정해진 게 없습니다. 아기가 땀이 많은 경우 매일 씻겨도 괜찮습니다.
- 목욕을 시킬 때는 머리를 감긴 후 반드시 마른 수건으로 닦은 뒤에 몸을 닦아 주어야 합니다. 머리가 젖어 있으면 체온이 떨어져 감기에 걸릴 수 있습니다.
- 목욕할 때 아기 손에 가제 수건 등을 물에 적셔 쥐어 주면 울음이 잦아들고 안정감을 찾습니다. 이는 신생아에게 나타나는 생존반사를 이용한 것입니다. 목욕할 때 아기는 무언가를 잡으려는 파악반사와 높낮이의 변화에 민감하게 반응하는 모로반사 등을 보입니다.

2. 얼굴 씻기기

- 배냇저고리와 속싸개를 입힌 상태에서 아기의 뒷목부터 엉덩이까지 잘 받치고 엄지와 장지로 양쪽 귓바퀴를 접어 눌러 귓속에 물이 들어가지 않게 합니다.
- 손수건에 물을 묻히고 적당히 짜낸 후 손가락에 말아 쥐고 눈부터 닦아 줍니다. 눈 안쪽에서 바깥쪽으로 닦고 다른 쪽 눈도 손수건을 다시 말아 쥐고 닦아 줍니다. 손수건을 다시 적셔 짜낸 후 이마, 볼, 턱 등 골고루 얼굴 전체를

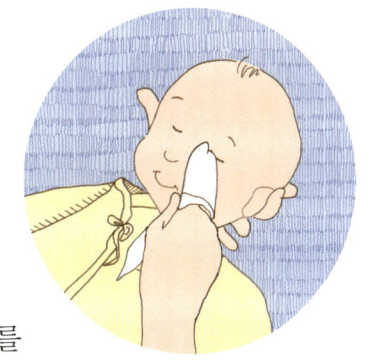

부드럽게 닦아 줍니다.
- 이렇게 두 번 정도 전체적으로 닦아 주면 세수가 끝납니다.

3. 머리 감기기

- 손수건에 물을 묻혀 머리를 전체적으로 적신 뒤 아기용 샴푸를 손에 덜어서 머리 전체에 바르고 손가락 끝 지문 쪽으로 부드럽게 닦아냅니다.
- 닦을 때에는 뒷목까지 골고루 닦아 줍니다.
- 헹굴 때는 손수건에 물을 적셔서 헹굽니다.
- 머리를 감기고 나서 반드시 마른 수건으로 머리를 닦아 줍니다.

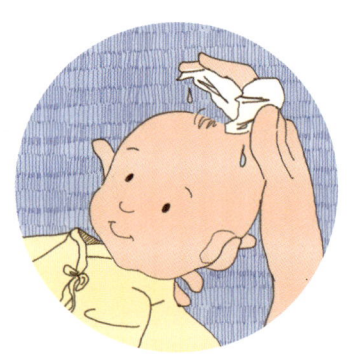

4. 옷 벗기기와 물속에 담그기

- 속싸개와 기저귀는 벗기고 배냇저고리는 입힌 채로 아기를 목욕통 안에 담급니다. 이렇게 하면 아기가 놀라지 않고 안정감을 가질 수 있습니다. 이때 배냇저고리에서 한쪽 팔은 살짝 벗겨 주어야 물속에서도 옷을 잘 벗길 수 있습니다.

- 두 손으로 각기 목과 엉덩이를 야무지게 받치고 조심스럽게 물속에 들어갑니다. 이때 아기의 표정을 보며 부드럽게 따뜻한 물을 느낄 수 있게 해 주세요.

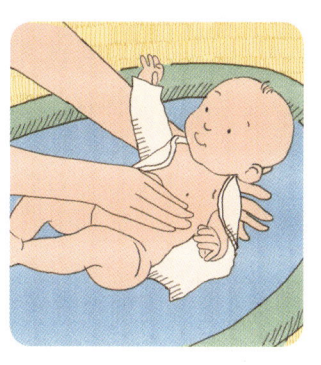

- 아기가 물속에 엉덩이를 담그고 편안해지면, 목을 받치고 있던 손을 내려 겨드랑이와 어깨를 잡아 줍니다. 이런 자세로 해야 아기를 안 놓치고 물속에서 씻길 수 있습니다.

5. 다리와 허벅지 씻기기

- 물속에 들어가면 가장 먼저 다리와 허벅지부터 씻깁니다.
- 사타구니 안쪽과 생식기를 손수건과 손으로 부드럽게 닦아 주고 무릎 뒤의 오금과 발가락을 꼼꼼하게 씻깁니다.

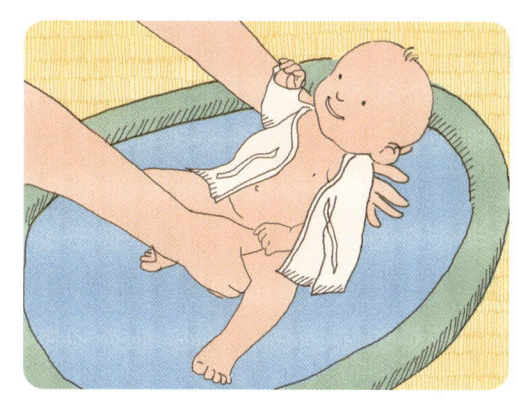

6. 가슴과 배 씻기기

- 가슴과 배를 손수건을 이용해 닦아 줍니다.
- 살이 겹치는 목 부위는 땀띠도 많이 생기고 먼지 등이 많이 끼이는 곳입니다. 이곳을 닦을 때는 목을 살짝 젖히고 꼼꼼하게 닦아 주세요.

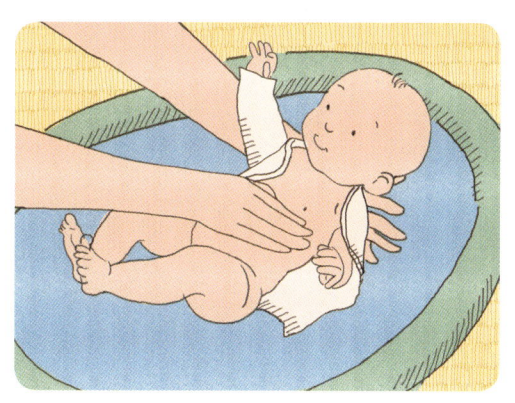

7. 팔과 겨드랑이 씻기기

- 팔과 겨드랑이를 씻길 때는 아기의 팔을 가능하면 놓지 않고 씻기는 것이 좋습니다. 어른 혼자서 목욕을 시킬 경우 아기의 손에 손수건을 물에 적셔서 쥐어 주세요. 아기가 더 안정감을 느끼게 됩니다.
- 한쪽 팔씩 배냇저고리를 벗겨서 겨드랑이, 팔꿈치 안쪽, 그리고 손가락을 꼼꼼히 닦아 줍니다.
- 다른 한쪽을 씻을 때는 반대편 팔 위에 저고리를 덮어 줍니다.

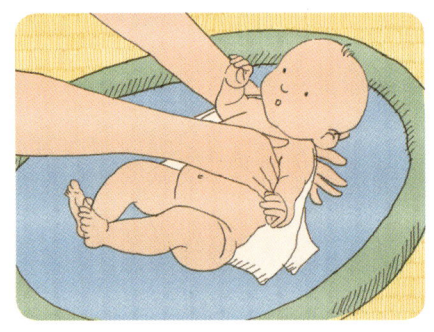

8. 뒤집어서 등 씻기기

- 둘이서 씻길 경우 한쪽 팔을 잡고 있던 손을 옮겨 가슴 쪽 겨드랑이에 끼워서 뒤집어 등을 씻깁니다.
- 아기는 누워 있을 때가 많으므로 뒷목을 꼼꼼히 닦아 줍니다.

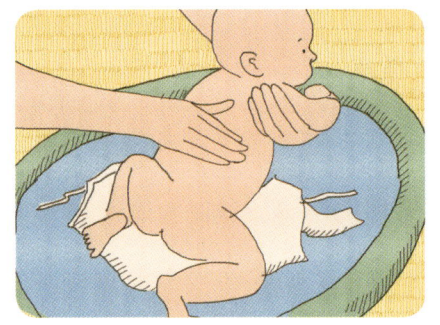

9. 헹구기

- 엎드려진 상태에서 헹구기를 합니다.
- 그대로 아기를 들어 세숫대야에 있는 물을 손바닥으로 끼얹으며 헹굽니다.
- 바가지로 물을 퍼서 아래서 위로 부으며 흐르는 물에 헹궈도 됩니다.

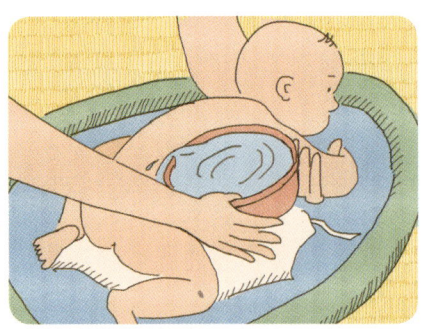

10. 물기 닦기

- 다 씻기고 난 뒤 미리 준비한 수건에 아기를 내려놓고 수건으로 온몸을 덮어 줍니다.
- 이렇게 온몸을 싼 상태에서 물기를 닦아 주면 아기의 체온이 떨어지는 것을 예방할 수 있습니다.
- 머리를 부드럽게 닦아 주고, 귀 안쪽과 귀 뒤쪽 외에도, 목을 들어 안쪽까지 뽀송뽀송하게 닦아 줍니다. 팔을 들어 겨드랑이와 사타구니 안쪽, 무릎 뒤, 발가락 등도 꼼꼼하게 닦아 줍니다. 닦아 주면서 아기에게 사랑한다고 말해 주세요. 신체 부위 하나하나의 명칭을 이야기하며 몸의 소중함을 말해 주세요.

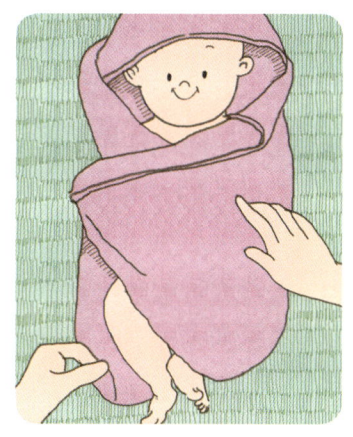

감성 육아 tip

목욕을 시키면서 말을 걸고 노래를 불러 주세요!

아기에게 끊임없이 말을 건네면 아기의 두뇌에 자극을 주어 더 똑똑하게 자랄 수 있습니다. 아기를 목욕시키면서 말을 걸거나 노래를 불러 주세요. 예를 들어, 목욕할 때 "지금 목욕을 할 거야. 따뜻한 물속에 들어가면 기분이 상쾌하고 좋단다. 우리 아기는 물속에 있었으니 물을 참 좋아하지? 자, 이제부터 물속으로 들어가 보자."라고 해보세요. 처음에는 조금 어색할 수 있지만, 자꾸 하다 보면 어렵지 않아요. 이렇게 언어들이 차곡차곡 쌓여서 아기 언어가 폭발적으로 증가하는 시기가 옵니다. 목욕을 시킬 때, 기저귀를 갈 때, 분유를 탈 때, 잠을 재울 때 끊임없이 이야기를 들려주세요. 할머니, 할아버지가 수다쟁이일수록 아기는 똑똑해 집니다.

11. 로션 바르기

다리

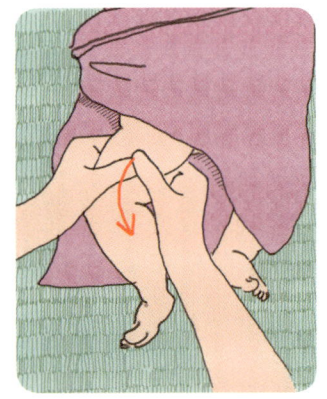 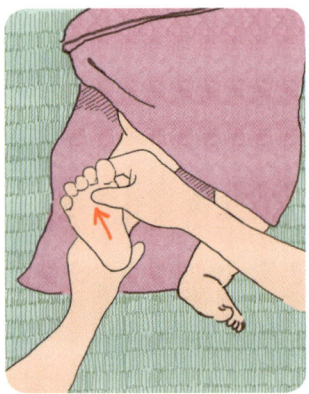

- 가슴과 몸은 수건으로 덮어 체온을 유지하며 다리만 꺼내어 로션을 바릅니다.
- 허벅지에서 발쪽으로 손으로 감싸듯이 쭉쭉 쓸어내리면서 로션을 발라 줍니다.
- 발바닥은 발뒤꿈치에서 발가락을 향해 엄지손가락으로 밀어올리며 마사지합니다.
- 발가락을 하나하나 발라 주고 발등도 발가락에서 발목 쪽으로 발라 줍니다.

팔

 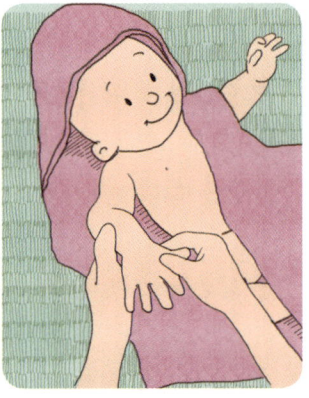

- 어깨에서 손목 쪽으로 손으로 감싸듯이 쭉쭉 쓸어내립니다.
- 엄지손가락을 손바닥에 대면 아기는 파악반사가 있어 손가락을 꼭 잡습니다. 이때 엄지손가락으로 손바닥을 누르며 마사지하고 손가락을 쓸어내리면서 쭉쭉 당겨 줍니다.

> 가슴·배·등

- 가슴 가운데에서 어깨 쪽으로 올리며 로션을 발라 줍니다.
- 배는 배꼽을 중심으로 시계 방향으로 돌려주세요. 이렇게 하면 대변을 잘 볼 수 있고 속이 편해집니다.

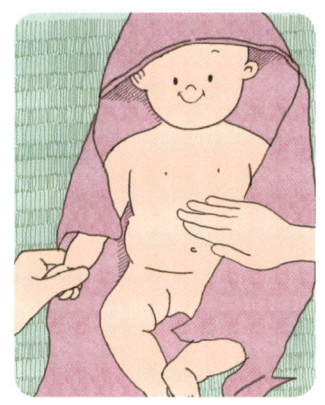 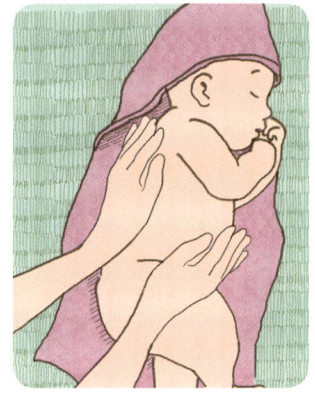

- 등은 옆으로 살짝 돌려서 위에서 아래로 쓸어내리듯이 발라 줍니다.

엄마 배 속과 같은 환경 만들기

태어나서 백일 이내의 아기는 엄마 배 속에 있었던 환경처럼 만들어 주면 편안해합니다.

1. 속싸개로 꼭 싸 주기

좁은 공간에서 조이듯 꼭 싸 주면 답답해하기보다는 오히려 엄마 배 속에 있는 것과 같은 느낌을 받는다고 합니다. 또 모로반사로 인해 아기가 깜짝 놀라는 것도 막아 주어 아기가 잠도 잘 잡니다. 아기가 스트레스를 받거나 안정을 찾고 싶을 때 해주면 좋아합니다.

속싸개 싸기 순서

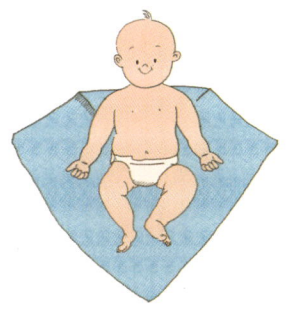

❶ 속싸개를 다이아몬드 모양으로 깔고 윗부분을 15cm 정도 접은 후 아기를 뉘여 주세요.

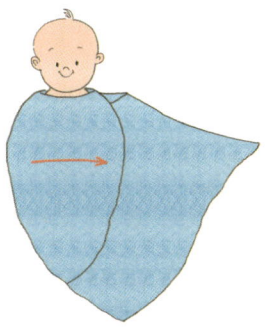

❷ 왼쪽 모서리 부분을 잡아 아기의 가슴 앞쪽으로 돌려 등 뒤로 단단히 넣어 주세요.

❸ 아래쪽 모서리는 아기의 다리가 움직일 수 있을 정도의 여유를 남기고 아기의 왼쪽 어깨를 지나 등 뒤로 보내 주세요.

❹ 오른쪽 모서리를 아기의 몸 앞쪽으로 보내어, 남은 부분을 앞쪽 주름 부분에 넣어 고정해 주세요.

2. 옆으로 눕히기

아기는 엄마 배 속에 있을 때처럼 누워 있을 때 안정감을 갖습니다. 아기의 배 쪽이 살짝 아래로 가도록 옆으로 눕혀 보세요. 단, 평소에는 반듯하게 누워서 재우고, 이유 없이 보채며 울 때 이런 방법을 쓰는 것이 좋습니다.

3. 소리 내기

아기는 엄마 배 속에서 다양한 소리를 듣습니다. 입으로 "쉬~" 하고 소리를 내 주세요. 또는 드라이기 소리, 진공청소기 소리, 바스락거리는 비닐 소리 등과 같이 일정한 음대의 소리를 반복적으로 들려주면 아기는 곧 울음을 그치고 안정을 찾습니다.

4. 살살 흔들기

손 위에 머리를 올려두고 붙잡지 않은 채 살살 흔들어 줍니다. 과연 아기를 흔들어도 될까 염려할 수도 있는데, 아기는 엄마 배 속에서 이미 가벼운 흔들거림을 경험했습니다. 오히려 이렇게 살살 흔들어 주는 것을 더 편하게 느낄 수 있습니다. 단, 너무 강하게 흔들어서 아기의 머리에 지나친 자극을 주어서는 안 됩니다.

5. 빨 것 주기

유난히 빨기 욕구가 강한 아기들이 있습니다. 태어난 지 한 달이 지났다면 공갈 젖꼭지를 사용하는 것도 괜찮습니다. 하지만 배고플 때는 공갈 젖꼭지를 물리지 않는 것이 좋습니다. 젖이 나오지 않으면 짜증을 낼 수 있습니다.

신생아 재우기

신생아기에는 하루에 18~20시간을 자고, 낮과 밤의 구분이 없습니다. 신생아의 잠은 먹는 것과 대소변을 누는 것과 맞추어 일정한 패턴을 갖습니다. 아기는 1~2시간 혹은 2~3시간을 자고, 한 번씩 먹고 대소변을 누며 이러한 패턴을 반복합니다. 경험적으로 볼 때 3~4주 정도 되면 아기의 패턴을 조금씩 알 수 있으며, 한 달이 지나면 아기 우는 소리에 맞춰 아기에게 어떤 돌봄이 필요한지 감을 잡을 수 있습니다.

감성 육아 tip

아기의 패턴을 알기 위해 메모는 필수!

아기의 패턴을 알기 위해서는 먹는 시간과 먹는 양, 대소변을 보는 시간과 형태, 수면 시간 등을 메모하는 것이 좋습니다. 많이 먹는 아기, 잘 자는 아기, 장의 민감도에 따라 변이 묽은 아기 등 다양한 성장 특성을 메모하면서 이해하면 아기의 컨디션을 예견할 수 있습니다.

1. 아기의 수면 교육

수면 교육은 아기가 밤낮을 가리게 될 때부터 시작하면 됩니다. 밤낮을 가리게 되면 밤중 수유가 1~2회로 줄어들게 됩니다.

그렇다면 수면 교육이란 무엇일까요? 수면 교육은 수면을 위한 일종의 습관을 만들어 주는 것입니다. 예를 들어, 매일 저녁 7~8시경에 목욕을 하고, 기분 좋게 마사지하고, 새 옷으로 갈아입고, 젖을 먹으면 기분 좋게 이완되면서 자장가를 들으며 잠이 듭니다. 매일 이 과정이 반복되면 두세 달이 지나면 아기는 목욕한 후에 잠자는 것을 떠올리게 됩니다. 이것이 수면 의식과 연상입니다.

수면 의식 훈련시키기

- 신생아 때부터 낮에는 일상의 소음과 빛에 자유롭게 노출시키고, 밤에는 다소 어둡고 조용한 환경을 만들어 줍니다.
- 아기가 잠들려고 할 때 되도록 같은 자장가를 불러 주는 것이 좋습니다. 아기는 잠들 때 들었던 노래를 편안하게 여기며, 자장가로 받아들이게 됩니다.
- 아기가 잠잘 수 있도록 주변의 불빛을 없애고 아기 곁에서 휴대폰이나 TV를 보지 않습니다. 아기가 누워 자는 곳의 주변 물건들을 정리하고 안정된 환경을 만듭니다.
- 잠은 저녁 8시 이전에 재우는 것이 좋습니다.

2. 아기 울음의 의미

아기는 울음으로 자신의 욕구와 의사를 표현합니다. 사람들의 관심을 집중시키는 가장 훌륭한 방법이 울음입니다. 아기의 울음소리는 여러 가지 특색이 있어 울음소리를 듣고 아기가 보내는 신호를 알 수 있습니다. 버릇을 고친다고 우는 아기를 내버려 두는 건 좋지 않습니다. 아기가 울 때는 다 이유가 있으므로 관심을 갖고 보아야 합니다. 배고플 때, 트림하고 싶을 때, 배에 가스가 찼을 때, 졸릴 때, 심심할 때, 그냥 기저귀 등이 불편할 때 아기는 웁니다. 다양한 생리적 욕구를 표현할 때의 울음소리를 귀 기울여 듣는다면 보통 2~3주 정도 지나서는 아기의 울음소리를 듣고 대응할 수 있게 됩니다.

간혹 손 탄다는 이유로 우는 아기를 돌보지 않는 경우가 있습니다. 하지만 이것은 잘못된 생각입니다. 이 시기 아기에게는 무조건 민감하게 반응하고 일관성 있게 돌봐 주어야 합니다. 세상에 처음 나온 아기는 자신의 요구를 울음으로 표현하며 이 요구는 반드시 받아들여질 것이라고 믿습니다. 이 믿음에 실망시키지 않고 사랑과 일관성 있는 태도로 반응해 준다면, 아기는 자신감 있고 긍정적이며 자신을 잘 표현하는 아이로 자라날 것입니다.

신생아의 울음 신호

`배가 고파요` 먹은 지 2~3시간 정도 지났고 기저귀에 이상이 없는데도 우는 경우 대부분 배가 고파서 그런 것입니다. 더 정확한 확인을 위해서는 아기가 먹는 시간과 양을 메모해 두는 것이 좋습니다.

`졸려요` 아기는 졸릴 때 잠이 못 들면 보채며 잠투정을 합니다. 이때는 주변 환경을 조용히 하고 아기를 재워야 합니다.

`불편해요` 아기는 배에 가스가 찼을 때 울기도 합니다. 배가 불편해서 복부에 힘을 주며 큰 소리로 울므로 정말 크게 아픈 것처럼 보입니다. 이럴 때는 평소에 배에 가스가 차지 않게 자주 시계 방향으로 배를 문지르며 마사지를 해주면 도움이 됩니다. 기저귀가 젖었거나 속싸개, 혹은 옷이 불편해서 울 수도 있습니다. 너무 덥거나 춥지는 않은지 주변 환경을 확인하는 것도 필요합니다.

이유를 알 수 없는 울음 아기가 아무 이유 없이 저녁이나 새벽에 숨이 넘어갈 듯 자지러지게 우는 것을 배앓이, 즉 '영아산통'이라고 말합니다. 보통 시작하면 아주 짧게는 20~30분, 3~4시간도 쉬지 않고 웁니다. 영아산통은 보통 생후 2~4주경에 시작되어 점점 더 심해지고, 생후 2개월 정도에 조금 좋아져 생후 3개월경에는 하루에 한두 시간 정도만 웁니다. 대부분은 4개월이 지나면 거의 사라집니다.

영아산통의 원인은 정확히 밝혀지지 않았습니다. 일반적인 증상은 아기가 주먹을 꽉 쥐고 두 다리를 배 쪽으로 굽혀 얼굴이 빨개지도록 우는 것입니다. 울다가 지쳐서 그치기도 하고, 방귀를 뀌거나 변을 보면서 그치기도 합니다.

중요한 것은 다른 병은 없는지 확인을 해야 한다는 점입니다. 일단 영아산통이라는 진단이 나오면 아기를 최대한 편안하게 해주세요. 아기가 엄마의 배 속에 있었을 때의 환경과 비슷하게 만들어 주면 아기는 심리적, 생리적으로 안정감을 느낍니다.

신생아 건강 살피기

1. 신생아의 변

신생아의 변이 중요한 이유는 아기가 잘 먹는지에 대한 증거가 되기 때문입니다. 아기는 먹은 만큼 대소변을 봅니다. 처음에는 신생아가 잘 먹는지의 여부를 소변과 대변 기저귀 개수로 확인합니다. 잘 먹는 아기는 규칙적으로 젖이나 분유를 먹으므로 기저귀 개수가 충분히 나옵니다.

아기의 변 색깔은 대부분 노란색이지만, 간혹 초록색 변을 보기도 합니다. 만약 검은색 변, 흰색 변, 피나 점액이 섞여 있는 변, 설사 등을 보면 그 기저귀를 가지고 소아과를 방문하는 것이 좋습니다. 2개월 미만의 아기가 열이 동반될 때에는 병원에 반드시 가야 하며 의사의 처방 없이 절대 임의로 약을 먹이면 안 됩니다.

기저귀를 갈고 나서는 반드시 손을 깨끗이 씻어야 합니다. 손 씻기는 호흡기, 소화기 등 각종 전염성 질환 예방에 중요합니다.

신생아 소변과 대변 기저귀 개수

날짜	소변 기저귀 개수	대변 기저귀 개수
1일째	1~2장	1장
2일째	2~3장	2장
3일째	3~4장	3장 이상
4일째	4~5장	3장 이상
5일째	5~6장	3장 이상
6~30일째	6~8장 이상	3장 이상

모유 먹는 아기와 분유 먹는 아기의 변의 차이

❶ 평균 6주가 지나면 변의 횟수가 줄어드는데, 모유를 먹는 아기와 분유를 먹는 아기의 변에는 차이가 있습니다. 모유 먹는 아기들은 모유 속에 카제인(단백질) 성분이 더 많기 때문에 수일간 변을 보지 않는 경우가 흔히 발생합니다. 아기가 4~5일 동안 변을 보지 않아도 잘 먹고 잘 논다면 크게 문제가 되지 않습니다. 모유는 소화가 잘되고 완전식품이기 때문에 찌꺼기가 별로 없어서 모았다가 눌 수 있습니다. 그리고 모유 먹는 아기의 변은 분유를 먹는 아기의 변보다 대체로 묽습니다.

❷ 분유 먹는 아기들은 개인마다 차이가 있지만, 보통 하루에 한 번 정도 변을 봅니다. 모유 먹는 아기의 변보다는 약간 모양을 갖춘 경우가 많습니다. 변의 색깔은 주로 연노란색이거나 연갈색입니다.

❸ 아기의 변비는 대체로 먹는 음식의 양과 수분 섭취와 밀접한 관계가 있습니다. 변에 이상이 있을 때는 이 두 가지를 먼저 살펴야 합니다. 모유 먹는 아기들은 모유의 양에 변화가 있는지 체크해 주세요. 모유 먹는 아기들은 대체로 변비가 적습니다. 수일에 한 번씩 보는 것이 정상이기 때문에 변의 양상을 잘 지켜

보면 됩니다.

❹ 분유 먹는 아기들은 수분 섭취를 고려하여 지나치게 딱딱하고 마른 변일 경우 수분 섭취를 늘리고, 그래도 변화가 없다면 병원 진찰을 받는 것이 좋습니다. 분유의 농도를 더 진하게 올리거나 설탕 한 티스푼 정도를 분유에 타서 먹이는 등의 처방을 받을 수 있습니다. 이런 처치는 임의로 하기보다는 의사와 상의 후 하는 것이 좋습니다.

모유 먹는 아기의 변	분유 먹는 아기의 변
• 아기의 변이 묽습니다. • 생후 3~4일쯤 후부터는 녹색에서 노란색으로 바뀌기 시작하면서 2회 이상 봅니다. • 생후 5~7일이 지나면 하루에 3~4회 변을 봅니다. • 변은 쌀알 같은 몽글몽글한 덩어리 모양이고, 밝은 겨자색을 띠면서 약간 시큼한 냄새가 나기도 합니다.	• 모유 먹는 아기의 변보다는 조금 더 굳어 진흙과 같은 정도입니다. • 대개 황갈색이나 노란색을 띱니다. • 다소 변의 양이 많고 되기 때문에 마치 황금색 변을 보는 것처럼 보입니다. • 모유 먹는 아기에 비해 변비에 잘 걸릴 수 있어 대변의 횟수 등을 주의해서 봐야 합니다.

변의 색깔과 형태로 보는 아기의 건강 상태

`변비` 신생아의 경우 변비가 흔하지는 않습니다. 아기는 6주가 지나면서부터는 변을 모았다가 볼 수 있는데, 어른 입장에서는 며칠에 한 번씩 보기 때문에 변비라고 생각합니다. 아기의 변은 형태가 딱딱하거나 마른 변이 아니고 눌 때 힘들어하지 않는다면 변비가 아닐 수 있습니다. 실제 변비로 인한 다양한 어려움은 신생아보다는 영아들에게 많습니다.

변비가 있을 때 풀어 주는 방법

• **배 마사지** : 아기의 양쪽 발목을 잡고 무릎으로 배꼽을 누르듯이 자전거 타기

동작을 반복합니다. 장이 자극을 받아 가스가 배출되면서 변의가 자극될 수 있습니다.

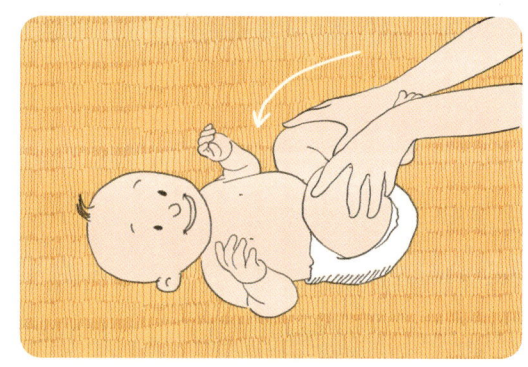

• **항문 자극법 :** 면봉에 바셀린이나 오일을 묻혀 아기의 항문 주변 근육을 살살 건드리며 이완시킨 후 항문에 1~2cm 정도만 넣고 살짝 돌리면서 자극을 줍니다. 또는 비닐장갑을 끼고 손가락 끝에 바셀린 등 윤활제를 발라 항문 앞부분과 뒷부분을 마사지하듯 부드럽게 눌러 주어 자극합니다. 근육이 풀어지면 항문 속으로 1~2cm 정도 넣었다가 빼는 것을 서너 번 반복합니다. 30분~1시간이 지나도 변을 보지 않으면 한 번 더 자극합니다.

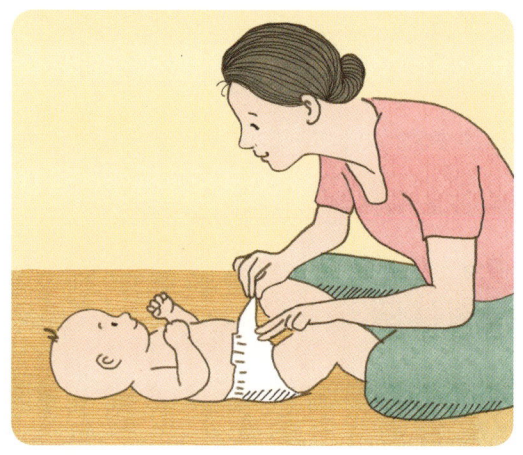

설사 설사는 바이러스나 세균 등에 의한 감염, 또는 먹는 음식, 항생제, 알레르기 등에 의해 일어날 수 있습니다. 신생아가 설사를 할 때 가장 큰 문제는 탈수입니다. 탈수가 생기면 아기는 입술과 입안이 마르고 기운이 없어지며, 기저귀 가는 횟수가 줄어듭니다. 이때 걱정된다고 임의로 약을 먹이거나 사과나 오렌지 등 과일주스를 먹이면 안 됩니다. 모유나 분유를 끊지 말고, 소아과 전문의와 상의해서 결정하는 것이 가장 바람직합니다. 급성설사일 경우 설사분유를 처방받을 수 있는데, 이는 유지방을 식물성지방으로 대체하여 유당을 제거한 분유입니다. 설사가 멈춘 후에는 설사분유를 끊어야 합니다.

녹변 녹변은 흔히 있을 수 있는 변의 형태입니다. 녹변을 보는 것은 변의 담즙 농도가 높아지거나 장운동이 빨라져 흡수가 덜 되었을 때, 그리고 이유식을 하는 경우 음식물의 영향으로 볼 수 있습니다. 한두 번 녹변을 보았지만 아기가 열이 없고 다른 증상이 없다면 지켜보아도 됩니다. 녹변을 자주 보면서 아기의 상태에 변화가 있으면 변을 본 기저귀를 가지고 소아과를 찾는 것이 좋습니다. 이때 주의할 것은 아기가 놀라서 녹변을 본다 생각하고 기응환 등 임의로 약을 먹이는 경우가 있는데, 의사의 처방 없이는 어떤 약도 먹이면 안 됩니다.

곱똥 변에 코 같은 것이 섞여 나오는 것을 말합니다. 주로 설사변에 끈적끈적한 코 같은 것이 묻어 나오는데, 이것을 곱똥 혹은 점액성 변이라고 합니다. 대부분 열과 설사를 동반하는 장염에 걸렸을 때 곱똥을 눕니다. 또한 장염이 나은 후에도 장의 소화 흡수 기능이 덜 회복되거나 유단백이나 유당 소화 능력이 떨어진 경우 계속 점액이 섞인 변을 볼 수 있습니다. 이유식을 하는 아기는 새로 시작한 음식에 자극을 받거나 과즙을 많이 먹으면 곱똥을 누게 됩니다.

피똥 때때로 아기의 변에 소량의 피가 섞여 나올 때가 있습니다. 이때는 일단 기저귀를 가지고 소아과를 방문하는 것이 좋습니다. 세균성 장염일 때, 항문이 찢어졌을 때, 장에 출혈이 있을 때, 알레르기 등으로 피똥을 눌 수 있습니다.
장 중첩이 있을 때에도 피똥을 누는데, 이때 아기는 특징적인 울음의 형태를 보입니다. 토마토케첩같이 끈적끈적한 피똥을 누면서 10~20분 간격으로 1~2분 정도 자지러지게 우는 것을 반복합니다. 이런 증상은 응급상황이니 반드시 응급실에 가야 합니다.

흰 몽우리가 나오는 변 변에서 순두부처럼 망울망울 응고된 하얀 유지방 덩어리 같은 것이 보일 때가 있습니다. 이것은 장운동이 빨라지면서 분유가 장에 머물러 흡수될 수 있는 시간이 부족하여 그대로 변으로 나온 경우입니다. 장운동이 빨라지는 이유는 장염이나 감기에 걸려 장 상태가 좋지 않아서이며, 알레르기 때문이기도 합니다. 다른 증상이 동반된 경우 진찰을 받는 것이 좋습니다.

짙은 쑥색 혹은 검은 변 대개 위, 십이지장의 상부 소화기관에 출혈이 있을 때 나타납니다. 이런 경우에는 기저귀를 가지고 병원 진료를 받아야 합니다. 그런데 빈혈 치료를 위해 철분제를 먹고 있는 경우에도 이런 변이 나올 수 있습니다. 이때는 크게 염려하지 않아도 됩니다.

흰색 변 전체적으로 흰색을 띤 변은 변에 담즙이 섞이지 못해 일어나는 것입니다. 담도가 막히는 질병과 관계가 있으므로 진료를 받는 것이 좋습니다.

감성 육아 tip

아기가 변을 보며 용을 써요!

3개월 이하의 아기들이 변을 볼 때 얼굴이 빨개지면서 용을 쓰는 경우가 있습니다. 이때 변비라고 오해하는데, 아기들은 변의 양에 비해 상대적으로 항문의 크기가 작아 힘을 주어야 하는 경우가 많습니다. 또 효과적으로 힘 주는 법을 잘 몰라서 온몸에 힘을 주기도 합니다. 변을 보는 과정을 학습해 가는 중이니, 변의 형태에 문제가 없다면 변비라고 보지 않아도 됩니다. 이런 때에는 기지개를 켜듯 팔다리를 주무르며 스트레칭을 해줍니다. 또한 아기의 발목을 잡고 자전거를 타듯 무릎을 배꼽을 향해 왔다 갔다 하며 자극을 줘도 좋습니다.

2. 기저귀 갈기

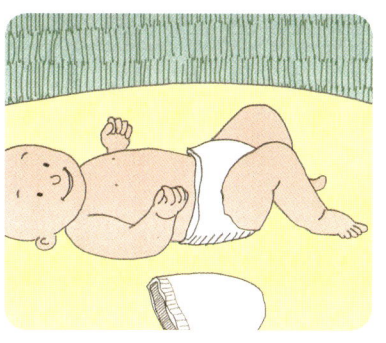

❶ 기저귀 커버를 깔고, 아기를 눕힌 후 새 기저귀를 옆에 펼쳐 놓습니다.

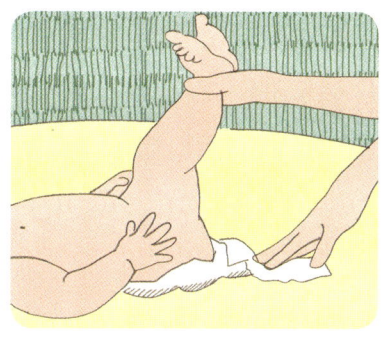

❷ 오염된 기저귀의 접착테이프를 떼고 한 손으로 아기의 양다리를 모아 살짝 들어 올린 다음, 다른 손으로는 오염된 기저귀의 겉면을 잡고 접어 둡니다.

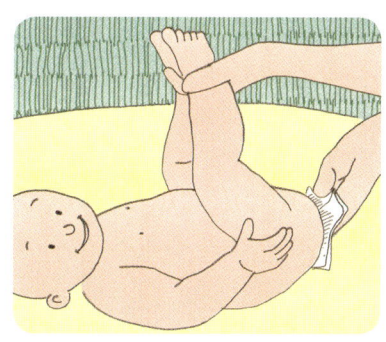

❸ 아기의 두 발목을 한 손으로 잡고 들어 올린 후 남자아이는 항문에서 성기 쪽으로, 특히 고환 양 옆을 부드럽게 닦아 줍니다. 여자아이는 반대 방향, 즉 위에서 아래 방향으로 섬세하게 닦아 줍니다.

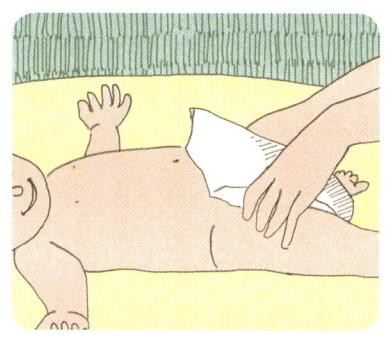

❹ 아기의 엉덩이를 살짝 들어 그 밑에 새 기저귀를 깝니다. 이때 허벅지가 조이지 않도록 하며 엉덩이 끝까지 감싸 접착테이프를 붙이는 것이 중요합니다.

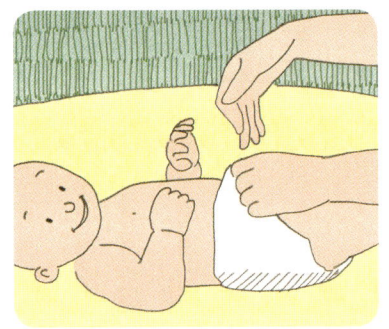

❺ 기저귀 끝이 접혀서 아기의 몸이 불편하지 않은지, 자국이 생기지는 않는지 살피며 기저귀의 각 면을 고르게 펴 줍니다.

3. 기저귀 발진이 생기면?

설사를 계속하면 가장 많이 나타나는 증상이 발진입니다. 세균이 증식하기 좋은 환경이라 쉽게 발진이 생기고 짓무르게 됩니다. 게다가 아기 피부는 연해서 대소변의 암모니아 성분들에 의해 피부가 자극되어 생기기도 합니다. 그러므로 대소변을 볼 때마다 기저귀를 갈아 주어 항상 보송보송한 상태를 유지하는 것이 중요합니다.

기저귀 발진 시 대처법

- 천 기저귀를 사용할 경우 유아용 세제를 사용하고, 완전히 잘 헹구어 낸 후 햇볕에 바짝 말려 곰팡이가 자라지 않도록 해주세요. 항상 청결하게 관리하는 것이 어렵다면, 종이 기저귀를 쓰는 것도 방법입니다.
- 기저귀를 갈아 줄 때 미지근한 물로 자주 씻어 주며 공기 중에 노출시켜 말리는 것이 효과적입니다.
- 심하면 소아과를 방문하여 진찰 후 처방받은 연고를 발라 주세요. 발진에 바르는 연고도 증상과 상태에 따라 종류가 다르니 아무거나 바르면 안 됩니다.
- 발진이 있을 때는 오히려 파우더 사용을 피합니다. 파우더를 사용하면 공기가 통하지 않아 피부를 더 자극하여 증상이 심해질 수 있습니다.

4. 아기가 토할 때

토한다는 것은 젖을 먹은 후 게우는 증상을 포함하여 많은 양의 토사물을 코와 입으로 한꺼번에 왈칵 쏟아내는 것까지 다양한 형태를 말합니다. 이때 게우는 정도가 옆으로 흘러나오는 정도는 아주 흔한 일로, 위장기관의 발달이 미숙하기 때문에 나타나는 경우가 많습니다. 이때는 트림만 잘 시켜 줘도 증상이 많이 좋아집니다.

그런데 코와 입으로 왈칵 쏟아내며 분수처럼 토하면 아기의 상태가 걱정되기 마련입니다. 한두 번만에 멈추고 괜찮아지면 다행이지만, 계속 반복되는 경우에는 다른 위장기관에 문제가 있는지 전문의의 진찰을 받는 것이 좋습니다.

자주 토하는 아기를 돌보는 방법

- 토사물이 들어가 기도를 막지 않도록 고개를 옆으로 돌려 주세요.
- 소량씩 자주 먹이고 트림을 꼭 시키며, 눕힐 때도 옆으로 눕혀 주세요.
- 위장관 기능이 더 정교하게 발달하면 토하는 증상은 많이 좋아집니다. 몸무게가 증가하고 잘 먹고 잘 논다면 3~6개월 정도까지 지켜봅니다.
- 입술이 마르고, 소변 횟수가 확연히 줄며, 힘이 없고 늘어지는 등의 탈수 증상이 있으면 병원에 가야 합니다.

5. 아기가 열이 날 때

아기는 어른과 달리 체온 조절이 잘 안 됩니다. 특히 신생아는 모유나 분유 등의 수분 섭취가 부족하거나 너무 덥게 싸 둘 경우 열이 나고 탈수 증상이 생길 수 있습니다. 이때는 옷이나 이불을 얇은 것으로 바꿔 주고 주위 온도를 조금 낮추거나 미지근한 물로 몸을 닦아 주면 금세 체온이 떨어집니다. 방 안의 온도는 22~24도 정도, 습도는 50~60%가 적당합니다.

하지만 생후 한 달간은 38도만 되어도 고열에 속하므로 주의해야 합니다. 아기가 쉽게 열이 떨어지지 않고 지쳐 보이면 해열제를 임의로 먹이지 말고 병원에 가서 열이 나는 원인을 찾는 것이 좋습니다. 백일 전의 아기에게 열은 주의 깊게 살펴보아야 할 증상입니다.

6. 아기가 황달에 걸렸을 때

'황달'은 얼굴이 노랗고 힘이 없는 상태입니다. 신생아의 경우 눈부터 시작해서 코, 이마, 얼굴, 그리고 가슴과 배까지 노랗게 변합니다. 더 심해지면 다리, 발바닥까지 노란색이 퍼집니다. 신생아 황달은 대부분 생후 2~4일에 가장 심하다가 5~6일이 되면 천천히 좋아집니다.

자연분만을 한 경우, 병원에서 퇴원한 뒤에 증상이 나타나기 때문에 아기의 눈 흰자위 색 혹은 얼굴색을 잘 관찰하며 지켜보다가 증상이 있을 때 병원을 방문하여 황달수치, 즉 빌리루빈 검사를 해야 합니다. 검사 결과에 따라 아기를 돌보는 방법이 결정됩니다. 대부분 빌리루빈은 약 98%가 대변으로 배설되므로, 잘 먹여서 대변을 잘 볼 수 있게 해주는 것이 중요합니다.

모유성 황달

잘 먹이고 돌보며 정기적으로 검사를 받는데도 수치가 쉽게 떨어지지 않는 경우, '모유성 황달'일 수 있습니다. 2일 정도 젖을 끊고 지켜보면서 다시 검사를 한 후, 아기의 상태가 좋아지면 모유성 황달로 진단을 하게 됩니다.

모유성 황달의 경우 무조건 젖을 끊기보다는 병원에서 정기적으로 검사를 하면서 의사의 지시에 따라 수유를 진행하는 것이 좋습니다. 길게는 2~3개월까지 천천히 수치가 떨어지는 경우도 있습니다.

진단을 위해 젖을 끊고 분유를 먹일 때에도 젖이 줄지 않도록 규칙적으로 유축을 해야 합니다. 그렇지 않으면 젖이 점점 줄게 되어 정작 먹이고 싶을 때 힘들어질 수 있습니다. 전문가의 도움을 계속 받으며 상담하는 것이 중요합니다.

7. 아기의 눈에 눈곱이 많이 끼었을 때

신생아는 하루 대부분의 시간 동안 잠자기 때문에 눈을 감고 있는 경우가 많습니다. 하지만 때때로 눈곱 때문에 눈을 뜨지 못하는 경우도 있습니다. 이런 경우 원인은 두 가지입니다. 눈물샘이 뚫리지 않은 경우와 염증에 의한 경우입니다. 눈물샘은 눈물이 배출되는 곳으로, 누관이라고도 합니다. 눈물샘이 뚫리지 않았을 때는 손을 깨끗이 씻고 눈 안쪽을 꼭 누르고 눈 둘레를 전체적으로 눌러주면서 코 안쪽으로 쓸어내려 주는 마사지를 해주면 도움이 됩니다.

염증이 생긴 경우에는 병원을 찾아가 진료 후 안약 등의 처방을 받습니다. 대부분 금세 좋아지니 너무 걱정하지 않아도 됩니다.

2 2~3개월 된 손주 돌보기

여전히 낯선 환경에 적응하는 기간이지만, 아기의 먹는 것, 대소변 누는 것, 자는 것에 일정한 패턴이 생기면서 아기를 돌보는 일에 조금 여유가 생깁니다. 2~3개월 사이에 아기들은 눈에 띄게 성장하고, 몸무게는 태어날 때보다 2배가 되지요. 이제 아기를 돌보는 즐거움을 누릴 때입니다.

2~3개월 된 아기의 특징

신생아기를 거쳐 영아기는 신체 발달이 가장 급격하게 이루어지는 시기입니다. 아기들의 신체 발달 중 근육조절의 진행 방향을 보면 몸 중심에서 바깥쪽으로, 머리에서 발로 발달합니다. 아기는 팔, 다리, 몸통 등 큰 근육을 먼저 사용한 다음 손과 손가락, 발과 발가락 등의 작은 근육을 사용합니다.
그러므로 이때는 목을 가눌 수 있고 손과 발의 움직임이 아주 활발하며 손에 딸랑이 등을 줠 수 있습니다.

사물을 뚜렷하게 바라보아요

아직 초점을 맞추지는 못하나 움직이는 물체를 따라 눈을 움직일 수 있습니다. 사물의 윤곽만을 구별할 수 있으므로 엄마의 얼굴도 형태만 보입니다. 따라서 처음에는 모빌을 아기의 배 위쪽(아기의 시선이 30~40도 정도 내려다볼 수 있는 위치)으로 달아 줍니다. 이때 형태를 알아보기 쉽고 선이 선명한 흑백 모빌로 달아 주세요.

그 후 3~4개월이 지나면 선명한 색깔에 관심을 보이기 시작하므로 컬러 모빌로 바꿔 주거나 컬러가 선명한 그림들을 보여 줍니다. 만약 3개월 된 아기가 눈을 맞추지 못한다면 안과로 가보는 것이 좋습니다.

소리에 반응을 해요

생후 1개월 무렵부터 딸랑이 소리를 들려주면 울다가 멈추기도 하고, 엄마의 목소리와 낯선 사람의 목소리를 구분할 줄 알게 됩니다. 소리 나는 쪽으로 고개를 돌리고 큰 소리에 놀라기도 하며, 좋아하는 웃음으로 반응을 하기도 합니다. 음악 소리가 나는 장난감이나 모빌을 준비해 주세요. 청각 발달은 언어 발달과도 직결되므로 다양한 소리를 들려주고 아기가 소리에 반응을 잘하고 있는지 확인하는 것도 필요합니다.

눈과 손의 협응이 시작돼요

뇌신경이 발달하며 팔다리 운동이 활발해집니다. 50일 정도 지나면 '구강기'가 시작되어 아기들은 손에 닿는 물건들을 무조건 입으로 가져갑니다. 이때 못하게 막기보다는 물건들을 깨끗하게 관리해서 맘껏 빨도록 놔두어야 합니다.
손 싸개를 빼 주되, 아기가 손톱으로 얼굴에 상처를 낼 수 있으므로 손톱 관리를 잘 해주어야 합니다.

혼자서 뒤집을 수 있어요

빠른 아기들은 1개월째에 배를 깔고 엎드리게 하면 머리를 들고, 2개월째에는 어깨까지 듭니다. 3개월이 되면 목을 가누고 뒤집기를 할 수 있지요. 목을 가누기 시작하면 엎어 재워도 좋으나 아직 미숙하므로 옆에서 지켜봐야 합니다.

PART 2 영아기 손주를 제대로 알자

옹알이를 시작해요

신생아기보다는 좀 더 분화된 울음으로 자신의 의사를 표현합니다. "우", "아"와 같은 옹알이도 시작합니다. 옹알이는 말을 하기 위한 준비 작업이므로 아기와 눈을 맞추고 열심히 반응을 해준다면 언어 발달에 좋은 자극이 됩니다. 예를 들어, "기분 좋다고?", "졸립구나", "배고프다고?", "기저귀 갈아 달라고?"와 같은 말로 반응을 하면서 아기와 소통하는 것입니다.

웃음으로 자신의 기분을 표현해요

2~3개월이 아기와 양육자 간에 애착을 형성하는 가장 중요한 시기입니다. 애착 형성의 첫걸음은 모유 수유라 할 수 있습니다. 수유할 때 엄마의 품에 안기면 가장 안정감을 느끼므로, 아기와 엄마가 함께하는 시간을 마련해 주는 것이 좋습니다.

또한 아기들은 자신의 감정을 울음으로 표현하거나 옹알이를 통해 양육자와 소통하기를 원합니다. 양육자의 적극적인 반응은 아기의 두뇌 발달과 정서적 안정은 물론 자신감 있는 아이로 성장하는 데 도움을 줍니다. 그러나 아무런 반응도, 세심한 보살핌도 받지 못한 아기들은 좌절을 맛보게 되며, 보살핌을 받고 자란 아기들에 비해 두뇌 발달이 늦다는 연구 결과가 있습니다.

> **감성 육아 tip**
>
> **아기 엄마의 출근 준비를 도와주세요!**
>
> 아기 엄마가 출산 휴가를 마치고 출근을 앞두고 있다면 혼합 수유를 준비하세요. 젖병으로 대체해야 하므로 적어도 한 달 전부터 연습이 필요합니다. 엄마 대신 할머니가 육아를 맡게 되면 반나절 동안 할머니와 함께 있는 연습을 하는 것이 좋습니다. 그리고 일정한 시간이 되면 엄마가 나타난다는 것을 아기가 알 수 있도록 합니다.

특히 아기를 집에 두고 직장에 나가야 하는 엄마를 대신해 아기를 돌봐 주게 되는 조부모는 아기와의 애착을 잘 형성할 수 있도록 애써야 합니다. 똑똑한 아이, 건강한 아이로 키우고 싶다면 많이 안아 주고 반응해 주세요. 아기들은 모든 것을 오감을 통해 받아들입니다. 오감 중 가장 큰 부분을 차지하고 있는 것이 피부이므로 비싼 장난감보다 한 번의 스킨십이 아기를 더 똑똑하고 건강하게 자라게 할 뿐 아니라 성장 호르몬 분비로 성장을 촉진시키고 면역력도 강화시켜 줍니다.

2~3개월 된 아기 먹이기

　엄마가 모유 수유를 하는 경우, 할머니도 모유에 대한 정확한 이해가 필요합니다. 젖을 먹여 아이를 키운 경험이 있기 때문에 젖 먹이는 것이 얼마나 힘든지 알면서도 막상 아기 엄마가 힘들어하면 자신도 지치게 됩니다. 하지만 가장 힘든 사람은 아기 엄마이므로 이해하고 배려하는 마음이 필요합니다. 딸의 입장에서, 혹은 며느리의 입장에서 생각해 보고, 인내와 사랑으로 보듬어 준다면 젖 먹이는 일이 한결 수월해질 것입니다.

모유 수유 하는 엄마들의 가장 큰 고민은 젖양입니다. 이때 아기를 돌보게 되는 할머니가 젖양에 대한 지식을 갖고 있으면 큰 도움이 됩니다.

1. 젖양이 적을 때

젖양은 사람마다 상황마다 다르기 때문에 일정하게 아기에게 젖을 먹여야 하는 엄마들은 걱정이 앞서기 마련입니다. 특히 젖양이 적을 경우가 문제입니다.

젖양 부족으로 생기는 악순환

젖양 부족 ➡ 잠 안 자고 보챔 ➡ 엄마의 수면 부족과 체력 고갈 ➡ 젖 생성 부족

젖양이 부족하다고 오해할 수 있는 상황

젖이 갑자기 말랑말랑해지는 경우 젖이 불지 않고 말랑말랑해지면 젖양이 줄었다고 오해할 수 있습니다. 하지만 이것은 정상입니다. 아기의 먹는 양과 만들어지는 양이 딱 맞아떨어져서 젖이 불 때 나타나게 되는 불편함이 없어진 것입니다.

성장 급증기의 경우 옛 어르신들이 하는 말씀 중에 아기가 아프고 나면 재주가 하나씩 늘어난다는 말이 있습니다. 이는 성장 급증기를 뜻하는 것입니다. 성장이 빠르게 일어나는 시기가 오면, 칼로리가 더 필요하게 되고 젖양이 늘어야 합니다. 젖이 늘어나는 동안 아기는 계속 젖을 먹으려고 하니 엄마는 젖이 부족하다고 오해할 수 있습니다.

아기가 안 자고, 보채고, 울고, 엄마 젖에만 매달려 있으려 한다면 성장 급증기라는 것을 인식하고 편안한 마음으로 젖을 물려 주세요. 수일 안에 젖양이 증가하여 다시 패턴을 찾을 수 있습니다. 성장 급증기가 나타나는 시기는 보통 2~3주, 6주, 3개월, 6개월입니다. 6개월에는 젖양을 늘리기보다는 이유식을 시작하여 늘어난 칼로리 필요량을 채워야 합니다.

부족한 젖양을 늘리는 방법

젖양을 늘리는 가장 효과적인 방법은 아기에게 젖을 자주 물리고 빨리는 것입니다. 짧게는 3일 정도, 길게는 일주일 정도면 젖이 늘어납니다. 이 방법이 가장

효과적이긴 하나 그 과정에서 엄마 자신이 너무 힘들고 지칠 수 있습니다. 이때 할머니가 곁에서 조금만 도와주면 한결 쉽게 극복해 낼 수 있습니다. 젖양을 빨리 늘릴 수 있는 세 가지 방법을 소개합니다.

첫째, 따뜻한 찜질을 해보세요. 혈액 순환이 원활해지고 사출 반사(젖이 쭉쭉 뻗치듯이 뿜어져 나오는 상태)가 유도되면서 젖이 돕니다. 그럼 엄마는 긴장이 풀어져 한결 젖을 물리기 편해집니다. 이때 아기 엄마는 수분 섭취를 충분히 하면서 스트레스를 받지 않고 즐겁게 육아하는 마음을 갖는 것이 중요합니다. 그런데 이 부분이 말처럼 쉽지는 않습니다. 그래서 할머니의 역할이 중요합니다. 엄마가 힘들다는 것을 알아주고 보듬어 주며 보채는 아기를 돌보면서 엄마가 잘 먹을 수 있도록 돕는다면 정서적으로 안정을 찾을 수 있을 것입니다.

둘째, 유방 마사지를 하면 도움이 됩니다. 젖 먹이기 전에 유방을 전체적으로 흔들고 살며시 돌려 주며 신경 써서 만진 후 먹이면 사출 반사를 유도해 젖양이 느는 데 도움이 됩니다.

셋째, 젖을 먹이고 다시 유축을 합니다. 아기가 젖을 충분히 못 먹어서 보충을 원하기도 하는데, 이때는 삼중 수유를 합니다. 일단 엄마 젖을 먹이고, 두 번째 엄마 젖을 짜고, 마지막으로 짠 젖으로 보충하는 것입니다. 호르몬이 분비되고 젖양이 아기의 뱃구레(아기의 먹는 양)에 맞게 되려면 평균 3~5일 정도 걸립니다. 지치더라도 인내심을 갖고 노력해 보세요.

젖양을 늘리는 동안 할머니가 도울 수 있는 방법

첫째, 보채는 아기를 틈틈이 안아서 달래고 재워 주면 좋습니다. 할머니가 불러 주는 자장가, 업어 주기 등이 큰 도움이 됩니다.

둘째, 아기를 돌보느라 제대로 먹지 못해 힘들어 하는 아기 엄마를 위해 입맛에

맞는 고단백 음식과 채소가 풍부한 식단으로 밥을 차려 줍니다. 아기 엄마도 고마움을 느끼며 정과 사랑이 깊어질 것입니다.

셋째, 스트레스를 풀기 위해 혼자만의 시간을 갖도록 해주세요. 아기 엄마가 잠깐이라도 편하게 쉴 수 있으면 육아에 지친 몸과 마음을 치유할 수 있습니다.

2. 젖양이 많을 때

젖양이 너무 많아도 문제입니다. 아기 엄마는 젖양이 많을 때도 스트레스를 받으며 자신의 삶의 질이 떨어졌다고 느낍니다. 전유와 후유의 불균형으로 젖양이 많을 경우 아기는 상대적으로 앞 젖을 많이 먹게 되어 설사를 하거나 지리는 변을 봅니다. 그리고 자주 먹겠다고 웁니다. 이때는 끝도 없이 계속 먹이거나 유축기로 짜면 안 되고 젖양을 줄여야 합니다.

젖양 과다로 생기는 악순환

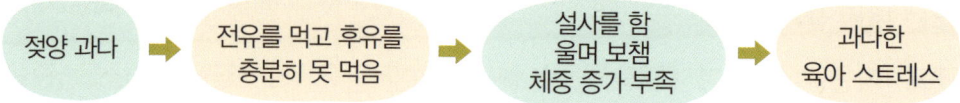

젖양을 줄이는 방법

아기에게 젖을 먹이고 난 후 남은 젖을 짜내지 말고 다소 불편하더라도 그냥 둡니다. 남아 있는 젖이 있을 때 뇌에서는 이를 인식하고 서서히 젖을 줄이게 됩니다. 너무 불편하면 아프지 않을 정도로 살짝만 짜내세요.

아기에게 한 번에 한쪽 젖만 먹입니다. 한쪽 젖을 끝까지 다 먹이고, 다음 번 수유에 안 먹인 쪽 젖을 먹입니다. 이렇게 수유 패턴을 잡아가면 처음에 다소 불편하더라도 서서히 적응하게 되면서 젖양이 줄어들게 됩니다. 젖이 불어서 불편할 때는 생 양배추를 유방에 붙입니다.

2~3개월 된 아기와 놀아 주기

놀이법

손가락 놀이   아기의 손바닥을 편 후 손가락 하나하나를 만져 주는 놀이입니다. 무엇이든 잡고자 하는 아기의 손에 손가락을 넣어 펴 주는 동작을 반복합니다.

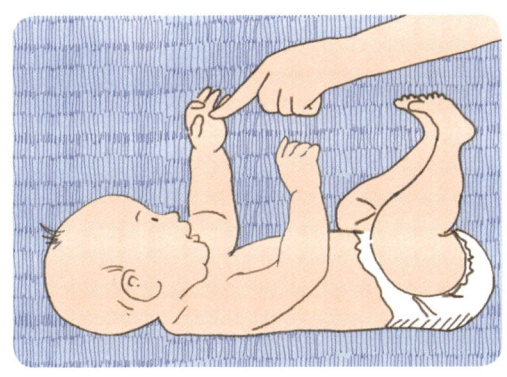

쭈까쭈까   기저귀를 간 후에 다리를 만져 주며 스트레칭을 해주는 놀이입니다.

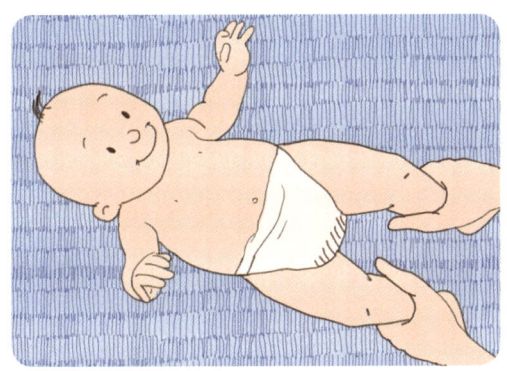

자세 바꾸기 놀이   아기가 몇 시간씩 한 자세로 누워 있는 걸 보고 순둥이라 생각할 수 있는데, 아기의 발달을 위해서는 자세를 바꿔 주는 것이 좋습니다. 아기를 엎드려 놓고 얼굴을 마주보거나 옆으로 눕히기도 하는 등 자세의 변화를 주며 놀아 보세요.

| 놀잇감 |

딸랑이   무엇이든 잡고자 하는 아기의 손에 쥐어 주기에 좋은 장난감입니다. 아기의 소근육 발달에 도움이 됩니다. 또 딸랑이를 흔들어 주면 아기는 소리가 나는 쪽을 바라보며 관심을 보입니다. 청각 발달에 좋습니다.

흑백 초점책   아직 색을 잘 구분할 수 없는 아기에게 흑색과 백색의 기하학적인 명암 대비를 보여 줌으로써 시각 발달에 도움을 줍니다.

흑백 모빌   아기의 눈높이에 맞게 모빌을 달아 줍니다. 이때 모빌은 색상이 화려한 것보다는 흑백이 좋습니다. 모빌을 달 때는 아기의 몸에서 25~30cm 정도 위에 달고, 아기가 누워 있는 상태에서 잘 보이도록 설치합니다.

3 4~6개월 된 손주 돌보기

아기가 태어난 지 90일이 지나면 4개월째에 접어들게 됩니다. 그러니까 백일은 4개월째에 오는 것입니다. 좌충우돌 육아를 하며 어느새 '백일의 기적'을 맞이합니다. 백일은 특별한 의미가 있습니다. 옛날에는 원인 모를 질병으로 아기가 백일이 되기 전에 죽는 경우가 많았습니다. 그래서 생후 백일이 되면 첫 번째 고비를 잘 넘긴 것을 기념하여 백일잔치를 열어 주었지요. 아기에게나 가족들에게 큰 의미가 있는 백일을 보내며 달라진 아기의 모습에 각별한 관심을 가져야 할 때입니다.

4~6개월 된 아기의 특징

백일은 의학적으로 매우 의미 있는 날입니다. 아기씨, 즉 정자가 엄마의 배 속에서 난자를 만나 수정이 된 날로부터 딱 1년이 되는 날이기 때문입니다. 엄마 배 속에서 280일과 백일을 더한 380일에 배란일 15일을 빼면 정확히 365일이 됩니다. 그러니까 백일은 진정한 의미에서의 생일이지요.
생명의 시작인 수정으로부터의 1년, 즉 백일을 맞은 아기는 제법 의미 있는 표정과 사랑스런 미소를 짓습니다. 이때부터 아기 키우는 재미가 한층 더해집니다.
4개월이 되면 아기들이 태어나면서부터 갖고 있던 원시반사가 대부분 사라집니다. 예를 들어, 흔히 말하는 '등 센서'라고 불리는 모로반사가 사라지고 자신의 의지에 따른 행동을 보입니다.

움직임이 매우 활발해져요

4개월이 되면 체중은 태어날 때의 2배, 키는 10cm 이상 자랍니다. 목도 가눌 수 있으므로 자기가 원하는 쪽으로 고개를 들고 돌립니다. 보통 목을 가누기 시작하면 업을 수는 있으나 너무 긴 시간 업고 있으면 혈액 순환을 방해하므로 잠깐씩만 업어 주는 것이 좋습니다.

이 시기가 되면 감각기능이나 대·소근육이 빠른 속도로 발달하여 혼자서 뒤집기, 배밀이, 혼자서 앉기 등이 가능해집니다. 요즘은 환경적인 여건상 층간 소음 때문에 집집마다 바닥에 매트를 깔아 놓는 관계로 바닥이 미끄럽지 않아 아기들이 배밀이를 건너뛰고 바로 기어 다니기도 합니다.

아기의 움직임이 활발하다 보니 배밀이를 하다가 소파나 장식장 밑에 끼이는 사고도 자주 일어납니다. 바닥에 떨어진 작은 물건들을 집어 입에 넣기도 하므로 청결과 안전에 신경을 많이 써야 합니다. 또한 아기를 어른용 침대에 눕혀 재우다 떨어져 탈골이나 타박상을 입는 등 안전사고가 잦으므로 아기를 침대에 눕힐 경우 안전대 설치를 반드시 해야 합니다.

감성 육아 tip

보행기 사용은 아주 잠깐만!

보행기는 다리 힘을 키워 걸음마에 도움을 주고, 엄마나 할머니가 집안일을 할 때 잠시 도움을 받을 수 있습니다. 보행기는 아기가 혼자 힘으로 허리를 가누고 앉을 수 있을 때 한 번에 20~30분, 하루에 1~2시간 정도만 사용합니다. 보행기를 타면 아기의 행동반경이 넓어져 많은 것을 볼 수 있다는 장점이 있는 반면, 안전사고의 위험이 있으므로 주변에 계단이나 경사가 있는지 잘 살펴봐야 합니다. 높이를 조절하여 까치발이 되지 않도록 하는 것도 중요합니다. 바닥에 발이 안 닿으면 아기의 근육 발달이 늦어져 안짱다리가 되거나 아킬레스건이 짧아질 수 있기 때문입니다. 또한 허리에도 무리가 되므로 잠깐씩만 태워 주세요.

4개월이 지나면 앉기도 가능하나 일부러 빨리 앉히고 싶어서 서둘러 앉힐 경우 척추에 무리가 가므로 미리 연습시킬 필요는 없습니다. 때로는 앉았다가 넘어지는 경우가 있으므로 얼굴이나 머리가 다치지 않도록 바닥에 매트를 깔고 베개나 쿠션 등을 놓아 주면 좋습니다. 다리에 힘이 생겨 무릎 위에 올리면 팔딱팔딱 뛰며, 손을 잡고 세워 주면 발을 떼는 동작을 합니다.

엄마 얼굴을 알 수 있어요

4~6개월이 되면 아기는 물체에 초점을 맞출 수 있게 됩니다. 목을 가눌 수 있으므로 움직이는 물체를 따라가며 고개를 움직이고 손으로 물체를 잡기도 합니다. 사람을 구분할 줄 알게 되면서 낯가림을 시작합니다.

이때 다양한 시각적 자극을 경험시켜 주면 뇌 발달에 도움이 됩니다. 그림에 관심을 보이므로 그림책을 많이 보여 주고 이야기를 많이 해주세요. 창의력과 상상력을 키우는 데 큰 도움이 됩니다. 반드시 그림책이 아니더라도 색이 선명한 달력 그림, 화보 광고지도 시각적 자극에 좋습니다.

물건을 잡을 수 있어요

눈과 손의 협응력이 발달하는 시기로, 장난감을 주면 열심히 손으로 잡습니다. 또한 물건을 잡으면 무조건 입으로 가져갑니다.

과자를 주면 혼자서 집어 먹을 수 있으며 젖병도 혼자 쥐고 먹을 수 있습니다. 손과 팔의 힘이 강해져 팔로 몸을 지탱하며 배밀이를 시작합니다.

소근육 발달은 뇌 발달과 직결되며 언어 발달에도 큰 영향을 미칩니다. 손을 많이 사용할 수 있는 놀이를 해주세요. 곤지곤지, 잼잼, 짝짜꿍짝짜꿍 같은 놀이는 소근육 발달에 좋습니다. 특히 곤지곤지, 잼잼은 단순히 손을 이용한 운동이 아니라 아이들의 두뇌 발달을 돕는 최고의 놀이입니다.

무엇이든 빨아요

이 시기의 아기는 주먹이 모두 입으로 들어갑니다. 입으로 빨면서 주변을 탐색하는 것입니다. 이때 "아, 이것은 딱딱하구나.", "어머, 이것은 부드럽네?", "이것은 뾰족하네?" 하면서 아기의 행동에 반응을 보이면 좋습니다. 아기가 뭔가를 잡고 입으로 빨려고 하면 못하게 하기보다는 유해 물질이 없는 장난감을 구입하거나 깨끗이 소독해 주세요. 장난감을 소독할 때는 따뜻한 물에 베이킹소다를 10:1로 섞어 분무기에 넣고 뿌린 후 물로 씻은 다음 마른 수건으로 닦아 주세요.

음식물을 삼킬 수 있어요

모유나 분유만 먹던 아기가 이유식을 시작하는 시기입니다. 초기에는 음식물을 삼키는 훈련을 위해 알레르기 걱정이 없고 위에 부담이 적은 쌀미음부터 먹입니다. 입 밖으로 밀어내고 잘 안 받아 먹으면 서두르지 말고 며칠 뒤 다시 시작합니다.

> **tip 충치는 전염될 수 있어요!**
>
> 충치는 전염병이라 할 수 있습니다. 즉 접촉을 통해 옮을 수 있다는 것이지요. 그러므로 어른의 충치균이 아기에게 옮기지 않도록 주의해야 합니다. 입에 뽀뽀를 하거나 음식의 간을 본 숟가락을 아기의 입에 넣는다거나 어른의 입으로 잘게 씹어서 아기에게 주는 행위는 하지 않는 것이 좋습니다.

젖니가 나와요

젖니는 보통 6개월에 나기 시작하여 대체로 한 달에 1개씩 나옵니다. 이가 날 때 잇몸이 간지러워서 예민해지고 짜증을 내는 경우가 있는데, 이럴 경우 안전한 치아발육기를 주세요. 치아발육기는 차갑게 해서 주는 것이 좋습니다.

이가 나려는 때여서 침도 많이 흘립니다. 아직 삼키는 능력이 부족하므로 입 주변을 잘 닦아 주어 피부 트러블이 생기지 않도록 해주세요. 장난감을 입에 물고 뜯다가 잇몸이 상하는 경우도 있습니다. 이때 잇몸 마사지를 해주면 혈액 순환이 잘되어 잇몸이 튼튼해지고 건강한 젖니가 나오는 데 도움이 됩니다.

열심히 옹알이를 해요

아기들의 울음에는 문제를 해결해 달라는 사인이 있습니다. 문제가 해결될 때까지 아기는 울음을 그치지 않습니다. 너무 많이 울게 놔두면 뇌 발달에 안 좋으므로 우는 원인을 찾아 빨리 해결해 주어야 합니다.

그런데 본인의 의사를 울음으로만 표현하던 아기가 좋아하는 사람을 보면 열심히 옹알이를 합니다. 어떤 때는 거울 속에 비친 자신의 모습을 보며 옹알이를 하기도 합니다.

옹알이는 말을 하기 위한 훈련이므로 어떤 옹알이에도 적극적으로 응답해 주어야 합니다. 남의 말을 듣는 것도 언어 훈련 가운데 중요한 부분입니다. 기저귀 갈 때, 목욕할 때, 젖 먹을 때 옹알이에 반응을 해주면 아기는 자기가 사랑받고 있다는 것을 느끼게 됩니다.

아기의 옹알이에 다양하게 반응해 주면 언어 발달에 도움이 되지만 반응해 주지 않으면 아기의 옹알이도 줄게 됩니다.

아기의 젖니 관리

아기의 젖니는 6개월부터 나기 시작합니다. 아래 가운데 앞니 2개가 가장 먼저 난 후, 약 2년 6개월에 걸쳐 모두 20개의 젖니가 나옵니다. 아기마다 조금씩 그 시기가 다르니 다른 아기와 비교하지 말고 시기에 맞춰 잘 관리해 주면 됩니다.

젖니 날 때의 증상

잇몸이 간지럽고, 아플 수 있습니다. 심하면 미열이 동반되기도 합니다. 치아가 잇몸을 뚫고 나오면서 잇몸에 염증 반응을 일으키기 때문입니다. 지금까지 큰 탈 없이 잘 놀던 아기가 갑자기 보채고 유난히 침을 많이 흘리면 병원 진료를 받아 보는 것이 좋습니다.

치아발육기

치아발육기는 안전한 플라스틱으로 만든 것들입니다. 아기가 손으로 잡고 입으로 빨고 깨물 때 자연스럽게 잇몸 마사지를 해주어 간지러운 잇몸의 증상을 완화시킵니다. 요즘 치아발육기는 다양한 색깔과 모양으로 아기의 시각적 자극을 유도하며 호기심을 충족시켜 줍니다.

젖니 관리

- 이가 나기 전 가려워하며 침을 흘리면 그때부터 가제를 손가락에 말아 쥐고 생수에 적셔서 잇몸을 닦아 줍니다. 이렇게 하면 치아가 난 후에도 적응이 쉽습니다.
- 이유식을 먹고 나서 입을 헹구듯이 물을 마시게 합니다.
- 치아에 잘 붙는 음식 또는 당분이 들어 있는 음식은 삼갑니다. 이런 음식을 먹은 후에는 물을 먹이고, 상황이 허락한다면 가제로 닦아 주는 것이 좋습니다.
- 돌이 되면 치아 건강을 위해서라도 젖병을 끊는 것이 좋습니다.
- 칫솔질은 보통 18개월 지나서 시작합니다. 치약은 만 두 돌쯤 전후부터 시작할 수 있습니다.

칫솔질 하는 방법

아기 혼자서 할 수 없기 때문에 어른이 대신 해주어야 합니다. 아기를 무릎에 앉혀서 같은 방향을 보고 거울 앞에서 하면 좋습니다. 위아래 어금니까지 구석구석 잘 닦아 줍니다.

     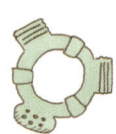

다양한 치아발육기

아기의 양치질 방법

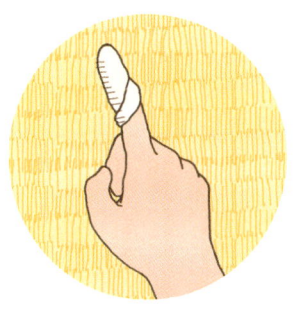

❶ 가제 수건을 검지에 단단히 고정해요.

❷ 가제 수건을 감싼 손가락 끝에 끓여서 식힌 물을 살짝 묻혀 주세요.

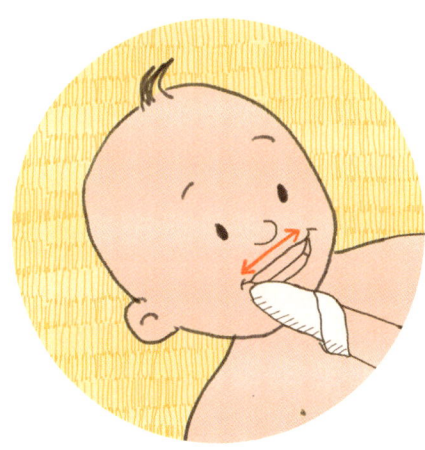

❸ 잇몸 바깥 면을 좌우로 문질러 닦고, 안쪽 면을 닦아요. 입안 점막은 상처가 나기 쉬우므로 살살 문질러 주세요.

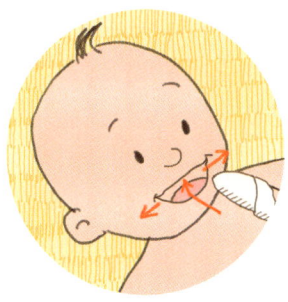

❹ 위아래 잇몸을 모두 닦았으면 입천장과 양쪽 볼 안쪽을 닦아 주세요.

❺ 안쪽에서 바깥쪽으로 쓸어내리듯이 혓바닥을 닦아 주세요.

※ 입을 오래 벌리고 있으면 아기가 헛구역질을 할 수 있으므로 30초 안에 마쳐 주세요.

감성 육아 tip

분리 과정을 이겨 내도록 도와주는 공갈 젖꼭지

아기는 젖을 충분히 먹어도 계속 빨고자 하는 욕구가 있어 무언가를 빨고 싶어 합니다. 이때 아기가 가장 많이 빨게 되는 것이 공갈 젖꼭지입니다. 자신이 울기만 하면 모든 문제가 해결되는 것을 경험한 아기는 자신이 전지전능하다고 여깁니다. 그런데 점점 상대적 의존기에 들어서면서 욕구가 충족되지 못하면 엄마를 대신할 매개물을 찾게 됩니다. 그 중간 대상이 처음에는 손가락 등의 신체 일부가 되었다가 점차 공갈 젖꼭지, 젖병으로 옮겨가고, 그러다가 물건을 잡을 수 있게 되면 옷, 담요, 곰 인형, 베개 등으로 변하지요. 이것을 '과도기 대상'이라고 하는데, 아기가 양육자와의 분리 과정에서 겪는 고통을 극복해 나가는 방법이며 이를 통해 불안이 감소되고 안정을 찾게 됩니다.

공갈 젖꼭지 사용법

- 모유 수유를 하는 경우 4~6주 이전에는 유두 혼동이 올 수 있으므로 주의하세요.
- 뜨거운 물에 깨끗하게 소독해야 하고, 젖꼭지 안쪽에 물이 고일 수 있으므로 소독 후 물기를 잘 털어 말린 후 사용하세요.
- 배고플 때는 공갈 젖꼭지를 주지 않는 것이 좋습니다.
- 하나에 집착하지 않고 다양하게 사용하도록 유도하는 것이 좋습니다. 예민한 아기는 공갈 젖꼭지가 찢어지거나 닳아 사용하지 못하게 되어 새것을 주면 기피하는 경향을 보이므로 공갈 젖꼭지를 끊는 데 어려움을 겪을 수 있습니다.

공갈 젖꼭지를 끊어야 하는 이유 설명하기

- 공갈 젖꼭지를 억지로 떼어 내려 하지 말고 적절하게 사용하도록 인정하고 격려해 주세요. 억지로 못 빨게 할 경우 다시 손가락을 빨면서 손가락 변형, 손톱 빠짐과 염증 등이 생길 수 있습니다.
- 공갈 젖꼭지는 주로 잠투정할 때 많이 찾게 되므로 낮 시간에는 없이 지내다가 밤에 잘 때 시도해 보세요.
- 말귀를 알아들을 때 서서히 끊는 것을 권합니다. 아기가 알아들을 수 있도록 매일매일 공갈 젖꼭지와 헤어져야 하는 이유를 충분히 설명해 주세요. 꼭 안아 주며 이제는 공갈 젖꼭지가 필요 없다고 말해 주세요. 공갈 젖꼭지를 향한 집착을 잊도록 다른 놀이를 함께해 주세요.

표현력이 발달하여 자기감정을 분명히 나타내요

엄마의 얼굴을 알아보고, 상호작용이 가능하며, 어른들이 놀아 주면 소리 내어 웃기도 하고 거울 속 자신을 보고 미소를 짓습니다. 표현력이 발달하여 좋은 감정과 싫은 감정을 확실하게 나타내며 고집이 세어집니다.

자기를 돌봐 주는 사람과 심리적 유대감을 통해 애착을 형성하는 시기이며 애착이 잘 형성되지 못한 경우 격리 불안을 갖게 되므로 엄마가 안 보이면 불안한 감정을 울음으로 표시합니다. 얇은 천이나 스카프 등을 이용하여 '까꿍놀이'를 많이 해 주세요. 잠시 없어졌다 다시 나타나는 놀이를 통해 아이의 불안감이 해소될 수 있습니다.

> **감성 육아 tip**
>
> **우리 아기 안심 시키기**
>
> 신체 접촉이 중요한 이 시기에 '안아 주기'는 아기에게 자신이 사랑받고 있으며, 안전하게 돌봄을 받고 있다는 신뢰감을 줍니다. 만약 바로 달려가 안아 주지 못할 경우 "할머니 여기 있다. 조금만 기다려."라고 말하며 목소리를 들려주면 아기가 안심을 합니다.

엄마, 아빠가 직장을 나가야 하는 경우 양육자가 자꾸 바뀌지 않도록 애착 형성에 신경을 많이 써야 합니다. 아기가 불안해하지 않도록 스킨십을 많이 해주어 안정감을 갖게 합니다.

4~6개월 된 아기 먹이기

이 시기의 아기는 보통 3~4시간 이상으로 수유 간격이 생기며 밤중에는 안 먹고 7시간 정도 잘 수 있습니다. 3개월이 지나 젖양이 조절되었다면 6개월에 오는 성장 급증기에는 이유식을 시작해야 합니다. 이유식은 적어도 5개월이 지나서 시작할 것을 권합니다. 이유식 시작 시기는 소아과 선생님과 상의하여 아기의 알레르기나 성장 발달에 맞추어 정합니다.

이 시기에는 체중을 지속적으로 체크하는 것이 중요합니다. 3~4개월 사이에는 보통 일주일에 평균 170g이 증가하나 4~6개월 사이에는 일주일에 평균 113~142g 정도 증가하면서 주춤하게 됩니다.

분유를 먹일 경우

4~6개월 된 아기가 먹는 양은 1회 분유량이 150~210g이고, 하루에 먹는 횟수는 4~5회입니다.

밤중 수유

이 시기의 아기는 밤에 적어도 7시간은 깨지 않고 잘 수 있습니다. 낮에 먹는 양을 늘리고 밤에 잠자기 전 양껏 먹이면 충분히 잠을 잡니다. 이 시기에 엄마들은 소원인 통잠을 자는 기적을 맛볼 수 있습니다.

컵으로 먹이는 연습하기

밤중 수유를 조절하고 이유식을 시작하면서 신경 써야 할 것은 컵으로 음식을 먹을 수 있다는 것을 서서히 알려 주는 것입니다. 이때 먼저 컵을 가지고 놀게 해주고 아기 앞에서 컵으로 물을 마시는 모습을 자주 보여 줍니다. 음식물을 흘리더라도 연습을 시키다 보면 서서히 컵으로 먹게 됩니다.

젖병과 이별하기

이유식을 하면 하루에 약 1,000칼로리를 섭취해야 하기에 아침, 점심, 저녁 세 끼와 두 번의 간식에 나눠 먹입니다. 이때 식습관이 중요합니다. 또한 젖병을 떼어야 하는 중요한 시기입니다. 생후 7개월이 지나면서 컵으로 먹이는 연습을 시키다 보면, 9개월부터는 컵을 기능적으로 잘 사용할 수 있게 되고, 첫돌에 완전히 젖병을 끊을 수 있게 됩니다.

준비가 되면 젖병을 완전히 치웁니다. 1~2주 정도는 젖병을 찾으면서 보채고 울겠지만 이 고비만 넘기면 잘 뗄 수 있습니다.

아기가 컵으로 먹는 것을 연습하는 동안 흘리고 지저분해지는 것을 잘 견뎌야 합니다. 아기를 혼내고 야단치면 안 됩니다. 누구나 무엇을 새롭게 배울 때는 실수할 수 있음을 인정하고 너그럽게 받아들여야 합니다.

빨대 컵이라는 중간 과정을 거치는 것보다는 바로 컵으로 바꿀 것을 권장합니다. 젖병과 똑같이 빨아서 먹는 형태이기 때문입니다. 젖병 떼는 것이 늦어질 때 가장 우려되는 것이 치아우식증입니다. 치아우식증은 입안에 남아 있는 우유의 당분이 충치균에 의해 산화되는 것입니다.

Q & A

Q 분유를 생우유로 바꾸려면 어떻게 해야 할까요?

A 첫돌이 지나 아기가 준비되면 생우유로 바꾸어도 좋습니다. 여기서 준비란 이유식을 먹는 아기가 부드러운 밥과 반찬을 잘 먹게 되는 상태입니다. 밥은 먹지만 분유를 더 많이 먹고, 고기나 채소를 잘 먹지 않으면 아직 준비가 덜 된 것입니다.

Q 분유를 줄이는 방법은 무엇이 있을까요?

A 밥을 먹인 직후에 분유를 먹입니다. 이렇게 되면 분유의 양이 자연스럽게 줄고 다른 영양분은 밥과 반찬으로 보충하게 됩니다. 밥의 양이 점차 늘면 1~2주에 걸쳐서 하루에 한 번은 생우유를 먹이고, 점차 양을 늘려가며 분유를 생우유로 대체하면 됩니다.

Q 생우유는 얼마나 먹이면 좋은가요?

A 우유는 하루에 2~3잔, 즉 500cc 정도가 적당합니다. 우유는 완전식품이라는 생각 때문에 무조건 많이 먹으면 좋다고 생각하는데, 그것은 잘못된 것입니다. 아기가 우유를 많이 먹으면 다른 식품을 덜 먹게 됩니다. 또한 우유는 섬유질이 적어 변비가 잘 생깁니다. 우유는 칼슘과 단백질이 풍부하긴 하지만 고체 음식을 제대로 먹는 것이 더 중요합니다.

 ## 이유식의 모든 것

　　모유나 분유로만 먹을 것을 해결했던 아기는 점점 자라면서 여러 다양한 음식을 접하고 서서히 정상 식사를 할 수 있는 상태로 옮겨 갑니다. 이때 갑자기 어른이 먹는 음식을 먹일 수는 없으니 조금 더 부드럽게 조리하여 먹입니다. 이를 이유식이라 하는데, 액체 음식에서 반고형 음식으로 바꿔 가며 영아의 식생활을 이끌어 가는 것입니다. 쉽게 말해 아기가 처음으로 씹어 먹는 음식을 먹기 시작하게 되는 것입니다.

이유식은 두뇌 발달, 식습관 형성, 성장 발달, 인지 발달에 도움이 됩니다. 이유식 시작 시기를 놓치면 숟가락과 컵 사용이 늦어져 섭취해야 하는 영양분을 공급받지 못해 영양 불균형이 올 수 있습니다. 모유나 우유에서 얻지 못하는 영양소를 보충하고, 정신과 신체 발달을 가져오며, 질병을 예방하고, 언어 발달과 독립심 고취를 위해 이유식 과정은 필수입니다.

이유식의 목적
아기의 성장에 필요한 영양분을 섭취하는 목적도 있지만, 더 중요한 것은 아기가 새로운 맛을 경험하고 새로운 식습관을 배우는 것입니다.

이유식의 시기
대개 아기의 행동을 보고 판단합니다. 아기가 어른이 먹는 것을 눈으로 쫓거나 입을 오물거리며 침을 많이 흘린다면 본격적인 이유식을 시작할 수 있습니다.

대체로 모유를 먹는 아기는 만 6개월부터, 분유를 먹는 아기는 만 4~6개월부터 이유식을 먹일 수 있습니다. 가장 정확한 이유식 시작 시기는 정기적으로 진찰하는 소아과 선생님과 상의하는 것이 좋습니다.

월령별 이유식 횟수와 양과 시간대

생후 6개월이 지난 아기는 하루에 모유(분유)를 3~5회 정도 주고, 나머지는 이유식을 먹여야 합니다. 보통 이유식과 모유(분유)를 한 끼로 생각합니다. 이유식을 적게 먹으면 자연히 젖을 많이 먹게 되므로, 수유 직전에 이유식을 먹이도록 합니다.

이유식을 세 번 먹일 때는 모유(분유)를 이유식 주는 시간에 맞춰 같이 주고, 네 번째 수유는 아기가 잠들기 전에 하면 됩니다. 이렇게 하는 이유는 뱃구레를 늘리고, 하루의 식사 시간 패턴을 연습해야 하기 때문입니다.

간식은 세끼를 먹이는 경우 끼니 사이에 먹이면 됩니다. 단, 간식으로 분유를 주면 안 됩니다.

❶ 이유식 시간대

이유식 초기에는 수유하기 전 오전 10시 정도에 먹이는 것이 좋습니다. 아기가 모유나 분유를 먹고 나서 이유식을 먹으면 배가 불러 이유식을 거부하거나 숟가락 사용과 씹는 연습을 잘 하지 않으려는 경우가 생기기 때문입니다.

❷ 이유식의 횟수

이유식의 횟수는 꼭 정해진 것은 아니며, 아기에 따라 달라질 수 있습니다. 일반적으로 다음과 같이 먹이면 큰 무리가 없습니다.

4~6개월 : 1회

6~9개월 : 1~2회 먹이다가 잘 먹으면 3회를 시도해 봅니다. 가능하면 3회를 하고, 간식도 하루에 2회 줍니다.

9~11개월 : 3회, 간식 2~3회

❸ 이유식의 양

이유식은 한 숟가락부터 서서히 양을 늘려가는 것이 좋습니다. 6개월 이전에는 연습 삼아 먹이더라도 6~8개월이 되면 이유식으로 먹는 영양이 전체 영양에서 20~30% 정도가 되며, 9~11개월이 되면 그 양이 많이 늘어 40~45% 정도가 됩니다. 이쯤 되면 이유식과 수유가 5:5로 영양을 반반씩 담당하게 됩니다. 12~23개월이 되면 모유나 우유 등의 수유보다는 이유식이 주식이 되도록 하고 전체 영양의 60~65% 정도를 이유식을 통해 섭취하도록 합니다.

❹ 이유식의 농도

이유식은 농도가 중요합니다. 멀건 죽은 아무리 많은 양을 먹어도 영양이 없기 때문에 개월수에 따라서 농도를 제대로 맞추어 먹여야 합니다.

4~5개월 : 유동식으로 물기가 많아야 합니다. 쌀죽으로 말하면 흔히 10배죽 정도로 시작합니다. 10배죽은 쌀 1에 물 10배를 첨가하여 만드는 죽을 말합니다. 초기에는 묽게 하다가 서서히 농도를 높입니다. 숟가락을 기울이면 약간씩 떨어지는 정도의 농도(잼이나 요구르트 정도의 걸쭉한 농도)입니다.

6~7개월 : 처음에는 음식을 갈아 주지만 잘 먹게 되면 서서히 음식의 농도를 높이고 완전히 갈지 않은 상태로 먹입니다. 7개월이 되기 전부터는 갈지 않고

충분히 익혀서 부드럽게 된 약간의 건더기가 있는 것을 주어 씹는 연습을 시작하도록 합니다. 음식의 농도는 연두부나 푸딩 정도의 농도가 적당합니다.

8~11개월 : 손으로 집어먹을 수 있는 음식을 주고 숟가락을 사용하여 먹을 수 있게 해주면 좋습니다. 음식의 농도는 무른 바나나 정도가 좋습니다.

12개월 : 이 시기의 아기는 어른이 먹는 음식을 먹을 수 있는데, 목에 걸리지 않도록 작게 자르고, 무르게 익힙니다. 또 짜거나 자극적이지 않게 간을 합니다. 음식의 농도는 물에 밥을 말아 불린 무른 밥 정도의 농도가 적당합니다.

이유식을 만들 때 주의할 점

❶ 아기가 먹을 만큼만 만듭니다.
보통 남은 이유식은 이틀 정도 냉장 보관이 가능합니다. 채소죽은 과일 이유식보다 잘 변질되어 하루 정도만 보관이 가능하고, 과일은 사흘 정도 보관할 수 있습니다.

❷ 이유식은 깨끗하게 만들어야 합니다.

❸ 도마는 육류용과 채소용을 구분해서 따로 사용하면 좋습니다.

❹ 냉동식품으로 이유식을 만들 때는 유효기간을 잘 보고, 해동한 것은 사용 후 남더라도 다시 냉동시키지 않습니다. 냉장 보관하면 3~5일은 괜찮습니다.

❺ 고기를 해동할 때는 냉장고에서 저온으로 하는 것이 좋습니다.

❻ 채소죽을 만들 때는 물양을 적게 해서 데쳐야 영양 손실을 줄일 수 있습니다. 채소 데친 물을 이용해 죽을 만드는 것도 좋습니다.

❼ 초기 이유식 때 먹이는 과일은 씨를 다 빼야 하고 껍질도 다 벗깁니다.

❽ 이유식에 들어가는 재료는 아기의 목에 걸리지 않을 정도의 크기로 잘게 자릅니다.

이유식 먹이는 방법

① 월령에 맞는 식단을 짜서 매일매일 신선한 재료로 만드는 것을 원칙으로 합니다. 반드시 숟가락을 이용해 음식의 감촉과 맛을 느끼도록 합니다. 입 동작은 아기에게 좋은 자극이 되기 때문입니다.

② 이유식을 위한 포근하고도 안정적인 분위기를 만들어 줍니다. 처음 모유(분유)를 먹일 때처럼 편안하게 무릎 위에 앉히고 가슴에 기대게 한 채 음식물을 먹이거나, 아기 의자에 앉혀 눈을 마주보며 먹이도록 합니다.

③ 아기 입 크기에 적당한 조그만 숟가락이나 티스푼을 사용합니다.

④ 한입에 먹을 수 있을 만큼 조금씩 먹입니다.

⑤ 첫 숟가락을 아기가 다 받아먹을 때까지 기다렸다가 아기가 다 먹은 후 다시 한 숟가락씩 떠 넣어 줍니다. 만약 아기가 입을 다물거나 고개를 돌리는 등 싫어하는 표현을 하면 그만 먹입니다. 굳이 억지로 먹일 필요는 없습니다.

⑥ 생후 9개월이 되면 본격적으로 컵을 사용하는 습관을 들이도록 합니다. 그러기 위해서는 6개월부터 컵을 가지고 놀고 마시는 연습을 하는 것이 좋습니다. 돌이 지나면 젖병을 끊고 모든 액체를 컵으로 먹을 수 있게 합니다.

다양한 맛을 보게 하는 방법

① 새로운 음식은 처음에는 4일 간격으로 첨가하며 알레르기 증상을 확인합니다. 새로운 음식을 시도해서 특별한 반응이 없었던 음식은 섞어서 먹일 수 있습니다. 만 8개월이 지나면 2~3일 간격으로 새로운 음식을 첨가할 수 있습니다. 그런데 초기에 아기가 적응하기 힘들어 하면 일주일에 하나씩 새로운 것을 늘려갑니다.

② 식습관을 들이는 시기이므로, 영양과 편리함만 생각해 시중에서 판매하는

가루 종류를 젖병에 타서 먹이는 것은 바람직하지 않습니다.

❸ 여러 재료를 골고루 먹이며 다양한 맛을 보게 하는 것은 좋은데, 너무 억지로 먹이는 것은 금물입니다. 모유(분유)를 주식으로 하고, 부족한 영양소를 이유식으로 채운다고 생각해 주세요.

❹ 설탕이 들어 있는 음식은 돌 이후에 접하도록 하는 것이 좋습니다. 단 음식은 칼슘 섭취를 방해하고 아기에 따라서 알레르기를 일으키기도 합니다.

❺ 이유식은 재료의 맛을 살려 간은 하지 않고 조리하도록 합니다.

❻ 이유식 시작 후 먹은 음식물들이 그대로 대변으로 나올 경우, 크게 걱정할 필요는 없습니다. 특정 음식을 먹고 난 후 설사나 구토 증상이 생기면 이유식을 끊고 의사에게 진찰을 받도록 합니다.

음식 알레르기 증상 알기

❶ **알레르기 증상 :** 면역력에 문제가 생겨 알레르기 증상이 나타납니다. 눈물이나 콧물이 나오고, 눈이 가려워 비비기도 합니다. 눈 주위가 붉어지고, 입이나 입술, 심지어 입안과 목구멍까지 부어 목이 쉬고 숨이 막히기도 합니다. 구토, 설사 등이 동반되며, 심한 경우는 변에서 피가 나오기도 합니다. 몸에 발진이 돋을 수 있고, 두드러기 증상이 나타나는 경우도 있습니다.
3세 이전에 알레르기가 생긴 경우는 대개 7세 이전에 좋아지지만, 3세 이후에 음식 알레르기가 생기면 커서도 그 증상이 지속될 수 있으므로, 음식과 알레르기 반응을 잘 기억해 두는 것이 필요합니다. 또한 돌 지나고 먹일 수 있는 식재료라면 두 돌이 지난 후에도 조금씩 먹이면서 반응을 살피는 게 좋습니다.

❷ **알레르기를 일으키는 식품 :** 달걀흰자, 땅콩, 밀가루, 오렌지 등이 있습니다. 특히 달걀흰자는 알레르기를 가장 잘 일으키는 음식이므로 처음에는 완숙한 달걀의 노른자만 으깨어 먹이고, 흰자는 가급적 천천히 먹이도록 하며, 6개월 이후에 먹이는 것이 좋습니다.

❸ **알레르기 음식의 체크 방법 :** 알레르기 유발 식품을 미리 점검하고, 아기에게 먹일 때 조금만 먹여 본 후, 아기의 상태를 살펴봅니다. 아기의 얼굴이 붉어지거나 거친 반점이 생기면 먹이지 않습니다.

❹ **알레르기와 비슷한 음식 과민성 증상 :** 알레르기와 비슷한 증상이지만 알레르기가 아니라 음식에 대한 장의 과민성 반응일 때가 있습니다. 과민성 증상으로는 배탈, 배에 가스가 차거나 방귀를 뀌는 것, 보채기, 구토, 설사 등이 있습니다. 이럴 때는 소아과 의사와 상담하고 1~3개월 정도 간격을 두고 다시 시작합니다.

초기 이유식

초기 이유식은 본격적인 이유식에 앞서 이유식 준비 기간이라 할 수 있습니다. 영양을 다양하게 공급하기보다는 모유, 분유 이외의 음식을 숟가락으로 받아먹는 연습을 하는 훈련 기간이라 보면 됩니다. 아기의 발육과 성장이 순조롭다면 이제부터 이유식을 시작할 시기입니다.

초기 이유식 4~5개월
이 시기의 아기는 태내에 저장해 둔 철분, 구리 등 영양소가 다 소모되어 이유식을 통해 부족한 영양소를 보충해야 합니다. 하지만 아기가 새로운 음식을 계속 거부하거나 변이 이상해지는 등 이유식에 적응하지 못한다면 억지로 이유식을 먹일 필요는 없습니다. 아기의 상태에 따라 대개 4~6개월 정도에 시작하지만, 이유식을 거부하면 1~2주 후에 시도하는 등 융통성 있게 대처합니다.

초기 이유식 5~6개월
이 시기는 음식을 탐색하는 시기입니다. 생후 6개월 정도 되면 입안에 음식을 넣고 꿀꺽 삼키는 것을 배우게 됩니다. 따라서 미음처럼 아주 묽은 것보다는 어느 정도 수분을 줄인 걸쭉한 상태의 이유식을 먹이는 게 좋습니다. 아기 입맛에 맞게 밥, 과일, 쌀빵 등을 으깨어 주되 간을 하지 않고 줍니다. 또한 다양한 재료로 음식을 만들어 여러 가지 맛을 경험하고 즐길 수 있도록 해줍니다.

이유식을 본격적으로 시작하면 대변에 변화가 생깁니다. 변을 보는 횟수가 늘거나 변비 혹은 설사를 동반하는 경우가 생기는 것입니다. 변비는 장운동이 되지 않아 생기는 현상이므로 장운동을 위해 섬유질이 많이 든 채소를 먹이고, 과즙 외에 과육을 끓여 먹이거나 익힌 과일을 으깨어 먹이는 것이 좋습니다.

초기 이유식의 조리 방법

- 처음에 먹이는 이유식은 숟가락으로 떠서 기울였을 때 내용물이 주르륵 흐르는 정도의 농도로 조리합니다.
- 일주일 단위로 물의 양을 조금씩 줄여가며 농도를 진하게 조절합니다.
- 이유식을 시작한 지 2개월 정도가 지나면 걸쭉한 상태의 음식을 먹을 수 있습니다. 이때 음식 재료는 비교적 알레르기를 덜 일으키는 곡류와 채소를 사용하는 것이 좋습니다.
- 초기 이유식은 물로만 끓여 줍니다.
- 멸치나 다시마 우린 물은 염분이 있으므로 6개월 이전의 아기의 이유식에는 사용하지 않는 것이 좋습니다.

초기 이유식의 용량

체로 거른 미음 형태의 유동식으로 하루 1회 50~100g을 섭취합니다.

초기 이유식에 사용 가능한 재료

쌀, 찹쌀, 감자, 고구마, 브로콜리, 애호박, 단호박, 무, 오이, 사과, 배, 시금치, 바나나, 당근, 양파, 완두콩, 강낭콩, 콜리플라워, 배추 등입니다.

초기 이유식에서 주의해야 할 재료

향이 강하고 섬유질이 많은 채소류나 단단한 잡곡류 등은 피합니다. 땅콩, 견과류 등은 다른 재료에 비해 알레르기를 잘 일으키기 때문에 주의해야 합니다.

초기 이유식 조리 시 주의할 점

- 한 번에 한 가지 재료만 써야 알레르기의 원인이 되는 식품을 가려낼 수 있습

니다.
- 초기 이유식은 2주 동안 10배죽, 2주가 지나면 8배죽, 그리고 아기가 잘 먹으면 체에 거르지 말고 먹이면서 중기 이유식을 준비합니다.

초기 이유식 레시피

쌀미음

준비물 불린 쌀 20g, 생수 1컵

만드는 순서
❶ 불린 쌀을 곱게 갈아 가루로 만들어요.
❷ 쌀가루에 생수를 붓고 센불에서 끓이다가 한소끔 끓어오르면 약불에서 5분 정도 걸쭉해질 때까지 끓여요.
❸ 미음을 고운체에 걸러 주어요.

브로콜리미음

준비물 불린 쌀 20g, 브로콜리 10g, 생수 1컵

만드는 순서
❶ 불린 쌀을 곱게 갈아 가루로 만들어요.
❷ 브로콜리는 꽃송이 부분만 떼어 끓는 물에 데친 후 곱게 갈아요.
❸ 냄비에 쌀과 브로콜리, 생수를 넣고 중불에서 푹 퍼지게 끓여요.
❹ 미음을 고운체에 걸러 주어요.

4~6개월 된 아기와 놀아 주기

놀이법

까꿍놀이 까꿍놀이는 아기의 집중력을 높이고 기억력을 좋게 만듭니다. 얼굴을 손으로 가렸다가 펼치면서 "까꿍!" 소리를 내며 밝은 표정을 지어 보세요. 까꿍 소리가 너무 크면 아기가 놀랠 수 있으니 적당한 소리로 내어 줍니다. 여러 번 반복한 후에는 아기의 얼굴을 손이나 비치는 천으로 가리는 놀이도 해보세요.

거울놀이 거울에 아기의 모습을 여러 번 비치게 하면 아기가 그 모습을 보고 신기해합니다. 거울놀이는 아기의 뇌에 자극을 주어 공감 능력을 키우고 사회성 발달과 자아인식 발달에 도움을 줍니다. 함께 거울을 보며 표정 짓기 놀이도 할 수 있습니다.

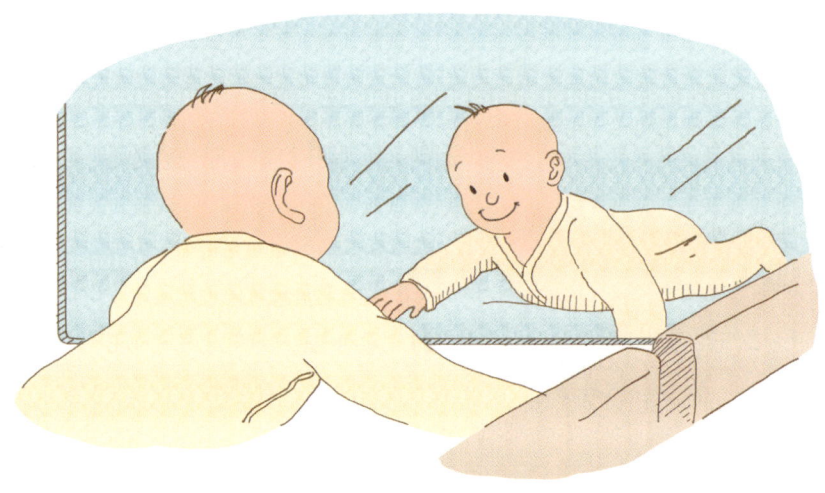

탐색놀이 아기가 자기 손가락을 빨거나 발가락을 만지면서 노는 놀이입니다. 이 시기의 아기들은 뭐든지 만지고 빨면서 탐색하기 시작합니다.

재잘재잘 옹알옹알 아기가 옹알이를 하는 시기입니다. 옹알이를 잘 들어주고 대답도 해주세요. 옹알이를 녹음해 아기에게 들려주는 것도 좋습니다.

비치볼 놀이 비치볼이나 큰 공에 아기를 앉히고 위아래로 움직여 주거나 아기를 큰 공 위에 엎어 놓고 앞뒤로 살살 흔들어 주는 것도 운동 능력 발달에 도움이 됩니다.

놀잇감

치아발육기 이 시기의 아기는 이가 막 나려고 하는 때입니다. 이가 나오기 전에 잇몸이 간지러워 아기는 계속 손을 빨게 됩니다. 그냥 두면 피부 염증이 생기고 손가락 변형이 일어날 수 있으므로 치아발육기를 쓰는 것이 좋습니다.

봉제인형 무엇이든 손으로 쥐거나 빨므로 적당한 크기의 인형들을 주고 청결을 유지합니다.

삑삑이 청각 발달과 인지 능력 향상에 도움이 됩니다.

 # 7~9개월 된 손주 돌보기

이 시기의 아기는 깨어 있는 시간이 길고 개성이 뚜렷하게 나타납니다. 옹알이로 의사 표현을 하고, 표정이 풍부해지고, 운동 기능이 발달하여 혼자 앉아 있을 수 있습니다. 8개월 된 아기는 밖에 나가기를 좋아해 자꾸 나가자고 조릅니다. 9개월 된 아기는 기어 다니거나 혼자 앉아 놀고, 손으로 잡고 일어설 수 있습니다. 양손을 사용하고 다른 사람의 행동을 곧잘 따라 하며, 곤지곤지 등의 손 유희도 할 수 있습니다. 집 안에만 있으면 아기가 심심해하고 답답해할 수 있으니 자주 바깥 활동을 해주는 것이 좋습니다.

7~9개월 된 아기의 특징

팔과 다리를 자유롭게 움직여 활동 범위가 넓어져요

7~9개월 된 아기는 다리의 힘이 강해져서 네 발로 기어 다니기, 혼자서 앉기, 붙잡고 서기 등 활동 범위가 넓어지므로 주변 환경이 안전한지 살펴야 합니다. 그래서 아기를 돌보는 조부모는 열심히 아기를 쫓아다니느라 더 바빠질 수 있습니다.

이 시기의 아기는 손을 자유롭게 사용할 수 있으므로 무엇이든 손으로 만지면서 모든 정보를 얻습니다. 또한 자기가 좋아하는 장난감을 고르기도 합니다. 손으로 물건을 잡거나 던지는 것을 좋아하는 아기는 물건을 다시 손에 쥐어 주면 같이 놀아 주는 줄 알고 공을 또 던지며 소리 지르고 깔깔깔 웃습니다.

손바닥을 마주치며 짝짜꿍을 하고, 손가락 누르기가 가능해서 리모컨도 마음대로 누릅니다. 팔을 들어 만세 동작도 합니다. 끈이나 포대기, 옷, 수건 등을 잡으면 팔을 올려 목 뒤로 넘기는 행동을 자주 합니다.

시력이 좋아져요

시력이 좋아져서 멀리까지도 분명하게 볼 수 있습니다. 엄마와 낯선 사람을 구분할 줄 알게 되면서 낯가림도 시작됩니다. 얼굴이 크게 나온 사진이나 동물 그림들을 오려서 벽에 붙여 놓거나 나만의 그림책을 만들어 주면 좋습니다. 색깔을 구별할 줄 알게 되며, 사시 증상이 자연스럽게 없어집니다. 만약 사시가 의심될 경우 6개월 이전에 검진을 받는 것이 좋습니다.

아랫니와 윗니가 나와요

아기마다 차이는 있으나 8개월이면 아랫니와 윗니가 2개씩 나옵니다. 젖니가 나기 시작하면 치아 관리에 신경을 써 주어야만 영구치가 건강하게 자랄 수 있습니다. 충치 예방을 위해 밤중 수유는 중지하는 것이 좋습니

> **감성 육아 tip**
>
> **아기 엄마를 배려하는 할머니의 센스**
>
> 아기 엄마가 밤중 수유를 하지 않고 아침까지 푹 자고 일어나도록 배려해 주는 것이 좋습니다. 10시간은 자야 최상의 컨디션을 유지할 수 있기 때문입니다. 또한 아기는 6개월까지는 태어날 때 엄마로부터 받은 면역력 덕분에 감기도 잘 안 걸리고, 예방접종 외에는 병원 갈 일이 별로 없지만, 6개월이 지나면 조금씩 면역력이 떨어지기 때문에 건강 관리에 신경 써야 합니다.

04 | 7~9개월 된 손주 돌보기

다. 젖병을 물고 잘 경우 분유의 당분이 오래 머물면서 치아가 상하는 치아 우식증이 생길 수 있습니다.

간단한 단어를 듣고 따라 해요

"맘마", "엄마" 혹은 이와 비슷한 발음을 내며 자신의 의사를 표현합니다. 학습의 가장 초기 단계인 모방을 통해 아기는 어른들의 다양한 말을 이해하고 표현하게 됩니다. 대화가 되는 것은 아니지만 "주세요.", "안녕.", "만세.", "예쁜 짓." 등 간단한 말은 알아듣고 행동을 취합니다.

물건을 보며 가져오라 하면 가져오고, 자기 이름을 부르면 알아듣고 소리 나는 쪽을 바라봅니다. "안 돼!", "뜨거워!" 등의 말을 알아듣고 행동을 멈추기도 하고 눈치도 봅니다. 싫으면 고개를 젓는 식의 몸짓으로 자기 의사를 표현합니다.

> **감성 육아 tip**
>
> **할머니의 수다**
>
> 아기의 이해력을 높이기 위해 되도록 아기에게 말을 많이 하는 것이 좋습니다. 그림책을 반복해서 읽어 주거나 노래를 불러 주며 매일 하루 5시간 이상 언어에 노출시키면 아기의 언어 발달에 대단히 좋은 영향을 미칩니다. 또한 이유식을 통해 씹는 연습을 시켜도 구강이 발달해 언어 발달에 도움이 됩니다.

껌딱지가 되어 떨어지지 않으려 해요

사람을 알아보기 시작하면서 낯가림이 생깁니다. 그래서 낯선 사람을 보면 경계하고 불안해합니다. 엄마나 할머니가 잠깐이라도 보이지 않으면 불안한 눈빛으로 찾으면서 소리내어 웁니다. 그러다가 눈앞에 나타나면 금세 얼굴이 밝아집니다.

애착이 강할수록 분리불안 증세를 보입니다. 그래서 이 시기의 아기들에게 붙는 별명이 '껌딱지'입니다. 엄마나 할머니한테 껌딱지처럼 딱 붙어 있기 때문입니다. 이쯤 되면 화장실도 마음대로 갈 수 없게 됩니다. 이러한 현상은 애착과정에서 보이는 자연스러운 것이지만, 정도가 심하다면 아기가 불안해하는 이유가 무엇인지 살펴보는 것이 좋습니다. 예를 들어, 돌봐 주는 사람이 자주 바뀌거나 아기의 요청에 응답을 잘해 주지 않으면 아기들의 불안감이 높아집니다. 이럴 경우 "할머니는 너를 사랑한단다."라는 말을 자주 하고 스킨십을 많이 해 주어 강한 신뢰감을 주어야 합니다.

이때 도움이 되는 놀이가 '까꿍놀이'입니다. 까꿍놀이로는 몸을 숨기고 있다가 "까꿍." 하고 아기 앞에 나타나는 방법, 아기의 두 눈을 손이나 살짝 비치는 가제 손수건 등으로 잠시 가렸다가 내리면서 "까꿍." 하는 방법, 딸랑이 같은 장난감을 잠시 감추었다가 "까꿍." 하고 보여 주는 방법 등이 있습니다. 까꿍놀이는 아기들이 가장 재미있어 하는 놀이이며 애착 형성과 뇌 발달에 매우 좋습니다. 이렇게 까꿍놀이와 사랑의 확신을 주는 말로 아기를 안심시키면, 아기의 불안감도 줄어듭니다. 이는 아동심리학자 피아제(Piaget)가 말하는 '대상영속성'과 관련이 있는데, 물체가 눈앞에 보이지 않아도 사라진 것이 아니라 그 물체가 존재한다는 것을 알게 되는 것입니다.

분리불안 : 어른이 불안해하면 아기도 불안해져요

여기저기 돌아다니게 되면서 아기는 독립하여 많은 것을 하려고 하지만, 여전히 애착대상자로부터 떨어져 홀로 있는 것에 대한 두려움이 있어서 때로는 한없이 매달리려고 합니다. 이런 현상은 6개월 무렵부터 낯가림과 함께 시작되고, 12~15개월 사이에 다시 나타나게 됩니다. 그러다가 두세 살쯤 되면 서서히 없어집니다.

분리불안 증세는 성장단계에서 반드시 지나야 하는 과정인데, 특히 까다로운 기질의 아기에게서 많이 나타납니다. 애착 형성이 잘된 아기일수록 엄마와 자기가 하나라고 생각하다가 막상 분리된 존재임을 깨닫게 되면 엄마와 떨어질 때 더 불안감을 갖게 됩니다. 이때 어른이 불안해하면 아기도 똑같이 불안감을 느낄 수 있으니 마음의 여유를 갖고 충분히 사랑을 표현해 주세요.

밤에 잠잘 때 이런 증상이 있다면 같이 잘 수 있는 인형을 마련해 주는 것도 좋습니다. 이 문제를 해결하지 못하면 아기는 잠잘 때 계속 혼자 있게 될까 봐 불안해하고 잠을 잘 수 없게 됩니다. 밤에 아기가 울면 바로 옆에 있다는 것을 확인시켜 줌으로써 안심을 시키고, 다시 자게 해야 합니다.

아기 몰래 외출하지 마세요

이 시기에는 애착대상자와의 신뢰 형성이 중요합니다. 낮에 아기 몰래 갑자기 사라지거나 속이고 나가는 행동은 아기를 불안하게 만들어 더욱 매달리게 하는 원인이 됩니다. 볼일이 있어 나갈 때는 잘 아는 사람에게 아기를 맡기고 친밀감이 생긴 후에 외출하는 것이 좋습니다. 외출할 때는 불안한 태도를 보이거나 안타까워하지 말고, 몰래 나가기보다는 "할머니 다녀올게!"라고 분명히 말합니다. 그런 다음 안아 주기, 뽀뽀하기 등 스킨십을 통해 마음의 안정을 주면서 즐거운 마음으로 다녀오는 것이 좋습니다. 할머니가 불안해하고 못미더워하면 그 마음을 아기도 느끼고 더 불안해할 수 있습니다.

처음 할머니가 외출을 할 때는 언제까지 들어오겠다는 약속을 하고 그 시간을 반드시 지켜 주세요. 돌아와서는 할머니 없이 혼자 지낸 것에 대해 아낌없이 칭찬해 주며 꼭 안아 주세요. 이렇게 짧은 시간 약속을 지키며 잠깐씩 이별 연습과 홀로서기 연습을 하다 보면 아기도 할머니가 곧 나타날 것을 알고 불안해하지 않습니다. 아침에 엄마가 출근할 때도 "엄마, 회사 다녀올게. 할머니랑 잘 놀고 있어."라고 이야기를 분명히 해주고, 회사에서도 점심시간 등을 이용해 아기와 영상통화를 하면서 불안감을 해소시켜 주는 것이 좋습니다.

tip 대상영속성 발달의 6단계

대상영속성이란 눈앞에 보이던 물체가 보이지 않더라도 그 물체가 사라진 것이 아니라 계속 존재한다는 사실을 알게 되는 것으로, 생후 4개월부터 조금씩 발달하기 시작하며 24개월이면 완성됩니다. 대상영속성이 아직 발달하지 않은 아기들은 엄마가 잠시 자기 앞에서 사라지고 안 보이면 불안해합니다. 이러한 대상영속성은 인지발달에서 아주 중요한 역할을 합니다.

1단계(0~1개월)

대상영속성의 개념이 전혀 없습니다. 눈앞에 물체가 움직이면 그 물건을 따라가지만 그 물체가 눈앞에서 사라지면 더 이상 관심이 없고 다른 행동을 합니다.

2단계(1~4개월)

대상영속성 개념이 조금씩 나타나기 시작합니다. 눈앞에서 등 뒤로 장난감을 감추면 등 뒤로 가서 장난감을 찾으려 합니다. 찾지 못하면 사라지기 전에 있던 곳을 바라봅니다. 얼굴을 손으로 가렸다 보여 주는 까꿍놀이를 많이 해주면 좋습니다.

3단계(4~8개월)

대상영속성의 기초 개념이 조금씩 형성됩니다. 물건이 사라지면 사라진 쪽을 따라가며 찾으려고 합니다. 물건을 반쪽만 숨겨 두면 그 반쪽을 보고 찾아낼 수 있습니다. 하지만 완전히 보이지 않게 숨길 경우는 찾지 못합니다.

4단계(8~12개월)

본격적으로 대상영속성이 형성되기 시작합니다. 바로 보는 앞에서는 물건을 완전히 숨겨 두어도 그것을 잘 찾아냅니다. 하지만 물건을 다른 곳으로 이동하여 숨기면 원래 있던 자리에서만 그 물건을 찾으려고 합니다.

5단계(12~18개월)

아기가 보는 앞에서 물건을 숨긴 경우에는 그 물건을 찾아내지만, 숨기는 것을 보지 못한 경우에는 찾지 못합니다.

6단계(18~24개월)

대상영속성 개념이 완전히 발달한 때입니다. 아기가 보지 않는 곳에서 물건을 숨겨도 숨겨져 있을 만한 곳을 찾아갑니다. 안 보이도록 천으로 덮어 놓은 물건도 들춰내어 찾아냅니다.

중기 이유식

영양소 공급에 신경 써야 하는 중기는 분유와 모유를 먹이면서 영양소가 풍부한 이유식을 보충해 주는 시기입니다. 새로운 맛을 경험하며 먹는 즐거움을 배우는 시기이기도 합니다. 중기가 되면 고기를 먹을 수 있고, 모유나 분유로 섭취가 힘든 철분을 보충해 주어야 하기 때문에 아기의 빈혈을 예방하는 재료를 사용합니다.

중기 이유식 6~7개월
수유를 줄이고 이유식을 늘리는 시기입니다. 수유는 하루 4~5회 정도 정해진 시간에 규칙적으로 합니다. 아기가 이유식을 큰 거부감 없이 잘 먹는다면 이유식 횟수를 2회로 늘리고 양도 조금씩 늘려 봅니다.
이가 나는 시기이므로 직접 자신의 혀와 잇몸으로 으깰 수 있는 부드러운 것들을 줍니다. 단, 아직 씹을 수 있을 정도는 아니므로 너무 고형화되거나 단단한 것은 피합니다. 발육이 왕성해지는 때이므로 단백질이 풍부한 음식을 아기가 먹기 좋게 잘게 썰어 채소와 함께 푹 끓여 먹이면 좋습니다.

중기 이유식 7~8개월
음식을 탐색하는 시기이며, 소근육 발달이 활발하여 손으로 음식을 집어 입으로 가져갈 수 있게 됩니다. 하지만 아직은 서툴러서 음식물을 많이 흘리기 일쑤입니다. 이때는 아기가 먹다 흘리더라도 나무라거나 못하게 막지 말고, 충분히 음식을 먹으며 탐색할 수 있도록 시간을 주는 것이 좋습니다.
음식물은 약간 되직하게 하고, 재료도 굵게 썰어 혀로 으깨어 삼킬 수 있을 정도로 익혀 줍니다.

아기가 음식을 받아먹을 때 어른도 같이 "냠냠" 하면서 씹는 모습과 입 모양을 보여 주어 아기가 음식 씹는 연습을 할 수 있도록 이끌어 줍니다.

중기 이유식 8~9개월

아기가 이유식에 익숙해지는 시기입니다. 이유식은 아기가 먹을 수 있는 양만큼 마음껏 먹여 주세요. 그다음에 수유를 합니다. 수유는 하루에 4~5회 정도가 좋고, 이유식은 오전과 오후에 한 번씩, 하루 두 번 먹이는 것이 적당합니다.

이 시기에는 씹는 힘을 기르는 것이 중요하므로 입속에 있는 음식물을 다 삼키고 난 후에 다시 음식을 먹입니다. 또한 맛에 대해 더욱 민감해지고 좋아하는 맛이 생기는 때여서 특정 음식만 무조건 많이 주는 것은 피합니다.

특히 단 음식은 늦게 줄수록 좋습니다. 돌 전부터 단맛을 알게 되면 나중에 단 음식을 조절하기가 매우 어려워지므로 설탕이 든 음식은 되도록 늦게 접하게 합니다.

중기 이유식의 조리 방법
- 약간 으깬 형태의 밥알이 많은 죽을 먹입니다. 채소나 고기는 익혀서 잘게 다져 으깨어 줍니다.
- 아기가 혼자 손으로 집어 입에 넣으려고 하면 납작한 그릇에 이유식을 조금씩 담아 줍니다.

중기 이유식의 용량
- 죽 상태로 하루 2회 140~160g을 섭취하는 것이 좋습니다.
- 간식으로는 하루에 아기용 과자 한두 개 정도가 적당합니다.

중기 이유식에 사용 가능한 재료
차조, 검은콩, 참깨, 밤, 옥수수, 현미, 흰살 생선, 닭 안심, 소고기 안심, 버섯, 포도, 연어, 떡 등이 있습니다.

중기 이유식에서 주의해야 할 재료
달걀흰자, 토마토, 딸기, 등 푸른 생선, 붉은 살 생선 등은 알레르기를 일으킬 수 있으므로 피하는 것이 좋습니다.

중기 이유식 재료 준비 시 주의할 점
- 단백질을 처음 접하는 시기이므로 성장에 필요한 영양소 공급을 위해 닭 안심, 소고기 안심 등 고단백질을 준비합니다.
- 이유식에 간은 하지 않습니다. 대부분의 식재료에는 나트륨이 어느 정도 들어 있으며, 아기는 그 정도로도 충분합니다.

중기 이유식 레시피

시금치 흰살 생선죽

준비물 불린 쌀 20g, 흰살 생선, 시금치, 생수 1컵

만드는 순서

❶ 불린 쌀은 약간의 입자가 있게 갈고, 시금치는 살짝 데쳐서 찬물에 헹궈 꼭 짠 후 잘게 다져요.
❷ 끓는 물에 흰살 생선을 넣고 삶아 살만 발라내고, 생선 삶은 육수는 분량만큼 준비해요.
❸ 냄비에 쌀과 생선 삶은 육수를 붓고 중불에서 15분 정도 뭉근히 끓여 주다가 시금치와 흰살 생선을 넣어 주세요.
❹ 쌀이 푹 퍼질 때까지 끓여 주세요.

소고기 버섯 죽

준비물 불린 쌀 20g, 소고기 10g, 양송이버섯 10g, 표고버섯 5g, 소고기 육수 1과 1/2컵

만드는 순서

❶ 불린 쌀은 약간의 입자가 있게 갈고, 소고기는 흐르는 물에 씻어 물기와 핏물을 제거한 후 잘게 다지세요.
❷ 양송이버섯은 갓 부분만 떼어 껍질을 벗겨 잘게 다지고, 표고버섯도 갓 부분만 잘게 다지세요.
❸ 냄비에 쌀과 소고기 육수를 붓고 센불에 끓이다가 한소끔 끓어오르면, 소고기를 넣고 조금 더 끓여 주세요. 그다음에 양송이버섯과 표고버섯을 넣고 약불에서 푹 퍼지게 끓여요.

04 / 7~9개월 된 손주 돌보기

7~9개월 된 아기와 놀아 주기

놀이법

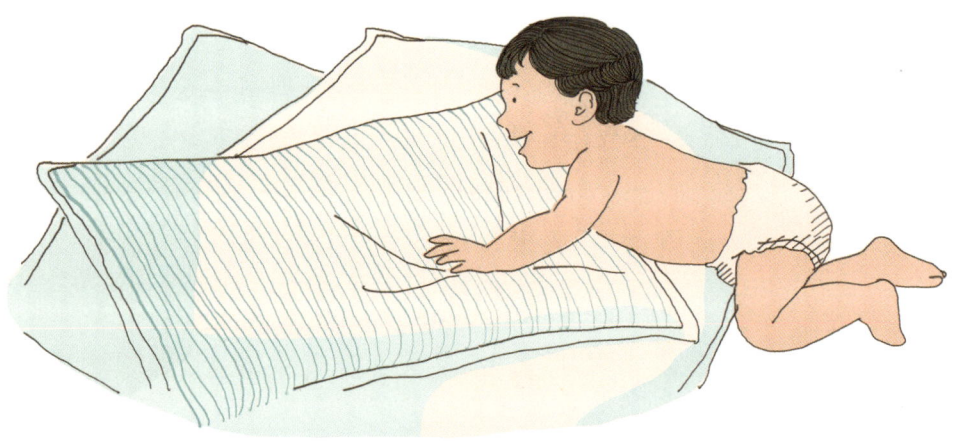

언덕놀이   이불이나 쿠션, 베개 등을 조금 높이 쌓아 두어 아기가 엉금엉금 기어 올라가게 하는 놀이입니다.

촉감놀이   헝겊이나 펠트, 타올 천으로 주머니를 만들어 콩을 넣어 만지는 놀이입니다. 무엇이든 입으로 확인하는 이 시기에는 뻥튀기, 두부, 과일 등 먹을 수 있는 모든 것이 놀잇감이 될 수 있습니다.

표정놀이   조부모가 먼저 재미있는 표정, 웃는 표정, 찡그리는 표정들을 하면 아기가 따라 하며 재미있어 합니다.

어느 손에 있나 놀이   조부모의 양쪽 손바닥에 작은 물건을 올려놓고 보여 준 후 한쪽 손바닥에 옮기고 양손을 주먹 쥔 후 어느 손에 물건이 숨겨져 있는지 찾는 놀이입니다.

공 굴리기 놀이 부드러운 재질의 공을 굴리고, 바구니 안에 던지는 놀이입니다.

04 7~9개월 된 손주 돌보기

놀잇감

펠트 주사위 주사위의 다양한 색상이 아기의 시각을 발달시키고, 만지고 노는 과정에서 촉감을 발달시킵니다.

고무공 손으로 공을 잡고 만지고 굴리면서 손의 감각을 키울 수 있습니다.

오뚝이 인형 손으로 만지고 밀면서 운동 능력과 좌우 방향 감각을 키웁니다. 또한 오뚝이 인형에서 나는 소리를 통해 청각 능력이 발달합니다.

10~12개월 된 손주 돌보기

이 시기에는 정신적 발달이 눈에 띄게 향상되며, 응석을 피우고 떼쓰기가 부쩍 늘어납니다. 혼자 일어서고 걸을 수 있게 되어 새로운 세계를 접하는 경험을 많이 하게 됩니다. 더불어 사고의 위험도 높아지므로 한시도 아기에게서 눈을 뗄 수가 없습니다. 양육자의 주의와 체력이 동시에 필요한 시기입니다.

10~12개월 된 아기의 특징

일어서서 걷기 시작해요

돌 무렵이 되면 체중은 출생 시의 3배, 키는 1.5배 성장합니다. 빠른 경우에는 일어서서 잡고 걷기 시작해, 돌 때 잘 걷는 아기도 있습니다. 개인차는 있겠지만 특별한 문제가 없는 한 아기는 손을 잡고 걷거나 혼자 걸으려 합니다. 하지만 아직 다리 힘이 없어서 중심을 잡지 못해 넘어지기 쉬우므로 부딪히지 않게 주변 물건들을 치워 주어야 합니다. 활동 범위가 넓어지면서 위험 요소도 많아지므로 아기에게서 잠시도 눈을 떼지 말고 안전에 신경을 써 주세요.

점점 시력이 좋아져요

돌 무렵 아기의 시력은 보통 0.4~0.5 정도 됩니다. 1.0의 시력이 되려면 5~6세 정도는 되어야 합니다.

엄지와 검지로 작은 물체를 잡을 수 있어요

눈과 손의 협응능력이나 잡기능력이 발달하면서 혼자서 컵을 잡고 물이나 우유를 마시고 과자도 집을 수 있습니다. 공을 굴리고 던지는 놀이를 좋아하며 책장을 넘길 수 있습니다.

얇은 종이일 경우 찢어질 수 있으므로 되도록 헝겊으로 된 책을 주어 마음껏 만질 수 있게 해주세요. 신문지, 휴지 등을 주어 찢는 놀이를 하게 해도 좋습니다. 날카로운 종이는 손이 벨 수 있으니 주의합니다.

이 시기에 수저 사용법을 가르치면 좋습니다. 아기가 노는 공간에 수저들을 놓아 장난감처럼 사용하여 익숙해지도록 합니다.

색연필 등을 쥐어 주면 낙서도 합니다. 단, 걸음걸이가 불안해 뾰족한 물건을 들고 걷다가 넘어지는 경우 찔리는 사고가 일어날 수 있으므로 아기가 뾰족한 물건을 쥐지 않도록 주의해 주세요.

일상생활의 단어를 말할 줄 알게 돼요

발음은 정확하지 않지만 "엄마, 맘마, 멍멍, 어부바" 등의 말을 하며, 자신의 의사를 표현하기 위해 손동작이나 행동 등 다양한 수단을 사용합니다. 말을 알아들으므로 말을 많이 해주고, 행동과 말을 정확하게 이해하도록 도와주세요. 예를 들어, 헤어질 때는 "안녕!", 물건을 받고 싶을 때는 "주세요!", 물건을 받고 나면 "감사합니다!"라고 말하게끔 알려주는 것입니다. 그림책도 많이 읽어 주세요.

분리불안을 느껴요

돌 무렵이 되면 주로 돌봐 주는 사람과 강한 애착을 형성합니다. 그러나 아직 애착이 형성되지 못한 아기는 분리불안을 느껴 다시 낯가림이 심해집니다. 이런 때는 눈 맞춤이나 스킨십으로 아기의 불안감을 해소시켜 주세요.

후기 이유식

아기의 씹는 능력과 소화 기능이 발달하는 시기입니다. 어른이 먹는 것과 비슷하게 먹을 수 있지만 설탕이나 소금 등의 조미료는 첨가하지 않고 먹이는 것이 좋습니다.

후기 이유식 9~10개월

성장을 위한 유아식을 준비하는 시기입니다. 아기는 음식의 씹는 맛을 느끼고 다양한 맛을 음미하게 됩니다. 몇 개의 이와 잇몸을 움직이며 음식의 맛과 기호에 적극성을 띠게 되지요. 만약 아기가 아직 씹는 것을 싫어한다면, 1~2개월 정도 시기를 늦추어도 괜찮습니다.

아침, 점심, 저녁, 하루 3회 수유하는 것으로 정하고, 수유 직전에 이유식을 먹인 후 아기가 원하는 만큼 모유(분유)를 먹입니다. 이렇게 하면 자연스럽게 수유를 줄이고 이유식 양을 늘려갈 수 있습니다. 이유식을 충분히 먹이면 자연히 수유량은 줄어듭니다.

이 시기에는 이유식이 영양의 주체가 되므로 골고루 영양을 섭취할 수 있도록 다양한 재료를 활용해 이유식을 준비해 주세요. 서서히 젖을 떼고 유아식을 준비하는 기초 단계이므로 컵 사용을 늘리도록 합니다.

10개월 무렵이 되면 아기가 혼자 먹으려고 하는 경우가 많습니다. 혼자 먹으려고 할 때는 숟가락을 사용할 수 있도록 도와주며, 다그치지 않고 기다리면서 계속 용기를 북돋아 주세요.

후기 이유식 10~11개월

이유식 후기는 유아식의 완성을 위한 준비기라 할 수 있습니다. 어른들 식사 시간에 맞춰 아침, 점심, 저녁에 이유식을 주고, 우유나 간식을 주는 시간도 따로 정해 놓아 일정한 시간에 먹는 습관을 들이도록 합니다.

영양 섭취의 중심이 일반 음식으로 바뀌게 되면서 이유식의 양도 늘어납니다. 이때의 이유식은 아기의 상태에 맞춰 재료의 무르기와 단단함의 강도를 높입니다. 단, 너무 딱딱하거나 자극적인 것은 피하고, 소화가 잘 안 되는 음식, 기름진 음식, 짜거나 단 음식, 향신료, 가공 조리된 음식 등은 되도록 먹이지 않는 것이 좋습니다. 이 시기에 먹는 음식과 습관에 따라 편식과 섭식장애, 식습관 예절 등이 형성되므로 여러 가지 식품을 다양한 조리법으로 맛보고 섭취할 수 있도록 해주세요.

> **tip 핑거칫솔 사용하기**
>
> 후기 이유식이 시작되면 다양한 음식을 씹고 맛보게 되므로 이의 사용도 늘어납니다. 이때 이의 청결 관리가 필요합니다. 실리콘 재질로 된 핑거칫솔을 사용해 하루에 3~4번 닦아 주세요. 잇몸이 상하지 않도록 결을 따라 세로로 문질러 주면 됩니다. 혀와 볼 안쪽 잇몸까지 골고루 닦아 주세요. 물을 삼킬 수 있으니 치약보다는 먹어도 되는 구강 세정제를 사용해 주세요.

후기 이유식 11~12개월

이유식을 끝내고 유아식을 시작하는 시기입니다. 하루 세 번 순조롭게 필요한 영양을 이유식으로 섭취할 수 있게 되었다면, 식후에 모유(분유) 먹이는 것을 그만두어도 좋습니다.

음식으로 영양을 섭취해야 하므로 젖떼기를 본격적으로 시작합니다. 그래야만 이유식의 양도 늘어 필요한 만큼의 영양을 음식으로 섭취할 수 있습니다.

이 시기에는 어른과 거의 같은 것을 먹을 수 있게 됩니다. 먹는 음식의 변화만큼 성장 발달이 빠르고 습관이 형성되는 시기입니다.

이유식이 제대로 진행되고 있다면 어른들의 식사 시간에 맞춰 밥 먹는 연습을 시키고, 올바른 식사 습관이 몸에 밸 수 있도록 합니다. 식사 시간의 중요성과 일관성 있는 식사 예절을 가르치는 때입니다. 움직임이 많아지는 시기라 돌아다니면서 밥을 먹기도 하는데, 이때 식습관을 잘 잡아 주어야 합니다. 한 자리에 앉아 스스로 먹는 습관을 길러 줍니다. 또한 수저를 들고 먹을 수 있도록 도와주고, 음식을 한입 크기로 만들어 아이 혼자 먹을 수 있게 합니다.

후기 이유식의 조리 방법

- 치아와 잇몸을 사용해 씹는 훈련을 하는 시기입니다. 어른 음식을 같이 먹을 정도로 씹는 능력과 소화기능이 발달해서 어른 반찬을 이용해도 됩니다.
- 아기의 소화능력을 고려해 음식을 만들 때 따로 덜어 간을 약하게 조리합니다.

후기 이유식의 용량

밥은 쌀알이 그대로 살아 있는 무른 밥의 형태로 하루 3회 300~360g을 섭취하는 것이 좋습니다.

후기 이유식에 사용 가능한 재료

소고기 안심, 닭 안심, 흰살 생선, 두부류, 해조류, 대추, 달걀노른자, 오렌지, 귤, 키위, 딸기 등이 있습니다.

후기 이유식에서 주의해야 할 재료

죽순, 우엉, 달걀흰자, 기름기가 많은 육류 등은 피합니다.

후기 이유식의 재료 준비 시 주의할 점

성장과 발달이 활발히 일어나는 시기이므로 5대 영양소가 골고루 포함된 이유식을 준비해 먹이는 게 중요합니다.

후기 이유식 레시피

미역 당근 무른 밥

준비물 진밥 40g, 미역 10g, 당근 5g, 무 5g, 참기름 약간, 다시마 육수 1/2컵

만드는 순서

❶ 당근과 무는 껍질을 벗기고 잘게 다져서 준비해 주세요.
❷ 미역은 찬물에 불려 꼭 짜고 잘게 다져서 준비해 주세요.
❸ 냄비에 참기름을 약간 두르고 미역과 당근, 무를 넣고 센불에서 볶다가 채소가 무르면 진밥과 다시마 육수를 부어 질척해질 때까지 약불에서 끓여 주세요.

오곡 잡곡 무른 밥

준비물 진밥 20g, 현미 5g, 녹두 5g, 차조 5g, 수수 5g, 채소 육수 1/2컵

만드는 순서

❶ 녹두는 끓는 물에 삶아 껍질을 벗겨 준비해 주세요.
❷ 현미, 차조, 수수는 삶아서 다져 놓으세요.
❸ 냄비에 채소 육수와 진밥을 넣고 끓어오르면 현미, 차조, 수수, 녹두를 넣고 한소끔 끓이세요.
❹ 다시 끓어오르면, 약불에서 질척해질 때까지 끓여 주세요.

05 10~12개월 된 손주 돌보기

10~12개월 된 아기와 놀아 주기

놀이법

보물찾기   인형이나 사물을 아기가 찾기 쉬운 곳에 숨겨 놓고 찾게 하는 놀이입니다. 물건이 조금 보이게 숨겨서 아기가 쉽게 찾도록 해주세요. 그러면 아기가 놀이에 더 흥미를 갖게 됩니다.

흉내내기   반복적인 행동과 소리를 좋아하는 아기를 위해 짝짜꿍, 잼잼, 곤지곤지, 도리도리 등을 하며 아기로 하여금 따라 하게 해보세요.

불기놀이   악기나 장난감을 아기 앞에서 입으로 소리 내는 것을 보여 주세요.

상자 터널 통과하기   커다란 상자의 양쪽을 잘라낸 후 아기가 안전하게 통과할 수 있도록 터널처럼 꾸며 줍니다. 그러면 호기심이 생긴 아기가 터널 안으로 들어가 반대쪽 입구까지 나옵니다. 이때 조부모가 아기의 반대편에서 손주의 이름을 부르며 통과하도록 유도하는 것이 좋습니다.

산책하며 나무 관찰하기 아기와 바깥 산책을 하면서 주변 자연물을 둘러 봅니다. 예를 들어, 나무를 보면서 계절에 따라 변화하는 모습을 이야기해 주는 것입니다. "나무에 연둣빛 새싹이 돋았네.", "나무가 시원한 초록색 옷을 입었네.", "나무가 울긋불긋 예쁜 옷을 입었네.", 또는 "노랑색 나비가 나풀나풀 날아가네.", "벌들이 윙윙거리네."처럼 아기가 창의력과 표현력을 높일 수 있도록 많은 이야기를 들려주세요.

놀잇감

마라카스 흔들어 소리를 내는 악기입니다. 이것은 아기의 청각과 악력을 키울 수 있습니다.

장난감 자동차 움직이는 물건에 관심이 생기는 이 시기의 아이들은 장난감 자동차를 좋아합니다. 자동차를 따라 움직이면서 운동 능력과 시각을 발달시킬 수 있습니다.

캐릭터 인형 모든 아기들이 캐릭터 인형을 좋아하는 것은 아니지만, 인기 있는 캐릭터 인형을 통해 만족감이나 애착을 느낄 수 있습니다.

6 13~15개월 된 손주 돌보기

이 시기의 아기들에게 가장 큰 변화는 걸음마입니다. 기어 다닐 때와는 차원이 다른 영역, 활동 공간의 확대가 생깁니다. 시야의 폭이 넓어지고 왕성한 호기심을 적극적으로 표현하는 신체 활동도 많아집니다. 이제부터는 "안 돼."라며 말리기보다는 호기심을 자극할 수 있는 안전한 환경을 만들어 주고 격려해 주는 것이 중요합니다.

13~15개월 된 아기의 특징

혼자 걷기가 가능해져요

혼자 걷기가 가능해지는 시기라 아기의 움직임이 많습니다. 호기심이 왕성해져 집안 곳곳을 다니며 손에 닿는 것은 무엇이든 만지고 던지고 입으로 가져갑니다. 계단을 올라갔다 내려오지 못해 구른다거나 다치는 경우가 많으며, 싱크대 서랍 등을 열어 모든 그릇들을 꺼내 놓는 등 눈 깜짝할 사이에 말썽을 피울 수가 있으므로 눈을 떼면 안 되며, 안전사고에 주의해야 합니다.
하지만 아기가 다양한 사물들을 탐색하는 과정이므로 아기를 쫓아다니며 말리지만 말고, 위험한 것들만 치

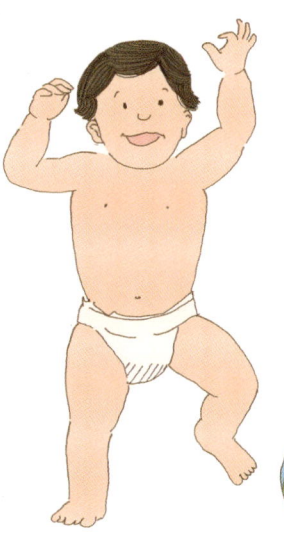

운 뒤 안전한 환경에서 호기심을 충족시킬 수 있게 해주세요.

바깥놀이를 할 때는 미세먼지에 주의해야 합니다

실내에만 있기보다는 바깥놀이를 통해 다양한 사물을 경험시켜 주세요. 바깥 활동 시에는 가까운 곳으로 나가는 것이 좋습니다. 오래 걷지 못하고 안아 달라고 졸라대므로 유모차를 가지고 나가야 합니다. 해가 가장 뜨거운 낮 시간은 피하세요. 만약 낮 시간에 나간다면 선크림을 발라 주세요. 여유분의 옷과 간식, 기저귀, 물 등은 꼭 챙기세요. 특히 요즘에는 미세먼지가 많아 외출할 때 각별히 신경 써야 합니다. 미세먼지 정보를 반드시 확인한 후 외출하고, 집으로 돌아와서는 어른이나 아기 모두 옷을 갈아입고 깨끗이 씻으세요. 잊지 말고 유모차의 손잡이도 잘 닦아 보관하세요.

손가락 근육이 발달해요

13개월이 되면 손가락 근육이 많이 발달하므로 밥을 주면 혼자서 다섯손가락을 다 사용하여 집어먹고 핥아먹습니다. 흘리는 음식이 많을지라도 숟가락으로 먹는 훈련을 하도록 계속 손에 숟가락을 쥐어 주세요. 한입 크기로 만든 음식을 그릇에 담아 주면 음식에 대한 흥미를 높일 수 있으며 소근육 발달은 물론 뇌 발달에도 아주 좋습니다.

블록놀이가 가능하고, 병뚜껑도 잘 엽니다. 특히 화장품 뚜껑을 열어 얼굴이나 몸에 바르며 노는 경우가 많습니다. 약병 같은 경우 위험할 수 있으니 아기 손에 닿지 않는 곳에 보관하세요.

낙서하기를 좋아해요

크레파스나 색연필을 쥐어 주면 끄적거립니다. 방바닥, 소파, 모든 벽은 아이들에게 도화지나 다름없습니다. 아무 데나 낙서하지 않도록 한쪽 벽면에 흰 종이를 붙여 주거나 스케치북을 주고, 손에 묻지 않고 입에 넣어도 무해한 크레파스를 주어 맘껏 낙서하게 해주세요. 아이들의 뇌 발달에 아주 유익한 활동이므로 다양한 재료와 도구들로 무엇이든 그려 보게 하는 것이 좋습니다. 자석 칠판에 여러 가지 모양의 자석을 붙이며 노는 놀이도 즐거워합니다.

흉내 내기를 좋아해요

이 시기의 아기는 노래를 들으면 춤을 추고 동작을 따라 합니다. 여자아이는 엄마가 화장하는 모습을 보고 흉내 내기도 합니다. 아이들은 어른이 하는 행동을 그대로 따라 하며 여러 생활 습관과 규칙을 배우게 됩니다. 그러므로 어른들이 말과 행동을 조심하고 좋은 롤 모델이 될 수 있도록 노력해야 합니다.

중간에 간식으로 영양 보충을 해주어요

아기는 한 번에 많은 양을 먹지 못하기 때문에 중간에 간식으로 부족한 영양분을 보충해야 합니다. 치즈, 우유, 제철과일 등 영양을 고려하여 먹이며, 충치 예방을 위해 당분이 많은 사탕, 초콜릿 등은 피하는 것이 좋습니다. 자극적인 맛은 피하며, 아직 소화 능력이 약하므로 소화가 잘되는 음식을 준비해 주세요. 또 간식을 많이 먹으면 밥을 안 먹게 되므로 양 조절을 잘해야 합니다.

> **tip 유아용 칫솔 사용하기**
> 15개월 정도면 부드러운 유아용 칫솔을 사용해 칫솔에 대한 거부감을 없애 주는 것이 중요합니다. 아이들은 치약을 뱉어 내지 못하기 때문에 불소가 들어 있지 않은 치약을 사용해야 합니다. 이때 어금니를 잘 닦아 주세요.

초보적인 말을 시작해요

한 개의 단어로 자신의 의사를 표현하기 시작합니다. 신체 부위에 관심을 가지며 눈, 코, 입, 귀 등 신체 부위를 가리키는 활동이 가능합니다. "엄마, 아빠, 맘마" 등의 단어를 말하며, "할머니 안경 좀 줄래?" 하고 말하면 말귀를 알아듣고 물건을 건네줍니다. 또 몸짓으로 싫고 좋음을 표현하기도 합니다.

울음보다는 단어로 의사표현을 해요

정확하지는 않지만 몇 개의 단어를 사용해 자신의 의사를 표현합니다. 그때 조부모는 그것을 잘 알아듣고 아기의 요구를 들어줄 수 있어야 합니다. 컵을 들고 오며 "무~" 하면 '아, 물이 먹고 싶구나' 하고 알아채고 물을 주세요. 만일 잘못 알아듣고 자기가 원하는 것을 주지 않으면 아기는 아니라고 고개를 저으며 다시 말합니다.

이때 조부모가 아기의 말을 잘못 알아듣거나 즉시 응답하지 않으면 아기는 짜증을 내며 울기 시작합니다. 이것이 습관이 되면 항상 울어야지만 내 말에 귀를 기울이고 나의 요구를 들어준다고 생각하고 징징대며 울면서 말하게 됩니다. 그러므로 처음에 이야기할 때 아기의 말에 귀를 기울여 주세요.

전화놀이를 좋아해요

전화기나 장난감을 귀에 대고 아기가 무언가 중얼거립니다. 이때 아기의 말을 알아듣지는 못해도 계속 반응을 보이며 맞장구를 쳐 주세요. 사회성 발달에 도움이 됩니다. 언어 발달을 위해 아기의 행동을 문장으로 말하며 소통하면 더 좋습니다. 아기가 "맘마"라고 말하면 어른들은 유아어를 사용하지 말고 "우리 아기 밥 달라고? 그래. 할머니가 밥 줄게!" 하며 문장으로 다시 말해 줍니다.

PART 2 영아기 손주를 제대로 알자

낯가림 증상이 다시 나타나요

잘 놀다가도 어른이 잠시 보이지 않으면 불안해합니다. 아기 몰래 없어지는 것은 아기에게 불신을 주는 행동이므로 자제하고, 할머니가 항상 함께 있다는 신뢰감을 주어야 합니다. 집 안에서도 잠시 아기와 떨어져야 할 상황이라면, "할머니, 화장실 갔다 올게.", "할머니, 빨래 널고 올게."하고 말을 해주세요.

숨바꼭질놀이를 좋아해요

이 시기의 아기에게는 까꿍놀이보다 숨바꼭질놀이가 좋습니다. 숨바꼭질을 하다 보면 아기가 까르르 웃으며 무척 좋아하는 모습을 볼 수 있습니다. 문 뒤에 숨었다가 나타난다든지, 이불을 뒤집어썼다가 나타나는 등의 숨바꼭질놀이를 반복적으로 하다 보면 아기의 불안감을 해소시킬 수 있습니다.

분노 발작을 일으켜요

분노 발작은 아기가 자신의 욕구가 충족되지 않을 때 보이는 현상으로, 울고 소리 지르고 발을 구르고 뒹굴거나 펄쩍펄쩍 뜁니다. 이는 독립심이 생기는 과정에서 나름대로 자신의 주장을 표현하는 방법이므로 아기가 잠잠해질 때까지 안아 주고, 달래 줍니다. 아직 자신의 감정 표현에는 서툴지만 알아들을 수 있으므로 그 감정에 말로 공감해 줍니다.

뭐든지 혼자 하려고 해요

먹는 것보다 흘리는 게 많으면서도 혼자서 밥을 먹겠다고 고집을 피우는 시기입니다. 잘하고 싶은데 뜻대로 안 되면 짜증을 부리기도 합니다. 아직은 모든 게 미숙하여 어른에게 의존해야 하는 일들이 많으므로 모른 척하기보다는 안아 주거나 쓰다듬어 주면서 즉각적으로 마음을 위로해 주는 것이 좋습니다. 그래야 아기가 사랑받고 있다는 감정과 성취감을 느낄 수 있습니다. 성취감을 맛본 아기는 긍정적인 사람으로 자랄 수 있습니다.

호기심이 많아요

주변에 대한 호기심이 많아지고, 그에 따른 의사 표현, 감정 표현도 풍부해집니다. 사진을 보면서 "엄마 어디 있나? 할머니 어디 있나?" 하고 가족들을 찾아보는 놀이를 하면 좋습니다.

자기중심적이에요

이 시기의 아기는 자기중심적이라 친구들과의 다툼이 잘 일어납니다. 친구의 장난감을 빼앗는다든지 자기에게만 관심을 기울여 주기를 바랍니다. 할머니가 책을 보고 있으면 덮어 버리고, 할머니가 전화를 걸거나 다른 사람이랑 이야기하면 엉뚱한 짓을 해서라도 자기에게 관심을 집중시키려 합니다.

모방행동을 하기 시작해요

다른 사람의 행동을 모방하기를 좋아합니다. 엄마가 화장하는 모습, 할아버지가 안경 끼는 모습, 언니 오빠가 가방 메고 학교 가는 모습 등을 흉내 냅니다.

독립심이 강해져요

독립심이 형성되는 시기로 "안 해", "싫어" 등과 같은 말을 많이 쓰며 반항을 하게 됩니다. "싫어"라는 말을 덜하게 하려면 아기 스스로 선택하게 하는 것이 좋습니다. 만일 밥을 잘 안 먹는 아기에게 밥을 먹이고 싶다면, "밥 먹을래?"라고 묻지 말고, "고기랑 먹을까? 생선이랑 먹을까?" 하고 물어서 둘 중 하나를 선택하게 합니다.

완료기 이유식

돌이 지나면 알레르기 위험이 높아서 먹지 못했던 복숭아나 오렌지 같은 과일, 돼지고기, 우유 등을 먹일 수 있습니다. 단, 한꺼번에 많이 먹이지 않도록 주의합니다. 두 돌이 될 때까지는 두뇌 발달과 성장에 필요한 양을 충분히 섭취할 수 있도록 식단을 구성합니다.

완료기 이유식의 조리 방법
일반 밥보다는 조금 진밥 형태의 덮밥, 볶음밥 형태가 되도록 조리합니다.

완료기 이유식의 용량
- 하루 3회 360~500g의 이유식을 섭취하는 것이 좋습니다.
- 돌이 지나면 하루에 섭취하는 우유의 양이 500cc를 넘지 않도록 조절합니다.

완료기 이유식에 사용 가능한 재료
육류 및 어류, 땅콩, 호두, 건포도, 치즈, 마른 멸치, 미역, 다시마 등이 있습니다.

완료기 이유식에서 주의해야 할 재료
죽순, 우엉, 기름기가 많은 식품 등은 피합니다. 생우유는 돌 지나서 하루 평균 500cc 정도 주는 것이 좋습니다. 굴은 익힌 것이라도 돌 전에 주면 안 됩니다.

완료기 이유식의 재료 준비 시 주의할 점
성장과 발달이 활발히 일어나는 시기이므로 5대 영양소가 골고루 포함된 이유식을 준비해 먹이는 것이 중요합니다.

완료기 이유식 레시피

표고 멸치 진밥

준비물 진밥 35g, 표고버섯 15g, 청경채 10g, 잔멸치 5g, 다시마 육수 1컵

만드는 순서

❶ 잔멸치는 체에 받쳐 먼지를 제거하고 뜨거운 팬에 볶은 후 믹서에 갈아 주세요.
❷ 표고버섯과 청경채는 살짝 데쳐 물기를 뺀 후 다져 주세요.
❸ 프라이팬에 표고버섯과 청경채를 볶다가 멸치가루를 넣고 버무리세요.
❹ 위의 재료를 다시마 육수와 진밥과 잘 섞어 주세요.

소고기 백김치 볶음밥

준비물 밥 50g, 백김치 20g, 다진 소고기 20g, 브로콜리 10g, 버터 약간, 채소 육수 1/4컵 ※소고기 양념 : 간장 1/2큰술, 깨소금 약간, 참기름 약간, 올리고당 약간

❶ 소고기는 살코기 부분으로 준비해 핏물을 빼고 분량의 양념에 넣어 버무린 다음 잘게 썰고, 백김치도 다지듯이 썰어 준비하세요.
❷ 브로콜리는 끓는 물에 약간 무르도록 삶아 건져서 작게 썰어 주세요.
❸ 프라이팬에 버터를 두르고 소고기를 볶다가 백김치를 넣어 볶아 주세요.
❹ 위의 재료에 채소 육수를 넣고 끓여요. 육수가 자작해지고 소고기가 익으면 밥을 넣어 볶다가 브로콜리를 넣어 살짝 볶아 내면 됩니다.

06 13~15개월 된 손주 돌보기

13~15개월 된 아기와 놀아 주기

놀이법

쌓기놀이 블록이나 나무토막, 컵 등 여러 가지 물건들을 종류별로 쌓는 놀이입니다. 블록을 쌓아 올리다가 무너지게 되면 아기가 울거나 속상해할 수 있는데, 무너져도 괜찮다고 위로해 주세요.

두드림놀이 패트 병에 콩이나 쌀 등을 넣어 아기가 흔들거나 막대기 등으로 두들기면서 소리의 차이 등을 느끼는 놀이입니다.

이불 배 놀이 아기를 이불 위에 올려놓은 후 어른 둘이 양쪽에서 이불을 들어 올려 오른쪽, 왼쪽으로 흔들어 주는 놀이입니다.

숨바꼭질놀이 "꼭꼭 숨어라, 머리카락 보일라." 하면서 어른이 숨고 아기가 찾도록 해보세요. 또 역할을 바꿔 아기가 숨고 어른이 찾아보세요.

놀잇감

실로폰 실로폰을 치면서 손가락의 소근육이 발달됩니다. 다양한 실로폰 소리는 아기의 호기심을 자극하여 청각 발달에 도움을 줍니다.

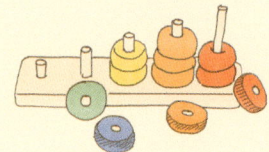

링 끼우기 아기가 성취감을 느끼게 해주고, 탐색 능력을 기를 수 있습니다.

할머니·엄마·아기가 행복해지기 위한 지혜 ⑤
이유식에 관한 질문들

Q 처음 이유식을 하는데 아기가 자꾸 뱉어요
A 아기가 지금까지 빨아서 삼키는 물만 먹다가 혀를 움직여 삼키는 것이 익숙하지 않아서 그렇습니다. 이런 때는 혀의 중간에 음식을 두면 먹기가 조금 쉬워집니다. 그런데 숟가락이 입에 들어가는 것을 싫어하는 아기도 있습니다. 이때는 입술 사이에 음식을 두어 빨아먹게 하면 이유식을 조금 더 쉽게 먹일 수 있습니다.

Q 사정상 통조림 음식을 주어야 할 때 주의 사항이 있나요?
A 통조림을 따서 적어도 5분 정도 지난 후에 먹이세요. 통조림 제작 과정 중 내용물의 변질을 막기 위해 탈기 과정을 거치는데, 이는 통조림 제품을 담고 남은 빈 공간에 존재하는 공기를 수증기로 대체하는 것을 말합니다. 이 수증기를 날려 보내고 조리하는 것이 좋습니다. 통조림 음식을 먹일 때는 뒷면의 음식에 대한 내용물을 꼼꼼히 읽어 보고 먹여야 합니다.

Q 식사 시간이 일정하지 않아 너무 힘들어요
A 식사의 기본 수칙을 정해야 합니다. 식사는 일정한 자리에서 일정한 시간에

하기, 텔레비전이나 휴대폰 보지 않기 등 원칙을 정해서 실천해야 하며, 이를 행할 때는 단호해져야 합니다. 아기가 식사 시간에 일어서려고 하면 그냥 내버려 두는데, 그때는 먹던 음식을 바로 치워 그것으로 식사가 끝났다는 것을 아기에게 명확히 알려 주어야 합니다. 중간에 배고파 하더라도 추가로 우유 등을 주지 말고 다음 간식 시간이 될 때까지 기다리게 합니다. 일반적으로 이유식 초기부터 한자리에 앉아서 먹는 습관이 든 아기는 식사 예절을 제대로 갖춰서 식사를 하게 됩니다.

Q 비타민 D는 꼭 먹여야 하나요?

A 비타민 D는 칼슘 흡수뿐 아니라 우리 몸이 제대로 기능하기 위해 꼭 필요한 영양소입니다. 대부분의 사람들에게 비타민 D는 부족하기에, 약으로 먹는 것이 좋습니다. 돌 전에는 하루 400IU 정도 먹이고 돌부터는 600IU를 먹입니다.

Q 아기 변의 색깔이 달라지는데 어떻게 해야 할까요?

A 먹는 음식에 따라 색깔이 달라질 수 있으니 너무 놀라지 마세요. 변을 묽게 볼 수도 있고, 먹은 것이 그대로 변으로 나올 수도 있습니다. 변이 이상하다 생각되면 이유식의 양을 줄였다가 서서히 다시 늘리는 방법을 써 보세요.

Q 분유는 먹이지 않고 이유식만 먹여도 되나요?

A 1세 이전의 아기에게 이유식만 먹여서는 곤란합니다. 모유나 분유에 들어 있는 영양과 수분의 함량이 이유식과 다르기 때문입니다. 모유나 분유는 두뇌 성장이나 신체 발육에 꼭 필요한 것이니 돌 전에는 모유나 분유를 같이 먹이고 돌이 지나서는 생우유를 컵으로 먹이는 것이 좋습니다.

Q 멸치 우려 낸 물, 다시마 삶은 물을 이유식 만드는 물로 사용해도 되나요?

A 6개월 이전의 아기에게 먹일 때에는 되도록 사용하지 않는 것이 좋습니다. 멸치나 다시마를 삶은 물에는 소금기가 녹아 있기 때문입니다. 이유식에 소금이나 조미료로 간하는 것도 좋은 방법이 아닙니다. 짠맛에 길들여지면 다른 싱거운 이유식을 거부하는 경향이 있어 아기가 이유식을 제대로 하기 힘듭니다.

Q 사골을 푹 곤 국물로 이유식을 하면 좋은가요?

A 권장하지 않습니다. 사골 국에는 미네랄과 몸에 좋지 않은 포화지방이 많이 들어 있어 아기가 제대로 소화하기가 어렵습니다. 칼슘과 미네랄 보충은 모유나 분유로도 충분합니다.

Q 섬유질은 많이 먹일수록 좋은가요?

A 적당히 먹이는 것이 좋습니다. 섬유질 1일 권장량은 '나이 + 5g'이고 최대 35g을 넘어서는 안 됩니다. 아기에게 섬유질이 많은 음식을 지나치게 먹이면 변에 섬유질이 그대로 섞여 나오기도 합니다. 또한 섬유질 속에 들어 있는 성분이 뼈와 치아 발달에 필수적인 칼슘과 아기의 성숙에 중요한 역할을 하는 아연, 구리 같은 미세원소가 장내에 흡수되는 것을 방해할 수 있습니다.

Q 아기의 편식은 그냥 두면 자연스럽게 좋아지나요?

A 다른 문제가 없다면, 그리고 혼자서 먹는 습관이 어느 정도 잘 밴 아기라면, 먹는 대로 두어도 괜찮습니다. 대개 며칠이 지나면 다른 것도 먹게 됩니다. 그러나 아기 스스로 먹는 음식을 조절하고 다양한 음식을 선택해서 먹을 수는 없으니 아기가 먹어 본 음식과 그렇지 않은 음식을 기억해 차차 골고루 먹이려는 노력이 필요합니다.

16~18개월 된 손주 돌보기

이제 아기는 제법 걸을 줄 압니다. 한 손을 잡고 도움을 받으며 층계를 걸어 올라갈 수도 있습니다. 아기의 머리에 있는 대천문이 닫히면서 서서히 머리 둘레보다 가슴 둘레가 커지게 됩니다. 아기가 자라면서 기어 다니고 걸어 다니다 보니 행동반경이 넓어져, 한시도 눈을 뗄 수가 없게 됩니다. 사고라도 나면 다 내 탓인 것 같아 힘들고, 자식들과의 관계도 불편해지지요. 게다가 이 시기의 아기는 자아의식이 생기고 그것을 자기주장 혹은 고집의 형태로 표현하기 때문에 아기와도 마찰이 생깁니다.

16~18개월 된 아기의 특징

뛰어다니기 시작해요

이 시기의 아기는 걷기보다 뛰기를 좋아해, 가장 통제가 안 되는 때입니다. 집 안을 엉망으로 만들어 놓으면서 뛰어다니므로 층간소음 문제도 자주 발생합니다. 집 안에서 뛰는 것은 한계가 있으므로 밖에 나가서 아이들이 마음껏 에너지를 발산할 수 있도록 도와주세요. 요즘은 미세먼지로 외출이 자유롭지 못하고 어린이집이나 놀이방 등에서만 지내는 일이 많기 때문에 미세먼지가 없는 날에는 무조건 밖에 나가 놀 수 있는 기회를 만들어 주어야 합니다.

대근육과 소근육의 발달은 뇌 발달에도 많은 영향을 미칩니다. 밖에서 신나게 뛰어놀 수 있도록 편한 옷을 입혀 가까운 공원이나 놀이터에 데려가세요. 친구들과 어울리며 서로 배려하는 것을 배울 수 있습니다. 밖에 나갈 때에는 아기가 쉽게 피곤해져서 곯아떨어질 수 있으니 유모차를 챙겨 나가는 것이 좋습니다. 외출 후에는 반드시 깨끗이 씻겨 주세요.

또한 이 시기의 아이들은 높은 데 올라가서 뛰어내리는 것을 좋아합니다. 계단이나 의자, 소파, 책상이나 식탁 위에 올라가려고 하는데, 한눈팔지 말고 각별히 신경 써야 합니다. 아기가 아직 공간 지각력이 없어서 잘 떨어질 수 있기 때문입니다.

숟가락을 혼자서 사용할 수 있어요

혼자서 숟가락을 사용하고, 양말이나 장갑을 벗을 수 있으며, 귤껍질도 혼자 벗길 수 있습니다. 손잡이가 없는 컵도 잡을 수 있으므로, 아직 젖병을 물고 있다면 컵으로 마시도록 도와주세요.

신체 능력이 발달하는 속도에 맞추어 아기의 행동도 수준을 높여 주는 것이 좋습니다. 소근육 운동은 뇌 발달에 많은 영향을 끼치므로 손을 많이 사용하는 놀이(블록 쌓기, 점토놀이, 그림 그리기 등)를 할 수 있도록 해주세요.

함께 놀이를 할 때에는 아기가 서투르고 미숙한 부분들이 있는데, 그때만 살짝 도와주고, 나머지는 아기 스스로 하게끔 둡니다. 그래야 성취감을 맛볼 수 있습니다.

대소변이 마렵다고 이야기해요

보통 15개월 정도 되면 아기는 대소변을 이미 본 후에 대소변을 보았다고 말합니다. 18개월 정도에는 가끔씩 보기 전에 대소변이 마렵다고 이야기합니다. 그러다가 21개월 정도가 되면 대부분 실수하지 않고 대소변 보기 전에 화장실에 가고 싶다고 표현합니다.

그러므로 너무 서두르지 말고, 아기를 잘 지켜봐 주세요. 괄약근 조절이 가능한 시기이므로 배변훈련을 시작할 수 있습니다. 대변이나 소변을 볼 때 아기의 표정을 살펴보세요. 대부분의 아기는 소변을 볼 때는 몸을 움츠리고, 대변을 볼 때는 얼굴을 찡그리며 몸에 힘을 줍니다. 이때 "오줌을 눴구나.", "응가를 했구나." 하면서 말을 걸어 주세요. 이렇게 반복하다 보면 아기가 저절로 대소변을 구분하게 되고, 배변훈련이 보다 쉬워집니다.

변기를 좋아해요

이 시기의 아기는 변기에 관심을 보입니다. 그런데 어른 변기보다는 유아용 변기를 마련해 사용하는 것이 좋습니다. 아기가 잘 보이는 곳에 두고 쉬하거나 응가하고 싶을 때 앉는 곳임을 알려 주세요. 이때 화장실 문을 열어 두면 아기는 변기가 지저분한 것인지 잘 모르기 때문에 물이 차 있는 변기에 손을 넣고 휘젓거나 변기물을 마시기도 합니다. 화장실 냄새를 없앤다고 변기 청정제를 사용하는데, 거기에는 염소, 포름알데히드 같은 화학 물질이 들어 있으므로 사용하지 않는 것이 좋습니다. 또한 화장실 슬리퍼를 입에 넣고 빠는 경우도 있으니, 주의 깊게 화장실 문을 닫고 다녀야 합니다.

어금니가 나와요

젖니가 나는 시기는 조금씩 다를 수 있으나 17개월 정도 되면 어금니가 2개씩 나옵니다. 어금니는 턱관절 발달에 중요한 역할을 합니다. 턱관절은 소화뿐 아니라 뇌 발달에도 큰 영향을 미치므로 너무 부드러운 음식만 주기보다는 조금씩 씹을 수 있는 음식을 늘려 주세요. 지나치게 딱딱한 음식만 아니면 됩니다.

식사 시간만 되면 아이들과 씨름하게 되는 일이 많아집니다. 떠먹여 주어야 되는 아기, 음식을 씹어 삼키지 못하고 뱉는 아기도 있습니다. 이는 너무 부드러운 음식만 먹여서 그런 것입니다. 섬유질을 삼키지 못하면 변비로 고생하거나 편식으로 영양 상태가 불균형해지므로 골고루 섭취할 수 있도록 신경 써 주세요.

칫솔질이 필요한 시기이므로 인형놀이를 통해 칫솔과 양치질에 대한 흥미를 높여 주세요. 또 아기의 치아 상태를 살피고, 앞니만 나왔다면 치과를 방문하여 진료를 받아 보는 것이 좋습니다.

두 개의 단어를 조합한 문장으로 말해요

"아니", "안 돼" 등의 제스처로 의사소통을 합니다. 개인차에 따라 보통 10~20개 정도의 단어를 사용할 줄 아는데, 두 개의 단어를 조합해서 말하게 됩니다. 예를 들면, "함미(할머니), 맘마", "함미, 쉬~"처럼 말입니다.

아기는 부정확한 발음으로 짧게 말하지만 어른은 새롭고 적절한 단어를 사용해 정확한 문장으로 말하는 것이 좋습니다. 그래야 아기가 새로운 단어를 접할 수 있고, 그것을 기억했다가 나중에 자신의 입으로 표현할 수 있기 때문입니다. 그러므로 할머니는 수다쟁이가 되어 아기에게 끊임없이 말해 주어야 합니다.

이때 단순히 단어만 나열하기보다는 "와, 작고 예쁜 노란색 채송화 꽃이 피었네!", "하늘이 참 맑고 파랗구나!"와 같이 형용사 등을 많이 사용해 주세요. 구체적인 표현을 하면 아기의 표현력도 풍부해집니다.

옷을 입힐 때에는 어떤 옷을 입어 볼까 하고 질문을 던지고, 기저귀나 물컵 등을 가져 오라는 심부름도 시켜 보세요. 이 과정을 통해 아기는 성취감을 맛보게 되어 자신감이 높아집니다.

자아의식이 생기고 자기중심적이에요

이 시기의 아기는 자기 생각을 자기주장 혹은 고집의 형태로 표현하므로 아기와의 관계에 마찰이 생깁니다. 정서적으로 반항기를 거치는 것입니다. 아기는 할머니의 손을 거부하고 마음대로 하려고 합니다. 할머니는 고집과 억지를 부리는 아기에게 서운할 수밖에 없습니다. 하지만 이런 아기의 모습은 자아가 싹트고 있다는 이야기입니다. 그러니 오히려 기뻐해야 할 일입니다.

아기가 반항하는 시기에는 사랑하고 존중하는 마음을 기본으로 한 일관성 있는 태도를 보여야 합니다. 안 되는 것과 위험한 것, 되는 것과 칭찬할 일들을 구분하여 아기가 그것을 느끼게 하는 것이 중요합니다. 아기를 나무랄 때는 일관성 있는 태도를 취하면서 행동 결정의 기준이 예측 가능하게 느껴지도록 해야 합니다.

예를 들어, 벽에 색연필로 낙서를 했다면 정확히 눈을 바라보고 "벽에 그림 그리면 안 돼요."라고 말하고 도화지를 주면서 여기에 그림을 그리라고 말해 줍니다. 그리고 아기가 도화지에 그림을 그렸을 때는 칭찬해 주면서 칭찬받는 행동을 할 때와 그렇지 못한 행동을 할 때 다르다는 것을 느끼게 해줍니다.

이 시기의 아기는 자기중심적입니다. 나눔이라는 개념이 없어 장난감을 모두 자기 것이라고 말하고, 또래 친구들과 같이 어울려 노는 것을 힘들어 합니다. 이런 때는 비슷한 종류의 장난감으로 같이 어울려 놀 수 있도록 하는 것이 좋습니다.

질투심이 생겨요

보통 18개월 정도 되면 '질투'라는 감정이 나타납니다. 부모가 다른 아기를 안고 있거나 예뻐해 주면 얼른 달려와서 밀어 버리고 자기가 안기거나 울어 버립니다. 심지어 엄마 아빠가 뽀뽀를 하면 못하게 하면서 밀어 내거나 그 사이에 끼어들려고 합니다.

특히 형제지간에 사랑을 독차지하고 싶어 합니다. 동생을 보게 된 경우 부모 몰래 동생을 때리거나 다시 젖병을 빨기도 하고, 오줌을 가리던 아기가 다시 오줌을 싼다든지 하는 등 퇴행 현상을 보입니다. 하지만 이런 행동들 때문에 너무 예민해하거나 문제시하지 마세요. 다 지나가는 과정이므로 아기를 따뜻하게 안아 주고, 잘한 일에는 적극적으로 칭찬을 해주세요.

인형놀이(역할놀이)를 좋아해요

인형은 모든 아이들에게 친숙한 놀잇감입니다. 돌 전후의 아기는 주로 인형의 모양이나 색깔뿐만 아니라, 부드러운 질감이 촉각을 자극하는 것을 좋아합니다. 3~4세 정도 되면 아이의 어휘력이 확장되면서 인형놀이가 활발해집니다. 아기는 인형을 통해 자신의 감정을 표출하기도 합니다. 야단을 많이 맞는 아기는 인형놀이를 할 때 인형을 많이 야단치거나 때리면서 자신의 분노를 표출합니다. 반면 사랑을 많이 받은 아기는 인형을 대할 때도 아주 소중하고 사랑스럽게 대합니다.

인형과 나누는 대화 내용을 보면 평소에 가정에서의 언어 패턴을 알 수 있습니다. 인형을 가지고 역할놀이를 시키면 유치원에서 어떻게 생활을 하는지, 아

감성 육아 tip

인형 고르는 법

인형을 선택할 때는 너무 큰 것보다는 아기가 안고 다닐 수 있을 정도의 크기가 적당하며 부드러운 천으로 된 것이 좋습니다. 인형은 형제가 없는 아기에게는 좋은 친구가 될 수 있습니다. 남자아이에게도 인형놀이는 정서적으로 도움이 되므로 아기가 원한다면 인형놀이를 같이 해주세요. 이때 인형 관리에 신경을 써 주어야 합니다. 세탁이 가능한 것은 자주 빨고, 세탁이 불가능한 것은 먼지를 턴 다음 일광욕으로 소독을 해주세요.

기가 원하는 것이 무엇인지 알 수 있습니다. 또한 아기가 인형에게 감정이입을 하여 자신의 마음을 표현하게 되므로 아기의 정서를 이해하는 데 많은 도움이 됩니다.

인형과 대화하고 놀면서 인지, 언어, 사회성, 상상력, 창의력 등이 발달하고, 정서적 안정에도 도움이 됩니다.

인형은 치료의 목적으로 사용하기도 합니다. 역할놀이를 통해 나쁜 습관을 수정하고, 불안 증세를 치료하는 것입니다. 때로는 애착의 대상이 되기도 하여 이동할 때마다 인형을 꼭 가지고 다니는 아기들이 있습니다. 만약 아기가 인형을 더 갖고 싶어 한다면 스스로 선택할 기회를 주어 여러 종류의 인형을 갖게 하는 것이 좋습니다.

16~18개월 된 아기와 놀아 주기

놀이법

비눗방울 놀이 비눗방울 놀이는 아기가 매우 흥미를 갖는 놀이입니다. 비눗방울은 인체에 무해한 것으로 구입합니다. 놀이를 할 때는 입으로 불거나 손으로 다양한 모양을 만들어 보세요.

신문지 구겨 축구하기 신문지를 구겨서 공 모양으로 둥글게 만든 후 축구를 해 보세요.

신문지 전화놀이 신문지를 길게 둘둘 말아 귀에 대고 전화 통화하듯이 이야기를 하는 놀이입니다.

밀가루 점토놀이 밀가루를 반죽하여 찰흙처럼 주무르며 노는 놀이입니다. 식용색소로 색을 입히고 모양 틀에 찍는 놀이도 해보세요.

놀잇감

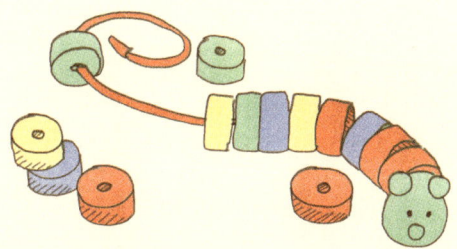

구슬 꿰기 소근육 발달에 도움을 주고, 집중력을 향상시킵니다.

탬버린 탬버린을 쥐고 흔들면서 놀게 합니다. 탬버린 소리로 청각이 발달하고, 손으로 탬버린을 쥐다 보면 소근육이 발달합니다.

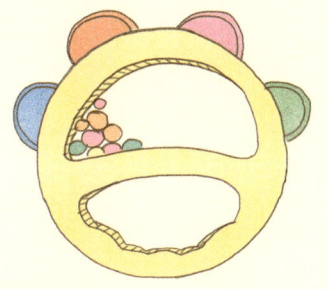

볼풀 동글동글한 공들로 꽉 찬 볼풀에서 놀게 하면, 공들이 온몸에 자극을 주어 아기의 대근육이 발달합니다.

07 / 16~18개월 된 손주 돌보기

미세먼지로부터 우리 손주 지키기

요즘 대기 오염과 미세먼지로 바깥 활동이 어려워졌습니다. 특히 아기들은 미세먼지에 노출될 경우 호흡기 질환과 천식, 아토피 등으로 힘들어질 수 있습니다. 손주를 돌보는 조부모 자신의 건강뿐만 아니라 손주의 건강을 위해서 미세먼지에 대해 관심을 갖고 대처하는 방법을 익혀야 합니다.

1. 미세먼지란 무엇인가?

미세먼지는 눈에 보이지 않을 정도로 아주 작기 때문에 코나 입을 통해 우리 몸 속에 들어와 건강에 나쁜 영향을 끼칩니다. 미세먼지는 대체로 황산염과 질산염, 탄소류, 흙먼지 등으로 구성되어 있습니다. 공장이나 자동차 등에서 나오는 매연, 석탄이나 석유를 태우면서 나오는 물질들 때문에 생기는 것입니다. 집에서 요리할 때도 미세먼지가 발생합니다. 현재로서는 실내 공기를 깨끗하게 유지하는 것이 최선입니다. 지름 $10\mu g$ 이하의 먼지를 미세먼지라 하고, 미세먼지 중에서 지름 $2.5\mu g$ 이하의 먼지를 초미세먼지라고 합니다.

미세먼지 예보등급 (2018년 기준)

미세먼지농도 ($\mu g/m^3$, 일평균)	좋음	보통	나쁨	매우 나쁨
미세먼지(PM_{10})	0 ~ 30	30 ~ 80	81 ~ 150	151 이상
초미세먼지($PM_{2.5}$)	0 ~ 15	16 ~ 35	36 ~ 75	76 이상

- 미세먼지 주의보 발령 기준 : 150㎍/m³
- 미세먼지 경보 발령 기준 : 300㎍/m³
- 초미세먼지 주의보 발령 기준 : 75㎍/m³
- 초미세먼지 경보 발령 기준 : 150㎍/m³
- 미세먼지 주의보나 경보가 발령되면 외출을 삼가고, 밖에 나갈 때는 반드시 보건용 마스크를 착용합니다.

2. 미세먼지가 건강에 미치는 영향

미세먼지에는 카드뮴, 납, 실리콘 등 인체에 유해한 물질들이 많습니다. 이런 물질이 폐 속에 들어가 감기, 천식, 후두염, 기관지염 등을 일으킵니다. 또한 눈, 코, 목 등에 알레르기가 생겨 알레르기성 결막염, 비염, 중이염 등을 일으킬 수 있습니다. 피부에도 알레르기가 생겨 가려움증, 붉은 반점, 부종 등 아토피성 피부염이 일어날 수도 있습니다.

최근에는 미세먼지에 오랫동안 노출되면 뇌에도 좋지 않은 영향을 미쳐 우울증, 퇴행성 신경질환 등이 심해질 수 있다는 연구 결과가 발표되었습니다. 영유아는 자폐스펙트럼장애와 같은 발달장애 질환의 위험이 증가된다고 합니다.

3. 미세먼지 대처법

❶ **환기 자주 시키기** : 실내에 들어온 미세먼지를 내보내기 위해 환기를 자주 합니다. 바깥의 미세먼지가 심하다고 창문을 계속 닫고 환기를 시키지 않으면 실내의 미세먼지 농도가 높아질 수 있습니다. 환기를 할 때는 그날의 미세먼지 농도를 확인한 다음에 미세먼지 농도가 낮은 시간대를 선택하는 것이 좋습니다. 대체적으로 오전 10시 이후에서 오후 7시 이전에 3분 이내로 환기하는 것이 좋습니다.

❷ **공기청정기 사용하기** : 창문을 열고 환기하기가 꺼려질 정도로 바깥 미세먼지가 심하다면, 공기청정기 등을 사용하는 것도 방법입니다. 공기청정기를 가

동하면 약 30~70%의 미세먼지를 제거하는 효과가 있습니다. 단, 사용이 잦으면 필터가 빨리 소모되어 먼지 흡입 효과가 떨어집니다. 그러므로 주기적으로 필터를 청소하고 교체해 주는 것이 필요합니다.

❸ **물청소 하기** : 실내에 존재하는 미세먼지를 없애기 위한 가장 좋은 청소 방법은 물청소입니다. 진공청소기로는 작은 미세먼지를 완벽히 빨아들이기가 힘들므로 분무기 등으로 물을 뿌려 미세먼지가 물방울에 흡착되어 가라앉게 만든 후 걸레로 닦아 냅니다.

❹ **미지근한 물 자주 마시기** : 하루에 8잔 이상의 물을 마시면서 목과 코와 피부를 보호합니다. 비타민이 많은 채소와 과일도 잘 섭취합니다. 조부모와 아기 모두 수분 섭취에 신경을 써야 합니다.

❺ **외출 삼가기** : 영유아는 면역력이 약해 미세먼지에 더 민감합니다. 그러므로 미세먼지 농도가 높은 날에는 외출을 하지 않는 것이 좋습니다.

❻ **외출할 때는 마스크 쓰기** : 외출할 때는 반드시 마스크를 씁니다. 방한용 마스크는 미세먼지를 막지 못하므로 반드시 보건용 마스크를 써야 합니다. 식약청 인증마크와 KF(Korea Filter)마크가 있는 것으로 고르세요. KF는 숫자가 높을수록 미세먼지 차단 효과가 높습니다.

❼ **외출 후 깨끗이 씻기** : 외출하고 집에 들어와서는 옷과 가방 등의 먼지를 털고, 반드시 손과 발을 깨끗이 씻습니다. 아기는 바로 씻겨 깨끗한 옷으로 갈아입히는 것이 좋습니다.

❽ **공기정화식물 키우기** : 실내 공기를 맑게 하는 식물들을 키워도 쾌적한 환경을 만드는 데 도움이 됩니다. 공기정화식물은 실내 오염 물질들을 없애고 미세먼지를 정화시키며 실내의 습도를 조절해 줍니다. 실내 공간을 아름답게 꾸미는 데도 좋으며, 피로 회복과 심리적 안정감을 주기도 합니다.

◇◇◇◇◇◇◇◇ | 대표적인 공기정화식물들 | ◇◇◇◇◇◇◇◇

- **산세베리아**   음이온을 30배 이상 만들어내 실내 공기 정화에 탁월하며 키우기도 쉬워요.

- **스투키**   밤에 산소와 음이온을 뿜어내 실내 화학 물질을 없애 줍니다. 전자파를 차단하므로 TV 옆에 두면 좋아요.

- **아레카야자**   미우주항공국(NASA)에서 공기정화식물 1위로 꼽은 식물입니다. 음이온과 실내 습도를 높이는 데 탁월하여 거실에 두기 좋습니다.

- **수염틸란드시아**   공기 중에 있는 수분과 먼지를 흡수하며, 새집증후군 원인 물질 제거에 효과적입니다.

- **아이비**   음이온이 다량 발생하여 포름알데히드 등 유기화학 성분을 없애 줍니다.

- **테이블야자**   유독가스, 새집증후군, 화장실 암모니아 정화 능력이 탁월합니다.

- **안스리움**   뿌리와 줄기에서 일산화탄소, 암모니아 등 독성 가스를 흡수하여 산소로 내뿜습니다. 냄새 제거를 위해 주방이나 화장실에 두면 좋아요.

- **스파티필룸**   알코올, 아세톤, 벤젠, 포름알데히드 등 실내 오염 물질을 제거합니다.

- **로즈메리**   톨루엔, 포름알데히드 등 휘발성유기화합물 제거 능력이 뛰어나고, 음이온 및 습도 발생량이 높습니다.

- **스킨답서스**   일산화탄소 제거에 매우 뛰어나며, 어두운 곳에서도 잘 자랍니다.

19~21개월 된 손주 돌보기

이제 아기는 몸의 균형을 잘 유지하고 달리기도 잘합니다. 공을 높이 던지며 놀 수도 있습니다. 인형을 가지고 역할놀이도 합니다. 주변 세계에 관심을 갖기 시작하면서 자꾸 밖으로 나가려고 합니다. 또래에게 관심은 있지만 아직 사회성이 부족하므로 어른들의 도움이 필요한 시기입니다.

19~21개월 된 아기의 특징

어른의 행동을 곧잘 따라 하고 심부름을 해요

이 시기의 아기는 어른의 손을 잡지 않고도 혼자 미끄럼틀 계단을 올라가 미끄럼을 타고 내려오고, 거꾸로도 올라가려고 합니다. 아직 균형 감각이나 운동조정능력이 완벽하지는 못하나 두 발로 점프가 가능하여 트램블린 위에서 뛰는 것도 좋아합니다.

또한 쓰레기 버리기, 장난감 정리하기 등의 행동을 부모가 하는 대로 따라 하며 집안일도 돕고 싶어 합니다. 이때 아기가 할 수 있을 만한 심부름을 시키면 성취감을 느끼고, 심부름을 한 후 칭찬을 해주면 자존감이 높아집니다.

아기가 할 수 있는 심부름으로는 장난감을 지정된 장소에 갖다 놓기, 읽고 싶은 그림책 가져오기, 기저귀 가져오기, 쓰레기를 휴지통에 버리기, 다 먹고 난 빈 그릇은 싱크대에 갖다 놓기, 우유 엎지른 것 걸레로 닦기 등이 있습니다.

양손 사용이 가능해요

소근육이 많이 발달하는 시기라 포크와 숟가락 사용이 가능하며 다양한 형태의 퍼즐 놀이도 할 수 있습니다. 이 시기에는 양손을 다 사용하게 됩니다. 예전에는 왼손을 쓰는 아기의 경우 무조건 오른손잡이로 바꾸게 했는데, 요즘은 양손을 다 사용하는 것이 좌뇌, 우뇌를 모두 발달시킨다고 하여 양손 사용을 권장합니다. 다만 글씨 쓰기는 일상생활의 불편함을 줄이기 위해 오른손으로 길들여 주는 것이 좋습니다. 하지만 아기가 스트레스를 받는다면 강요하지 마세요.

그림 그리기를 좋아해요

색연필이나 크레파스로 그림을 그리며 자기가 그린 것에 대해 이야기합니다. 벽에 화이트보드를 걸거나 큰 종이를 붙여 마음껏 그릴 수 있게 해주세요. 또 다양한 재질의 종이와 도구들을 주어 창의력을 키워 주세요.

크레파스는 많은 색보다는 6가지 색 정도를 주는 게 좋습니다. 아기가 그림을 대신 그려 달라고 졸라도 "우리 같이 그려 볼까?" 하며 함께 그리도록 유도하는 것이 좋습니다.

신발을 혼자 신을 수 있어요

이 시기에는 현관이 아이들의 놀이터입니다. 현관에 벗어 놓은 신발들을 몽땅 신었다 벗었다 하며 노는 것이지요. 아직 오른발, 왼발을 구분하지 못해 거꾸로 신고 넘어지기도 합니다. 하지만 이렇게 놀다 보면 어느새 신발을 혼자 신을 수 있게 됩니다. 혼자 신기 편한 신발을 주세요. 또 신발을 신을 때 오른발, 왼발을 구분하여 바로 신을 수 있도록 도와주세요.

"싫어"라는 말을 많이 해요

이때부터 아이들은 "싫어"라는 말을 많이 사용하는데, 이 말은 '나도 할 수 있어요'라는 의미일 수 있습니다. 그러므로 아기가 너무 부정적인 말을 많이 하거나 반항한다고 걱정하지 마세요.

"물", "맘마", "까까" 등 자기가 필요한 것은 단어로 요구합니다. 100개 정도의 단어를 이해하고, 20~50개의 단어를 사용하여 말합니다.

그림책을 보며 "강아지", "돼지" 하고 말하면 그것을 가리키거나 "돼지코", "꿀꿀", "멍멍" 등으로 표현하기도 합니다. 이때 아기가 유아어를 사용하더라도 어른들은 정상적인 단어를 사용하는 것이 좋습니다. 예를 들면, "까까"는 "과자"로, "맘마"는 "밥"으로 표현합니다.

"주스 먹을까, 우유 먹을까?"와 같은 간단한 물음에 대답도 합니다. "쉬", "응가" 등을 말할 줄 알므로 배변훈련을 시작해도 좋습니다.

텔레비전에 관심을 보여요

만화 캐릭터에 관심이 많아지며, 텔레비전을 틀어 주면 집중하여 꼼짝도 하지 않습니다. 그래서 어른이 바쁘거나 힘들 때, 또 아기가 보챌 때 텔레비전을 틀어 줍니다. 그러나 장시간 텔레비전을 볼 경우 일방적으로 보기만 하는 것이라 아기 입장에서는 의사소통 방법을 배울 기회가 없어집니다.

아기가 텔레비전 화면에 집중하는 것은 내용이 재미있어서라기보다는 화면이 빠르게 움직이면서 시각적 자극을 주기 때문입니다. 이는 오히려 아기의 시력에 너무 강한 자극을 주어 안 좋습니다.

특히 아기에게 밥을 먹일 때 스마트폰으로 영상을 많이 보여 주는데, 이는 아기가 밥을 먹는 데 전혀 도움이 되지 않습니다. 처음에는 밥을 먹으면서 보는 듯 하지만 영상을 보느라 입안의 밥은 씹지 않고 물고 있으며, 밥 먹는 시간도 늘어집니다. 차라리 "밥 먹고 나면 보여 줄게."라고 약속한 후 밥 먹는 것에만 집중하게 하는 것이 좋습니다. 그러면 밥 먹는 속도도 적당히 유지되고, 태도도 좋아집니다.

텔레비전은 아기와 함께 이야기 나누며 보세요

❶ 하루에 1~2시간 이내로 보고, 전자파와 시력 보호를 위해 2미터 정도 떨어진 거리에서 보게 합니다(컴퓨터 모니터는 60센티미터).
❷ 어른들이 먼저 시청해 보고 내용이 바람직한 것만 보여 줍니다. 아이들은 텔레비전에서 본 행동을 따라 하기 좋아합니다. 그러므로 폭력적이거나 자극적인 내용은 피합니다.
❸ 아이들이 좋아하는 만화영화 제목들을 알고 있어야 합니다.
❹ 식사시간에는 텔레비전을 끕니다.
❺ 혼자서 보게 하기보다는 어른과 함께 보고, 내용을 가지고 이야기를 나누며

보는 것이 좋습니다.

❻ 텔레비전을 너무 좋아한다면 어른들도 텔레비전 시청 시간을 줄이고, 다른 놀이를 하거나 책을 봅니다.

스마트폰은 멀리 두세요

스마트폰 중독은 아이들에게 좋지 않은 영향을 미칩니다. 스마트폰이 없으면 큰일 날 것 같지만, 막상 스마트폰이 없어도 아기는 잘 먹고 잘 놀 수 있습니다. 어른들이 먼저 모범을 보이는 것이 중요합니다. 집에 들어오면 스마트폰을 멀리하는 게 좋습니다. 아기 앞에서 어른들이 스마트폰을 놓지 못하고 게임이나 검색에만 빠져 있다면, 아기에게 본이 되지 못합니다.

전문가들은 2세 전까지는 텔레비전이나 스마트폰을 가까이하지 않는 게 좋다고 말합니다. 그러나 현실적으로는 텔레비전이나 스마트폰에 의지할 때가 많습니다. 아이들을 쉽게 달랠 수 있는 방법이기 때문입니다.

약속한 것은 꼭 지키도록 해요

텔레비전이나 스마트폰을 아예 안 보기가 어렵다면, 의존도를 낮추는 습관을 들여 보세요. 하루에 다섯 번만 본다든지, 한 번 볼 때 10분만 본다든지 약속을 정하고 시청하도록 합니다.

약속한 것에 대해서는 무슨 일이 있어도 꼭 지키도록 합니다. 아기가 아무리 떼를 써도 습관이 될 때까지 단호하게 대처해 주세요. 시청하는 프로그램은 아기의 부모와 상의하여 정합니다. 너무 폭력적인 내용은 삼가는 것이 좋습니다.

할아버지, 할머니와 함께하는 놀이가 뇌 발달에 좋아요

텔레비전과 같은 간접 경험보다는 직접 보고 만지고 느끼는 통합 교육이 가장 좋습니다. 할머니, 할아버지와 함께하는 숫자놀이, 짝짜꿍, 까꿍놀이, 책 보기, 바깥놀이 등이 뇌 발달에 도움이 됩니다.

외출을 좋아하며 새로운 환경에 호기심을 가져요

될 수 있으면 자연 속에서 놀고 여러 곳을 두루 다니며 아기의 호기심을 충족시켜 주는 것이 좋습니다. 여러 친구들과 같이 노는 아기도 있지만 아직 상대방을 이해하고 배려하며 함께 놀지는 못합니다. 또한 부끄러움이 있어 친구들과 어울리지 못하고 따로 노는 아기도 있습니다.

두 돌 전까지는 친구 관계가 형성되기 힘듭니다. 부모와 친지, 주변 사람들과의 관계 형성만으로도 얼마든지 사회성이 발달되므로 낯가림이 심한 아기는 가족들과 역할놀이를 하며 친구 사귀는 법을 익히는 것이 좋습니다.

바람직하지 못한 행동은 멈출 수 있게 해요

아직은 자기 통제력이 없어서 자기 뜻대로 안 되면 떼를 쓰거나 난폭한 행동을 합니다. 이때는 무관심으로 일관하여 아기 스스로 바람직하지 못한 행동을 멈출 수 있게 해야 합니다. 인내심을 갖고, 적당한 선에서 절제할 수 있는 행동을 키워 주는 것이 필요합니다.

==위험하거나 잘못된 행동을 했을 때는 왜 안 되는지에 대한 이유를 설명해 주고, 바람직한 행동을 했을 때에는 칭찬을 해주어 옳고 그름에 대한 인식을 갖도록 해야 합니다.==

이 시기에는 자기중심적이므로 타협을 할 줄 모릅니다. 옆에 있는 친구가 가지고 있는 장난감이 마음에 들면 무조건 빼앗으려 하기 때문에 충돌이 일어납니다. 그래서 아이들이 함께 놀고 있을 때는 옆에서 잘 지켜보아야 합니다.

어른들의 행동을 흉내 내요

엄마가 화장하는 모습, 아빠가 신문 보는 모습이나 텔레비전 보는 모습을 흉내 냅니다. 또 빈 컵을 들고 물 마시는 행동도 합니다. 만약에 어른들이 발가락으로 선풍기를 끄거나, 운전하며 안 좋은 말을 하면 그것을 그대로 따라 합니다. 그래서 어른들은 항상 언어 사용에 조심하고 올바른 행동을 보여 주어야 합니다.

19~21개월 된 아기와 놀아 주기

놀이법

할아버지는 놀이터   할아버지의 다리에 앉아 무릎에서부터 발목까지 미끄럼을 타거나, 흔들거리며 시소놀이를 하는 것입니다.

손 그네 타기   아기의 등 뒤에서 아기의 겨드랑이에 손을 넣은 뒤 안아 들어 올려 앞뒤로 그네처럼 태우는 놀이입니다. 이 놀이를 해주면 아기가 까르르 웃으며 무척 즐거워합니다. 단, 허리를 삐끗하지 않도록 무릎을 굽힌 자세에서 아기를 바짝 끌어안는 것이 좋습니다.

도형 끼우기   세모, 네모, 동그라미 등 여러 가지 도형 틀과 모양을 가지고 그 모양에 맞는 사물을 찾아 끼우는 놀이입니다.

물놀이   목욕 시간에 물총놀이를 하거나 스펀지를 물에 적셔 머리 위에서 짜 주며 노는 놀이입니다.

맨발로 걷기   부드러운 모래밭이나 카펫 위를 맨발로 걸으며 여러 가지 촉감을 경험하는 놀이입니다.

잡기놀이와 기차놀이　바깥놀이 중 아이들이 참 좋아하는 놀이입니다. 사람이 적을 때는 잡기놀이, 사람이 많을 때는 기차놀이를 하면 좋습니다.

> ### 놀잇감
>
> **도형 장난감**　세모, 네모, 동그라미 등 모양에 맞춰 끼워 넣는 도형 장난감은 집중력 발달에 도움을 주고, 성취감을 느낄 수 있게 해줍니다.
>
>
>
> **블록 장난감**　공간에 대한 지각 능력을 키워 주고, 집중력과 성취감, 만족감을 느끼게 합니다.
>
>
>
> **장난감 전화기**　아기는 어른들의 행동을 모방하여 전화를 걸고 받으면서 의사소통 능력 및 상상력을 키웁니다.
>
>

9. 22~24개월 된 손주 돌보기

이 시기에는 평생 교육의 기초가 되는 기본 생활습관 교육을 철저히 해야 합니다. 혼자 먹기, 골고루 먹기, 규칙적으로 먹기 등 식습관이 완성되면서 손 씻기, 양치하기, 배변훈련 등의 습관에도 신경 써야 합니다. 생활습관을 교육할 때는 아기를 존중하는 마음을 바탕으로 격려와 배려를 해주어야 합니다. 잘 못한다고 다그치지 않고, 실수해도 괜찮다고 다독이며 기다려 주는 인내가 필요합니다.

22~24개월 된 아기의 특징

뛰고 달리기를 좋아해요

걷기보다는 뛰기를 좋아하므로 앞만 보고 달리다 앞에 있는 사물과 부딪히는 사고가 많이 일어납니다. 난간을 잡지 않고도 계단을 오르거나 내려올 수 있습니다. 음악에 맞추어 춤추고 노래하는 것을 좋아하기도 하고, 침대 위에서 뛰는 것도 좋아합니다. 그러다가 모서리에 부딪혀 외상을 입는 경우도 있으니 각별히 주의하세요.

혼자 옷 입고, 혼자 밥 먹을 수 있어요

간단한 옷은 혼자 입을 수 있으나 앞뒤 구분은 잘하지 못합니다. 어른의 도움 없이도 식사가 가능하며 어른들이 먹는 음식도 조금씩 먹게 됩니다. 이때 아기가 혼자 먹는 습관을 들이도록 해주세요. 먹는 게 느리고 자꾸 음식을 흘린다고 어른이 계속 먹여 주면 아기는 어린이집이나 유치원에 가서 혼자 식사를 하지 못하고 꼼지락거리게 됩니다.

두 번째 어금니가 나와요

23개월 이후부터 두 번째 어금니가 나오면서 20개의 유치가 완성됩니다. 그동안 치아가 나올 때마다 아기가 아파하며 짜증내는 모습을 보였을 것입니다. 이렇게 나온 젖니는 결코 소홀히 해서는 안 됩니다. 젖니는 턱뼈가 잘 발달하고 영구치가 나올 자리를 잡아 주기 때문에 관리를 잘 해주어야 합니다. 어금니가 안쪽에 있어 칫솔질이 힘들어지고 음식물도 끼기 쉬우므로 칫솔질을 해줄 때 어금니 구석구석을 잘 닦아 주어야 합니다.

치약 사용이 가능해요

이 시기는 혼자 이를 닦고 헹굴 수 있으므로 불소가 들어 있는 치약 사용이 가능합니다. 스스로 할 수 있도록 바른 양치질 방법을 가르쳐 주세요. 아기 스스로 양치질을 했다 하더라도 한 번 더 확인하고 깨끗하게 헹구어 주세요. 치약은 콩알만큼 사용하며, 7~8번 헹구면 좋습니다.

언어가 폭발적으로 늘어나요

'폭발적인 언어의 팽창기'라고 할 만큼 매일매일 새로운 단어를 습득합니다. 300개의 단어를 말할 수 있고, 문장으로도 표현할 수 있게 됩니다. 전화놀이, 그림책 읽어 주기 등으로 언어 발달을 도와주세요. 아기가 단어로 말해도 어른들은 문장으로 이야기하며 어휘력을 확장시켜 주세요. 아기는 그 단어들을 기억하고 있다가 비슷한 상황이 벌어졌을 때 조합하여 사용합니다.

만약 아기가 욕을 배워 사용하면, 너무 예민하게 반응하지 말고 못 들은 척하세요. 반응을 하면 시선을 끌기 위해 욕을 더 할 수도 있습니다. 자꾸 욕을 하면 그런 말은 사용하면 안 되는 이유를 친절히 설명해 주세요.

그림 카드를 보여 주며 말을 하게 하고 언어로 심부름을 시켜 주세요. 사물에 대한 지각 능력이 발달하면서 "왜?", "뭐야?", "누구야?"라는 질문을 많이 합니다. 이때 귀찮아하지 말고 열심히 응답해 주세요. 자녀들의 인지가 발달하는 시기이기 때문입니다. 모르는 것을 물어볼 때는 같이 책을 찾으면서 자연스럽게 책과 가까워질 수 있는 환경을 만들어 주세요.

언어 능력이 뛰어난 아기의 양육환경을 보면 양육자가 이야기를 자주 하고, 특히 명사, 형용사, 긍정적인 언어 등을 많이 사용한다는 것을 알 수 있습니다. 이 시기에는 어휘가 확장되어 노래도 곧잘 지어 부릅니다.

감정 조절이 아직 서툴러요

또래에게 관심은 있으나 아직 사이좋게 노는 방법을 잘 모릅니다. 자기중심성이 강한 때이므로 감정 조절이 안 되어 짜증을 내기도 합니다. 또래 친구들과 어울려 놀면서 감정 조절법을 익힐 수 있는 기회를 만들어 주세요.

남녀 차이를 알기 시작해요

이 시기에는 성의 차이를 인식하기 시작해서 남녀의 성향을 보이며 여자아이는 여자의 행위를, 남자아이는 남자의 행위를 모방하게 됩니다. 소꿉놀이를 하면 여자아이는 엄마 역할, 남자아이는 아빠 역할을 많이 합니다. 하지만 언제든 예외는 있습니다. 때때로 남자아이가 인형놀이를 좋아하고, 여자아이가 로봇이나 총 등을 좋아할 수 있는데, 못하게 하거나 문제 삼을 필요가 전혀 없습니다.

조부모가 성장할 때는 남녀 차별 문화가 강했고, 남자는 이래야 하고, 여자는 이래야 한다는 고정 관념이 있었습니다. 몸에 밴 그런 의식이 아기를 키울 때 무의식적으로 나올 수 있습니다. 예를 들어, "남자가 그런 걸로 울긴 왜 울어!", "여자애가 왜 이리 힘이 세냐!" 등의 말은 자칫 성 역할에 대한 고정관념이나 편견을 심어 줄 수 있습니다. 그러니 되도록 남자와 여자의 역할을 평등하게 생각하고, 아기의 개인적인 성향과 특징에 집중해 주는 것이 중요합니다.

> **tip 아기 때부터 양성평등교육을!**
>
> 양성평등교육이란 남녀가 서로 다름을 인정하고, 남자와 여자를 차별하거나 놀이를 제한하지 않고 하고 싶은 것을 자유롭게 선택할 수 있도록 동일한 기회를 주며, 각자의 능력과 소질을 인정하고 존중해 주는 것입니다.
>
> 여자도 군인이 되고 남자도 간호사가 될 수 있듯이 직업에 있어서의 성 역할에 대한 고정관념이 많이 무너지고 있습니다. 양성의 다양한 형태를 자유롭게 경험하고 자란 아이들은 자신감, 탐구심, 상상력, 일에 대한 융통성 등이 훨씬 높습니다.
>
> 말할 때도 "남자아이니까 파란색 옷 입을까?", "사내 녀석이 맨날 인형만 가지고 놀면 어떡하니?", "여자아이가 얌전하지 못하고 천방지축 뛰어다니면 쓰겠니?" 하는 식의 표현은 삼가는 것이 좋습니다. 대신 "우리 아기는 어떤 색을 좋아할까?", "우리 아기 건강해서 잘 뛰어노네."라고 성 구분 없이 긍정적으로 말해 주세요.
>
> 남자는 강해야 된다는 생각에 울면 안 된다고 교육시키고, 여자는 얌전하고 순종적이어야 한다는 생각에 조용한 놀이만 하게 한다면 이는 아기의 상상력과 능력을 제한하는 것입니다. 의식적으로라도 노력하고, 가정에서 어른들도 남녀 구분하지 않고 집안일을 서로 나누어 한다면 긍정적인 교육이 될 것입니다.

다양한 놀이를 통해 사회적 행동을 배워요

아기는 역할놀이를 통해 사회적 행동을 배우고 상상력도 풍부해집니다. 인지발달에도 물론 도움이 됩니다. 아기는 역할놀이나 인형놀이를 하며 자신이 그날 겪은 일을 투영시킵니다. 부모나 어린이집 선생님이 하는 말과 행동을 그대로 따라 하기도 하고, 자신의 감정을 인형에 빗대어 표현하기도 합니다. 아기가 무슨 말을 하면서 놀이를 하는지 잘 관찰하면 아기의 감정 상태를 이해하는 데 도움이 됩니다.

아기와 놀이를 할 때 꼭 장난감이 있어야 하는 것은 아닙니다. 빨래를 할 때 옆에서 인형 옷을 빨게 한다든지, 음식을 만들 때 수제비 반죽을 주고 조물조물하게 하는 것도 좋은 놀이가 됩니다. 할머니가 하는 집안일에 함께하며 놀이로 즐길 수 있게 해보세요.

> **감성 육아 tip**
>
> **그림책을 항상 읽어 주세요**
>
> 모든 개월 수에 꼭 필요한 놀이는 그림책 읽어 주기입니다. 그림책 읽기는 언어 교육에 효과적입니다. 매일 일정한 시간에 읽어 주는 것이 가장 좋으나 그것이 어려울 경우 자투리 시간을 이용해도 좋습니다. 개월 수에 맞는 책을 선별하여 읽어 주는 것이 바람직하며 반복적으로 여러 번 읽어 주는 것도 좋은 방법입니다.
>
> - 신생아부터 12개월까지는 초점 그림책, 오감을 자극하는 그림책, 누르면 소리가 나는 그림책, 촉감이 부드러운 책, 비닐 소재로 되어 있는 책, 의성어·의태어가 반복적으로 나오는 그림책 등이 좋습니다.
> - 12개월 이후부터는 짧은 줄거리가 있는 그림책이 좋습니다.
> - 잠자리에서는 아기가 잠들기 전 부모나 조부모가 머리맡에서 감성적인 내용이 담긴 책을 읽어 줍니다.

대소변 가리기 훈련

첫째, 아이가 준비가 되었는지 먼저 살펴야 합니다.

❶ 하루 중 대변을 보는 횟수와 시간이 일정해집니다.

❷ 대변, 소변을 보았다고 말해 주며 대소변이 묻은 기저귀를 불쾌해합니다.

❸ 엄마, 아빠, 할머니가 시키는 간단한 요구 사항을 들어줄 수 있습니다. 그러

면서 화장실의 용도와 가까이 있는 변기에 관심을 가집니다.
④ 생리적으로 대변을 보고 싶을 때부터 화장실에 가서 앉을 때까지 참을 수 있는 괄약근 조절 능력이 되어야 합니다.
⑤ 스트레스 요인이 있을 때는 시작하지 않는 것이 좋습니다. 예를 들어, 아프거나 동생이 태어났거나 이사를 하는 등의 상황에서는 피합니다.

둘째, 보통 24개월 된 아기는 대소변 가리기를 연습하고 실천에 옮깁니다.
① 유아용 변기를 삽니다. 변기를 살 때는 아기가 관심을 보이는 제품을 구입합니다. 그런 다음 변기와 친해지는 시간을 갖게 해줍니다. 낮에 아기가 주로 노는 곳에 변기를 두고 옷을 입고 앉아 놀게 해주세요.
② 변기에 앉아서 놀면 칭찬해 주고 즐거운 기분이 들 수 있도록 합니다. 칭찬해 주면 아기는 더 변기에 자주 앉게 되고 즐기게 됩니다.
③ 변기에 앉아서 책을 보는 것도 좋습니다. 그림책 중에 대소변 가리기를 자연스럽게 배울 수 있는 책을 선별하여 읽게 합니다.
④ 아기가 변기를 좋아하게 되면 기저귀를 변기 옆에서 갈아 주거나 변기에 앉힌 채 엉덩이를 살짝 들게 하여 갈아 줍니다. 그리고 그 기저귀를 변기 안에 넣어 변기의 원래 사용 용도를 알려줍니다.
⑤ 때때로 기저귀를 벗은 상태에서 변기에 앉도록 도와주세요. 차츰 아기는 옷을 입지 않고 변기에 앉는 것에 익숙해질 것입니다.
⑥ 대소변을 보고 싶어 하는 아기의 표정을 잘 읽어야 합니다. 아기의 표정을 보고 화장실에 가고 싶어 하면 바로 변기에 데리고 가서 앉힙니다. 이렇게 하면 변기의 용도를 이해하고 상황에 맞는 행동으로 칭찬을 받으므로 그 행동이 더욱 강화될 수 있습니다. 이때 주의할 것은 배우는 과정에서 아기가 기저귀에 변을 보게 되어도 실망하거나 아기를 혼내면 안 된다는 것입니다. 배우는 과정이

니 여유를 가지고 대소변이 마려운 것을 말한 것만으로도 잘했다고 칭찬하고 격려해 주세요.

❼ 시간이 지나 스스로 변기에 앉는 기회가 잦아지고 성공의 경험이 쌓이면 낮에는 팬티만 입히고 지켜봅니다. 낮에 잘되면 밤에 자기 전에 볼일을 보게 하고, 밤에 오줌을 누고 싶어서 깨면 어른에게 도움을 청하도록 가르쳐 주어 밤에도 변기에 볼일을 볼 수 있게 유도합니다.

❽ 아기와 함께 대소변 가리기 훈련을 하면서 꼭 함께 일러두고 습관처럼 해야 할 것은 개인 위생에 대한 개념을 심어 주는 것입니다. 대소변을 본 후에는 반드시 손 씻기를 가르쳐 습관이 형성될 수 있도록 합니다.

또한 변기에 앉아 있을 때 변기 물을 내리면 무서워하는 아기도 있습니다. 그 이유는 대소변을 자신의 창조물 혹은 자신의 몸에서 나온 일부라고 생각하기 때문입니다. 처음에는 물을 천천히 내리고, 좀 익숙해지면 아기가 보는 데서 휴지를 먼저 변기에 넣고 아기와 함께 물을 내려 봅니다. 서두르지 말고 자연스럽게 익힐 수 있도록 배려해 주세요.

자기 고집이 강해져요

이 시기는 자율성이 발달하는 때라 양육을 하다 보면 갈등 상황이 많이 벌어집니다. 무엇을 하라고 하면 "싫어"를 반복하면서 자기주장을 내세웁니다. 그리고 무엇이든 혼자 하려고 하고, 방해를 받는다는 생각이 들면 짜증을 냅니다. 어린이집에 갈 때도 상황에 맞지 않는 옷을 입고 가겠다고 고집을 부립니다. 또 혼자서 물을 먹겠다고 컵을 빼앗다가 쏟기도 합니다. 신발도 혼자 신는다고 하다가 반대로 신어서 넘어지기도 합니다.

이때는 혼을 내거나 못하게 막기보다는 차근차근 혼자서 할 수 있도록 지켜봐 주세요. 무조건 안 된다고 하거나 권위를 내세우며 강요하면 아기는 기가 죽거나 반항하게 됩니다. 긍정적으로 잘 대해 준다면 스스로 문제를 해결할 줄 아는 능력을 키우며 자부심이 강한 아이로 자랄 수 있을 것입니다.

자아존중감이 잘 확립된 아이는 자신뿐만 아니라 남을 사랑할 줄 알게 되며, 원만한 인간관계를 통해 사회성이 좋은 아이로 성장합니다.

22~24개월 된 아기와 놀아 주기

놀이법

할머니 할아버지와 함께 춤을 서로 마주보고 조부모의 양발 위에 아기의 발을 올려놓고 양손을 잡고 돌아다니며 이야기도 하고 노래도 부릅니다.

똑같은 그림 찾기 과일이나 동물의 그림카드로 같은 그림을 찾는 놀이입니다.

종이 오리기 동그라미, 세모, 네모 모양을 색종이에 그린 후 안전가위로 오려 모양 찾기를 하거나 꾸며 보는 놀이입니다.

역할놀이 동물이나 사람인형을 손에 끼워 목소리를 바꾸어 가며 역할에 맞게 이야기하는 놀이입니다.

놀잇감

소꿉놀이 소꿉놀이는 언어 발달 및 사회성 발달에 도움을 줍니다.

장난감 유모차 아기가 인형을 넣어 끌고 다니면서 방향 감각을 키울 수 있습니다. 걷기 활동에도 도움을 줍니다.

3 PART

아픈 손주 돌보기

손주를 돌보면서 가장 힘들 때는 아마도 아기가 아플 때일 것입니다. 고열에 시달리거나 밥을 잘 안 먹거나 자꾸 울며 보채면 마음이 아프고 걱정이 앞섭니다. 지금부터는 아기에게 나타나는 다양한 아픈 증상을 살펴보고, 그런 상황에 처할 때 어떤 방법으로 대처하면 좋은지 알아보겠습니다.

1. 영아산통(배앓이)

영아산통은 아기가 아무 이유도 없이, 특히 저녁이나 새벽에 숨이 넘어갈 듯이 자지러지게 우는 것을 말합니다. 보통 시작하면 아주 짧게는 20~30분, 심지어 3~4시간까지도 쉬지 않고 울기도 합니다. 영아산통은 생후 2~4주 경에 시작되어 점점 더 심해지고, 생후 2~3개월 정도 되면 조금 좋아지며, 4개월이 지나면 거의 사라집니다.

원인 원인은 정확히 밝혀지지 않았습니다.

증상 아기는 주먹을 꽉 쥐고 두 다리를 배쪽으로 굽혀 얼굴이 빨개지도록 웁니다. 울다가 지쳐서 그치기도 하고, 방귀를 뀌거나 변을 보면서 그치기도 합니다. 중요한 것은 영아산통인지 아니면 다른 병은 없는지 확인하는 것입니다. 울지 않을 때의 아기는 특별한 다른 증상이 없고 건강한 상태를 유지하며 병원에서의 진찰 소견도 정상입니다. 일단 영아산통이라는 진단이 나오면 아기를 최대한 편안하게 해주어야 합니다.

돌보기
- 아기를 안고 살살 흔들어 주거나 쓰다듬어 주거나 업어 주며 달랩니다.

- 배를 천천히 따뜻하게 문질러 주는 것도 효과가 있습니다.
- 흔들의자나 아기용 흔들침대, 유모차 등을 이용하여 흔들흔들 규칙적으로 움직여 주는 것도 좋습니다. 차에 태워 일정한 진동을 느끼며 바깥바람을 쐬면 안정을 찾기도 합니다.

2. 아구창

원인 아구창은 혀에 하얀 반점이 생기는 증상입니다. 6개월 이하의 아기에게 나타나는 가장 흔한 증상으로, 면역력이 약하기 때문에 작은 상처가 생겨도 벗겨진 부분을 따라 균이 쉽게 자랍니다.

증상 젖이나 분유를 먹을 때 아기의 입속에 하얀 찌꺼기 같은 것이 보일 때가 있습니다. 그럼 가제를 손가락에 말아서 살짝 닦아 보세요. 잘 닦이면 젖이나 분유의 찌꺼기입니다. 그런데 잘 닦이지 않고 하얗게 남아 있으면 아구창이므로 병원에 가서 진찰을 받아야 합니다. 처방에 따라 약을 먹거나 바르는 치료를 합니다.

돌보기
- 집에서의 소독 관리가 매우 중요합니다. 젖병, 젖꼭지, 노리개 젖꼭지, 손수건 등 아기의 입에 들어가거나 닿는 모든 것은 소독을 철저히 한 뒤에 사용해야 합니다.
- 분유를 먹일 때 젖꼭지를 물고 있는 시간을 최소화하는 것이 좋습니다.
- 노리개 젖꼭지도 가능하면 사용하지 않는 것이 좋습니다.
- 분유를 먹인 뒤에 물을 조금 더 먹여 입안에 찌꺼기가 남지 않게 합니다.

3. 지루성 피부염

증상 머리나 귀, 겨드랑이 등에 노란 진물이 딱지가 져서 붙어 있는 것을 말합니다. 정작 아기는 가려워하지 않는데 보기에는 흉할 수 있습니다.

돌보기
- 아기 샴푸로 거품을 내어 아주 부드러운 솔로 살살 문질러 줍니다.
- 특별한 향이 없는 무자극성 오일을 머리에 듬뿍 발라 문질러 주어 흡수되게 하고 약 10~20분 정도 있다가 오일에 딱지가 불어 부드러워지면 살살 긁어냅니다. 여기서 주의할 것은 절대 강제로 뜯어서는 안 된다는 것입니다. 오일로 어느 정도 긁어 떨어뜨린 후에는 반드시 샴푸로 감겨 주세요. 그렇지 않으면 두피의 모공이 숨을 쉴 수 없어 딱지가 더 두꺼워질 수 있습니다.
- 연고를 바를 때는 반드시 병원에서 처방받은 연고로 발라 주세요.
- 다른 질환(농가진, 중이염)에 의한 증상인지 확인하는 것도 중요합니다.

4. 로타바이러스 장염

3개월이 지나면 아기를 데리고 밖으로 나가는 일이 생기게 됩니다. 그런데 면역력이 약한 아기가 사람들이 많은 장소에 노출되면 다양한 전염성 질환에 걸릴 수 있습니다. 대표적인 질환이 장염과 호흡기 질환입니다. 장염은 아기들에게 나타나는 가장 흔한 질환 중 하나로, 장에 염증을 일으키는 세균이나 바이러스에 감염되어 열, 설사, 구토 등의 다양한 증상을 동반하는 질환입니다.

전염 경로 바이러스에 오염된 음료수나 음식 또는 손을 통해서 입으로 전염됩니다. 초기 3~4일간은 다른 사람에게 잘 옮으므로 주의해야 합니다.

예방법 전염성이 강하므로 아기의 손발을 잘 씻기고, 유행 시에는 사람이 많은 곳에 가지 않아야 합니다.

발병 시기 6~24개월의 영유아가 잘 걸리며, 6개월 이내의 아기도 발병할 수 있습니다. 때로는 신생아 초기에 조리원에서 유행하여 아기들이 단체로 설사를 하기도 합니다.

증상

- 감염 후 40~72시간 내에 증상이 나타나기 시작해 열, 구토 및 설사가 일어납니다.
- 초기에는 1~3일간 열이 많이 나면서 토합니다.
- 1~2일이 지나면 물설사를 하루에 3~4회 정도에서 심한 경우 10회 이상 합니다.
- 먹지 못하면서 계속 설사를 심하게 하면 아기에게 탈수 증상이 올 수 있으므로 조심해야 합니다.
- 보통 일주일 정도 지나면 차츰 호전됩니다. 그런데 간혹 심하지 않은 설사가 일주일 이상 가기도 합니다.

돌보기 바이러스에 의한 질환은 대부분 치료약이 없습니다. 증상에 따른 관리를 하면서 아기의 컨디션이 나빠지지 않도록 돌보는 것이 최선입니다.

❶ **열이 날 때**

- 처방받은 해열제를 사용해 열을 조절합니다. 해열제를 먹고 30분 이내에 토했다면 다시 먹이는 것이 원칙입니다.
- 아기가 먹는 약을 제대로 삼키지 못하고 토하면 좌약을 사용합니다.
- 열이 떨어지지 않고 구토나 설사가 계속 심해진다면 탈수되지 않도록 수액을 맞아야 합니다. 심할 경우 입원 치료를 할 수도 있습니다.

❷ **구토할 때**

- 아기가 토하면 당황하기 마련인데, 이때 너무 놀란 모습을 보이면 아기가 더 겁을 먹으므로 주의해야 합니다. 토를 하더라도 탈수 증세를 막고 영양 보충을 하려면 조금씩 젖이나 분유를 먹이는 게 좋습니다.

 이럴 땐 응급실에 가야 해요!
- 8시간 이상 소변을 보지 않는 경우
- 토할 때 피가 섞여 있거나 배가 심하게 아픈 경우
- 토한 것이 노랗거나 초록색을 띠는 경우
- 1시간에 8번 이상 물설사를 하는 경우

- 모유를 먹는 아기는 젖을 계속 먹입니다. 다만, 한꺼번에 많이 먹이면 토하기 쉽기 때문에 5분 이내로 조금씩, 1~2시간 간격을 두고 먹입니다. 매우 심하게 토하는 경우라면, 2~3분 이내로 더 조금씩, 30분에서 한 시간 간격을 두고 먹입니다.
- 분유를 먹는 아기라면 평소 먹는 농도의 반 정도로 묽게 먹입니다.
- 이렇게 먹어도 계속 토한다면 전해질 용액을 먹이는 것이 좋습니다. 전해질 용액은 위와 장에서 수분이 잘 흡수되도록 만든 용액입니다. 물에 나트륨을 비롯한 여러 가지 전해질과 포도당이 적절한 비율로 들어 있습니다. 처방전 없이 약국에서 살 수 있는 제품도 있지만 되도록 병원 처방을 받도록 하세요. 먹일 때는 한 스푼씩 10분 간격으로 조금씩 먹이다가 3~4시간 정도 토하지

않으면 서서히 먹는 양을 늘립니다. 8~12시간 정도 토하지 않으면 분유를 다시 먹여 봅니다.
- 진정되면 원래의 농도와 간격으로 다시 먹입니다. 이유식을 하던 아기라면 쌀미음으로 다시 시작해 봅니다. 바나나와 익힌 과일을 조금씩 줄 수도 있습니다. 아기가 평소에 잘 먹는 것을 중심으로 챙겨 먹이면서 탈수를 예방합니다.

❸ 설사할 때
- 장염으로 장의 점막이 상처를 입게 되어 음식에 대한 흡수력이 떨어지면서 설사를 하게 됩니다. 설사가 심할 때는 역시 수분 공급에 신경을 쓰면서 탈수를 방지합니다.
- 분유, 유제품은 흡수가 잘 안 되어 설사가 심해지거나 멈추지 않을 수 있습니다. 계속 설사를 할 경우 일시적으로 특수 분유를 먹일 수 있는데, 설사의 횟수와 간격과 아기의 컨디션을 살펴 진찰 후 의사의 처방대로 먹이면 됩니다.

5. 사시

양쪽 눈의 시선이 수평 또는 수직으로 평행하지 않는 것을 말합니다. 우리가 알고 있는 대부분의 사시는 수평사시인데, 두 눈이 안쪽으로 몰려 있는 것은 내사시, 바깥쪽으로 몰려 있는 것은 외사시입니다.

진단 생후 3개월 이전에는 눈의 조절 능력이 불안정해 눈이 몰리기도 합니다. 그래서 이때는 정확히 진단하기가 어려워 4~6개월까지 지켜봅니다. 4~6개월 이후에도 사시가 있다면 의사의 진찰을 받아야 합니다. 선천성 사시의 경우 수술로 치료가 가능합니다.

6. 세기관지염

세기관지염은 기관지초염이라고도 하는데, 허파꽈리에 염증이 생겨서 호흡 곤란이 생기는 질환입니다. 초기에는 감기와 같은 증상을 보이기 때문에 단순히 감기 치료를 하다가 나중에 심해져서 병원에 가는 경우가 많습니다. 생후 6개월경의 아기에게 가장 많이 나타나고 감기만큼이나 흔한 호흡기 질환이며 재발도 쉽습니다.

증상 갑자기 호흡 곤란이 와서 쌕쌕거리는 숨소리를 내고, 기침을 하기 시작하면서 숨 쉬기 힘들어 합니다. 처음 2~3일간 급속히 악화되다가 점차 나아지지만, 잔기침은 2주 정도 지속됩니다. 중이염이나 세균성 폐렴이 합병증이 동반되기도 하므로 각별히 유의해야 하며, 심한 경우 입원 치료를 받아야 합니다.

돌보기
호흡기 질환의 기본 돌보기와 같습니다. 특히 환경 관리가 중요합니다.
- 가습기와 온도, 습도 등 생활환경을 관리하는 것이 기본입니다.
- 공기에 민감하기 때문에 집 안에서 담배를 절대 피워서는 안 되며, 먼지가 날 수 있는 카펫이나 담요 등을 치웁니다.
- 공기청정기를 사용하는 것이 좋으며 이때 청결한 관리가 중요합니다.
- 실내에 곰팡이가 생기지는 않았는지 살피며 항상 위생에 관심을 기울입니다.

> *tip* **세기관지염이 천식으로 발전될 확률**
> 천식환자를 조사해 보니 어렸을 때 세기관지염을 앓은 경우가 40%나 된다고 합니다. 세기관지염을 앓고 난 아기 중에 50%가 천식으로 발전된다는 보고도 있습니다. 호흡기 질환이 걸리기 전에 예방하는 생활 수칙을 잘 알고 지켜야 하겠습니다.

7. 철결핍성 빈혈

아기는 엄마로부터 6개월 치의 철분을 받아 태어납니다. 이것을 저장 철이라고 하는데, 6개월이 지나면 이 저장 철은 없어지고 새롭게 외부로부터 철분 공급을 받아야 합니다. 보통 아기가 먹는 모유와 분유에는 철분이 포함되어 있는데, 철분의 양은 비슷하지만 장에 흡수되는 비율이 모유가 더 높습니다. 그래서 분유를 먹는 아기가 모유를 먹는 아기보다 빈혈이 더 쉽게 생길 수 있습니다. 모유를 먹일 수 없는 상황이라면, 이유식을 시작할 때 철분이 많이 포함된 이유식으로 보충하면 됩니다.

증상

- 안색이 창백하고 자꾸 보채며 웁니다.
- 심하면 숨이 가쁘고 맥박이 빨라집니다.
- 식욕이 떨어지기 때문에 잘 먹지 못해 기운이 없고 축 처집니다.
- 간혹 흙, 종이, 숯, 얼음 등을 집어먹는 이식증을 보이기도 합니다.

검사

빈혈이 있는지 알 수 있는 정확한 방법은 피검사입니다. 생후 6개월에서 2년 사이의 아기의 철분(헤모글로빈) 수치가 10.5 미만이면 빈혈로 봅니다.

돌보기

- 모유 수유를 하고 있다면 꾸준히 할 것을 권장합니다. 젖에 있는 철분은 장내 흡수율이 높습니다.
- 철분이 많이 들어 있는 음식으로 이유식을 합니다. 철분 함유가 높은 음식으로는 소고기, 대합, 새우, 달걀노른자, 닭고기, 오리고기, 김, 미역, 다시마, 파래, 현미, 콩, 호박, 버섯, 시금치, 깻잎 등이 있습니다.

- 돌 지난 아기가 생우유를 먹을 경우, 생우유는 철분 흡수를 방해하므로 적당히 먹여야 합니다. 생우유를 많이 먹이면 배가 불러서 상대적으로 이유식을 잘 먹지 않으려고 합니다. 가능한 한 이유식을 먼저 먹여 철분 보충에 신경써야 합니다. 돌 지난 아기의 생우유 섭취량은 하루에 500~600cc 정도가 적당합니다.

철분제 먹이기

- 처방받은 용량만큼만 먹입니다. 많이 먹인다고 좋은 것이 아닙니다.
- 식사와 식사 사이에 먹이는 것이 흡수에 도움이 됩니다.
- 철분 흡수를 돕는 비타민 C가 많이 함유된 오렌지 주스 등에 타서 먹입니다.
- 증상이 좋아져도 2~3개월은 계속 먹입니다. 철분제를 먹기 시작하여 일주일 정도 지나면 증상이 좋아집니다. 그런데 철분은 저장해 놓고 써야 하기 때문에 꾸준히 먹이는 게 좋습니다.
- 단, 이유 없이 6개월 이상은 먹이지 않습니다. 장기간 먹으면 안 됩니다.
- 철분제를 먹었을 때 간혹 설사를 하거나 검은똥, 복통, 구역질 등의 증상을 보이기도 합니다. 때로는 치아가 착색되기도 하는데, 약을 먹인 후 양치질을 잘 하거나, 철분제를 끊으면 다시 좋아집니다.

8. 감기

생후 6개월까지는 엄마로부터 받은 면역력이 있어 감기에 잘 걸리지 않습니다. 그러다가 7개월에 들어서면서부터 돌 전까지 아기들이 자주 감기에 걸리고 아픕니다. 보통 만 두 돌 정도가 지나면서 감기 걸릴 확률이 줄어듭니다. 감기는 바이러스 질환이므로 딱히 치료제가 없으며, 증상에 따른 관리를 통해 최대한 빨리 나을 수 있도록 하는 것이 최선입니다.

원인과 증상 감기의 원인은 바이러스이며 열, 콧물, 재채기, 기침, 가래, 인두염, 후두염 등의 증상을 보입니다. 감기에 걸린 아기는 입맛이 없어 잘 먹으려 하지 않고 자꾸 보챕니다. 소화기도 영향을 받아 녹변과 묽은 변이 나오며, 토하기도 합니다. 감기가 무서운 것은 합병증으로 커질 수 있기 때문입니다. 축농증이나 중이염, 폐렴, 세기관지염, 천식 등의 질환이 합병증의 예입니다.

치료법

- 감기에는 딱히 치료약이 없습니다. 평소에 면역력을 키워 주는 것과 예방이 중요합니다.
- 감기는 꾸준히 치료해야 합니다. 감기 초기에는 간단한 증상이었는데, 점점 더 심해지는 경우가 많습니다.
- 가벼운 목욕은 괜찮습니다. 열이 많이 날 때는 체온을 떨어뜨리기 위해 30도 정도의 미지근한 물로 몸을 닦아 줍니다.
- 찬 음식은 몸의 기능을 저하시킬 수 있습니다. 단, 목의 인두 통증과 붓기가 있을 때 아이스크림을 먹이면 통증이 완화되고 수분 보충을 할 수 있습니다.

예방법

- 감기가 유행할 때는 가급적 외출을 삼가야 합니다. 감기가 유행한다는 것은 감기 바이러스가 여기저기 퍼져 있어 쉽게 노출될 수 있다는 뜻입니다.
- 외출하더라도 옷은 여러 겹을 입힙니다. 외부 온도에 맞춰 유연하게 대처할 수 있어야 하기 때문입니다. 외부 온도와 실내 온도를 감안하여 옷을 입혔다 벗겼다 하면서 한기가 들지 않도록 합니다.
- 추울 때 감기에 잘 걸리므로 체온 유지를 잘해야 합니다. 체온이 정상 이하로 떨어지면 몸의 방어 능력도 같이 떨어지기 때문입니다. 똑같이 바이러스에

노출되어도 체온이 항상 일정한 아기는 방어 능력이 유지되어 감기에 잘 안 걸리고, 체온이 떨어진 아기는 일시적으로 방어 능력이 떨어져 감기에 잘 걸립니다.

- 외출을 다녀온 후에는 반드시 손발을 씻고, 양치질을 합니다. 또한 피곤하지 않게 충분히 쉬게 하고, 영양을 보충해 줍니다.
- 실내 공기를 쾌적하게 관리합니다. 집 안의 곰팡이나 먼지를 잘 닦고, 흡연은 하지 않아야 합니다. 가스레인지를 사용할 때는 환풍기를 돌려 연소된 가스를 배출시킵니다. 공기청정기에만 의존하지 말고 창문을 열어 환기를 시키는 것도 중요합니다.
- 온도와 습도를 적절히 유지합니다. 적당한 실내 온도는 20℃ 전후이며, 습도는 40~60% 정도입니다. 단, 아기가 감기에 걸렸을 때는 습도를 좀 더 높이는 것이 호흡하기에 편합니다.

할머니·엄마·아기가 행복해지기 위한 지혜 ⑥
다양한 감기 증상 관리법

1. 열이 날 때

백일 이내의 아기는 임의로 해열제를 먹이지 않고 진찰부터 받는 게 좋습니다. 우리 몸에 들어온 해로운 균과 싸우는 과정에서 자연스럽게 나타나는 결과가 열입니다. 아기의 상태를 잘 살피고, 차분히 열을 떨어뜨리는 것이 중요합니다.

미열인 경우

- 38℃ 미만의 열로 아기의 상태에 특별한 변화가 없을 때를 말합니다.
- 아기가 잘 먹고 잘 논다면 먼저 얇은 옷으로 가볍게 입히고, 실내 온도를 24℃ 정도로 유지하며 지켜봅니다. 아기의 몸에 들어온 균과 아기의 면역력이 전투 중이라고 생각하고, 이 전투에서 이길 수 있도록 수분과 영양 섭취에 신경을 씁니다. 다만 계속 미열이 있으면 병원에서 진찰을 받는 것이 좋습니다.

고열인 경우

- 38℃ 이상의 고열이 있다고 판단되면 옷을 가볍게 입히고 서늘하게 합니다.
- 약 30분 정도 후 체온을 다시 잽니다.
- 여전히 열이 있거나 더 올라간 경우 처방받은 해열제를 먹입니다.

- 계속 열이 나고 힘들어 하는 경우에는 미지근한 물수건으로 닦아 줍니다. 해열제는 올라간 체온에서 1~1.5℃ 정도밖에 떨어뜨리지 못하므로, 아기의 옷을 벗기거나 목욕을 시키며 체온을 낮추는 방법을 병행합니다.
- 열이 떨어지고 난 후에는 얇은 옷을 입혀 시원하게 유지하며, 아기가 푹 쉬거나 잠잘 수 있도록 합니다.
- 수분 섭취가 중요하므로 신경 써서 물을 많이 먹이는 것이 좋습니다.

물수건으로 고열을 내리는 방법

닦아 주기 전 확인 사항	아기가 몸을 떨며 오한을 느끼지는 않는지 살펴야 합니다. 오한이 있을 때는 근육의 경련을 통해 열이 발생되고 있는 중입니다. 이런 경우 일단 수건으로 덮어 주고, 오한이 멈추면 닦아 줍니다.
물수건으로 닦는 방법	• 알코올은 피부를 통해 흡수되므로 절대 사용해서는 안 됩니다. • 옷을 완전히 다 벗긴 후 시작합니다. 기저귀도 벗깁니다. • 30℃ 정도의 미지근한 물을 사용하여 물이 뚝뚝 떨어지게 흠뻑 적십니다. • 머리, 가슴, 배, 겨드랑이, 사타구니 등 온몸을 문지르는 느낌으로 30~45분 정도 계속 닦아 줍니다. 아기가 너무 힘들어 하면 중지합니다. • 얇은 천이나 물수건 등으로 덮어 두지 않습니다.

해열제 비교

구분	타이레놀(아세트아미노펜)	부르펜(이부프로펜)
사용 목적	해열과 진통	• 해열과 진통 • 항염작용(염증을 줄여 주는 작용)
사용 시기	어느 시기에나 사용 가능합니다.	생후 6개월 이내에는 사용하지 않습니다.
효과	복용 후 1시간 정도 걸리고 4~6시간 정도 지속됩니다.	복용 후 1시간 이내에 효과가 나타나고 6~8시간 정도 지속됩니다.
먹일 수 있는 횟수	하루 총 5회	하루 총 4회

구분	타이레놀(아세트아미노펜)	부르펜(이부프로펜)
특징	• 간이 나쁜 경우 사용하지 않습니다. • 너무 많은 양을 먹이지만 않으면 매우 안전하고 부작용도 적습니다.	• 신장이 나쁜 경우 사용하지 않습니다. • 효과가 오래 가기 때문에 밤에 자는 아이를 깨워 먹이지 않아도 됩니다.
보관 방법	• 실온(1~30℃)에 보관하고, 냉장 보관하지 않습니다. • 조제받은 것은 1주, 병에 든 것은 1달 정도 사용이 가능합니다. 타이레놀과 같은 해열제는 편의점에서도 쉽게 구입할 수 있으니 유효기간이 지났으면 새로 구입하는 것이 좋습니다.	
번갈아 복용하기	• 열이 심하게 나고 하나의 해열제로 열이 떨어지지 않을 때는 번갈아 사용하기도 합니다. 번갈아 사용할 때는 4시간 간격으로 사용하며, 그렇게 해도 열이 떨어지지 않을 경우 진찰을 받는 것이 좋습니다. • 만약 아기가 구토 증상이 심하면, 좌약을 사용해도 됩니다. 좌약 성분은 타이레놀과 같은 아세트아미노펜입니다.	

2. 기침과 가래

기침은 종류별로 감기뿐 아니라 다양한 질병들의 증상 중 하나입니다. 호흡기, 다시 말해 코, 인후두, 기관지, 폐로 이어지는 상기도 감염의 증상일 수 있습니다. 기침은 몸에 들어온 해로운 것을 내보내기 위한 몸의 반응입니다. 그러므로 기침과 가래가 몸을 지키는 자연스러운 증상이라고 여기고, 약을 함부로 먹이지 않습니다. 약을 먹일 경우에는 병원에서 처방받은 대로 하는 것이 좋습니다.

돌보기 원칙

• 수분 섭취가 가장 중요합니다. 가래를 배출하기 위해 기침을 합니다. 가래를 없애는 약을 거담제라고 하는데, 최고의 거담제는 따뜻한 물입니다.
• 적절하게 습도를 유지하는 것이 중요합니다. 보통 실내에서 50~60% 정도의 습도를 유지하는데, 호흡기 질환이 있을 때는 좀 더 높여야 합니다.

가래 배출을 도와주는 방법

- 아기의 자세를 이쪽저쪽으로 자주 돌려 줍니다. 가래가 한쪽에 오래 고이지 않도록 해주고, 배출을 쉽게 해줍니다.
- 손바닥을 오목하게 해서 아기의 가슴과 등을 두들겨 줍니다. 이때는 손목을 이용해서 통통 가볍게 두드립니다.

3. 콧물

흔히 감기를 비인두염이라고 합니다. 감기는 코와 목의 염증이 기본적으로 동반되기 때문입니다. 코 점막에 염증이 생겨 콧물이 흐르고 시간이 지나면 누렇게 변합니다.

돌보기 원칙

- 물을 자주 먹입니다. 수분을 많이 섭취하면 콧물에 물기가 많아져 배출이 좀 더 쉬워집니다.

> **tip 가습기 사용은 이렇게!**
> - 끓여서 식힌 물을 사용하고, 매일 갈아야 합니다.
> - 가습기 청소 방법 : 물통 속까지 깨끗이 씻어야 하므로, 물통 입구가 큰 것을 사면 좋습니다. 베이킹소다를 이용해서 씻고, 흐르는 물에 잔여물이 남지 않게 깨끗이 헹굽니다. 며칠에 한 번은 아주 뜨거운 물에 10분 정도 담가 두는 것이 좋습니다.
> - 환기에 신경 써야 합니다. 가습기 사용으로 습도가 높아지면 곰팡이가 필 수 있기 때문입니다.
> - 가습기는 아기와 조금 떨어진 곳에 두고 사용하세요. 머리맡에 두었다가 아기가 수증기에 젖으면, 체온이 떨어질 수 있습니다. 이때는 바로 옷을 갈아입히고, 머리에 수건을 덮어 두는 것이 좋습니다.

- 코를 풀 때 한쪽씩 풀어 줍니다. 양쪽을 막고 코를 풀다가 귀 안의 압력 차이로 인해 중이 쪽으로 균이 넘어갈 수 있습니다.
- 가습기를 이용합니다. 건조하면 코 안의 점막이 더 자극을 받습니다. 코에 따뜻한 물수건을 대 주면 일시적으로 막힌 코가 뚫릴 수 있습니다.
- 약국에서 파는 코 흡입기를 구입해 사용하는 것도 도움이 됩니다. 코에 식염

수를 두세 방울 넣고 2~3분 정도 기다렸다가 흡입합니다. 하지만 이 방법을 자주 사용하면 점막에 손상을 줄 수 있으니 주의하세요.
- 코 입구에 콧물이 말라붙은 것을 제거할 때에는 면봉을 사용합니다. 다만 콧속 깊숙이 넣으면 안 됩니다.

> **tip 콧물은 무조건 깨끗이 빼내야 한다?**
> 콧물을 무조건 빼는 것이 좋다고 생각하는데, 이것은 잘못된 상식입니다. 콧물을 다 제거해 버리면 점막이 먼지 등에 바로 노출됩니다. 콧물에는 나쁜 균과 싸우는 자연 치유 기능이 있습니다. 콧물이 부족하면 우리 몸은 항상성을 유지하기 위해 콧물을 자꾸 만들어 냅니다.

4. 급성 인두염과 후두염

흔히 우리가 말하는 목감기입니다. 세균과 바이러스가 인두와 후두에 염증을 일으켜 다양한 증상이 나타나는 것입니다.

증상

- 콧물, 코 막힘, 기침이 발생하고 간혹 피부에 빨간 반점이 돋거나 설사를 하기도 합니다.
- 목이 붓고 많이 아프게 되므로 토하는 증상과 함께 고열이 납니다. 숨을 쉬는 구멍이 좁아져 숨이 가빠지고, 기침을 할 때 "꺽꺽" 소리를 내며 심하게 보챕니다. 초저녁과 새벽 사이에 심해집니다.

치료

증상과 균에 따라 처방을 받은 항생제를 먹입니다. 앞에서 제시된 다양한 감기 증상의 돌보기를 참고하여 돌봅니다.

9. 중이염

중이염은 감기의 합병증으로 오기도 하고, 감기에 걸려서 함께 중이염을 앓을 수도 있습니다. 중이염은 귀와 코가 연결되어 있는 이관을 통해 코에 있는 균이 귀로 들어가 염증을 일으키는 것을 말합니다. 아이들은 중이염에 걸릴 확률이 어른보다 높습니다. 이관이 어른에 비해 짧아 균이 쉽게 들어가기 때문입니다.

예방법

- 분유를 먹일 때는 안고 먹입니다. 바닥에 뉘여 먹이면 중이로 분유가 들어갈 수 있습니다. 아기를 반쯤 안아 상체가 살짝 올라가게 한 다음 먹입니다.
- 돌이 지나면 컵으로 우유를 먹입니다. 이때 젖병을 끊는 것이 좋습니다. 젖병을 열심히 빨면 이관에 압력이 가해져 중이염에 잘 걸리기 때문입니다.
- 공갈젖꼭지도 6개월이 지나면 필요 이상 빨리지 않아야 합니다.
- 식구들은 담배를 끊습니다. 간접흡연으로 인해 이물질과 균을 걸러 주는 섬모운동이 저하되어 중이염에 잘 걸릴 수 있습니다.
- 감기에 주의합니다. 감기와 중이염은 밀접한 관계가 있습니다. 감기 예방을 위해 손발을 잘 씻고, 양치질을 하며, 면역력을 길러 줄 필요가 있습니다.
- 독감과 폐구균 예방접종을 하면 중이염 예방 효과가 있습니다.

증상 열이 나면서 귀가 아픕니다. 그런데 아기는 말을 못하니 자꾸 울고 보챌 수 있습니다. 특히 분유나 젖을 먹으려고 빨 때 중이의 압력이 올라가 통증이 느껴져서 조금 빨다가 안 먹고 울며 보챕니다. 심한 경우 염증이 터져 귀에서 고름이 나올 수도 있습니다.

> **돌보기**

- 처방받은 항생제를 다 나을 때까지 꾸준히 먹입니다. 중이는 피가 잘 통하지 않고 막혀 있는 공간이라 치료가 더딥니다. 보통 항생제를 오래 먹으면 좋지 않다고 해서 임의로 끊기도 하는데, 그럴 경우 쉽게 중이염이 재발하고 청력에 손상을 주기도 하므로 거르지 않고 제 시간에 약을 잘 챙겨 먹이는 것이 중요합니다.
- 평소 생활에서 귀의 압력을 낮추어 줍니다. 예를 들어, 빨대 등을 쓰지 않고, 컵을 대고 직접 입으로 삼키는 습관을 들이거나, 베개를 조금 높여 주고, 눕히는 것보다는 안아 주거나 업어 주는 것입니다.

10. 축농증

기침과 콧물감기가 심하고 증상이 10일 이상 계속되면 축농증일 확률이 높습니다. 축농증은 코뼈 양옆에 있는 부비동이라는 공간에 염증이 생겨 고름이 고이는 것을 말합니다. 특히 눈 밑에 상악동이라고 하는 곳은 축농증이 잘 생기는 공간입니다.

> **증상** 심한 기침과 함께 누런 코가 계속 나오며 새벽 기침을 길게 합니다. 아이의 눈 주위가 붓고, 머리가 심하게 아프거나, 빛을 보면 눈이 부시는 증상이 있을 수 있습니다.

> **돌보기**

- 콧물 증상 돌보기와 비슷합니다.
- 가습기를 사용하고 물을 자주 먹이며 식염수를 코 안에 뿌려 주는 것이 도움이 됩니다.

- 중이염과 마찬가지로 치료 중에 임의로 약을 중단해서는 안 됩니다. 기본적으로 보통 2~3주 정도 약을 먹이며 치료하는데, 만성적으로 축농증이 있는 경우 3~4주 이상 계속 약을 먹이며 치료해야 할 수도 있습니다.

11. 알레르기성 비염

환절기 기온 차가 크고 황사 등 오염 물질의 코 점막 자극이 심해지는 때에는 많은 아기들이 비염으로 고생합니다.

증상 알레르기성 비염은 코의 점막에 염증을 일으키는 물질이 닿으면서 코가 막혀 숨 쉬기 힘들어 하고 재채기가 계속 나오는 증상입니다. 코가 가려워 잘 후비고 콧물이 줄줄 흐르며 때로는 눈 밑이 약간 검게 변하기도 합니다. 알레르기를 일으키는 물질에는 꽃가루, 곰팡이, 집먼지 진드기, 동물의 털이나 바퀴벌레의 죽은 가루들이 있습니다.

돌보기
- 애완동물은 키우지 않는 게 좋고, 꽃도 집 안에 두지 않습니다.
- 청소할 때는 쓸거나 털지 말고, 먼지가 나지 않게 걸레질을 합니다.
- 바퀴벌레와 같은 해충을 깨끗이 없앱니다.
- 카펫이나 먼지 날리는 소파를 치웁니다.
- 먼지가 날 수 있는 인형들을 정리합니다.
- 집먼지 진드기를 없애기 위해 침구류 등을 자주 빨아 청결하게 유지합니다.
- 몸을 청결히 하고 실내 온도와 습도에 유의하며 환기를 잘 시킵니다.
- 원인은 피부반응검사나 혈액면역검사 등으로 알 수 있습니다.

12. 폐렴

폐렴은 기관지 아래 세기관지의 더 아래쪽 폐 조직에 공기 중의 바이러스나 세균, 이물질 등이 들어가 염증이 생기는 질환입니다. 아기들은 폐렴으로 자주 병원에 입원합니다.

증상 초기에는 감기 증상으로 가벼운 기침만 보이다가 점차 기침이 심해지고 가래가 끓어 숨 쉬기 힘들어 합니다. 엑스레이를 찍어 진단하는 것이 일반적입니다. 폐렴은 증상이 다양합니다. 가벼운 증상인 경우 입원 치료하지 않고 통원 치료하면서 지켜봅니다.

돌보기
- 처방받은 항생제를 잘 먹입니다.
- 호흡기 질환의 돌보기 원칙에 준해 가습 등 환경 관리를 철저히 합니다.
- 손을 깨끗이 씻고, 독감과 폐구균의 예방접종을 합니다.

13. 요로감염

소변은 콩팥에서 만들어져 요관과 방광을 거쳐 요도를 통해 나옵니다. 이렇게 소변이 나오는 통로에 염증이 생기는 것을 요로감염이라고 합니다. 통로 어디에 염증이 생겼는지에 따라서 신우신염, 방광염, 요도염 등으로 구분합니다. 영아의 경우 남자아이가 여자아이보다 더 자주 걸리고, 영아기 이후에는 요도 길이가 짧은 여자아이에게서 많이 발생합니다.

진단 소변검사를 통해 세균배양검사를 합니다. 세균에 의해 발생한 것이므로 다 나을 때까지 항생제를 복용합니다.

예방법

- 아기의 사타구니를 항상 청결하게 유지해 줍니다. 아기들은 손을 잘 씻지 않고 아래쪽을 자꾸 만져서 세균 오염이 쉽습니다. 그래서 손을 자주 씻어 주는 것이 중요합니다. 사타구니를 씻을 때는 아기의 생식기가 연약하므로 부드럽게 조심해서 씻어야 합니다.
- 통 목욕보다는 흐르는 물에 씻어 주는 것이 좋습니다. 통 목욕을 할 때는 목욕 시간을 15분 이내로 합니다.
- 소변을 참지 말아야 합니다. 적어도 3~4시간 간격으로 체크하고 소변을 볼 수 있게 해줍니다.
- 평소보다 소변의 색이 진하고 횟수가 적다면 아기에게 물을 좀 더 많이 먹여야 합니다.
- 대변을 보고 나서 닦아 줄 때 주의합니다. 남자아이는 뒤에서 앞으로 고환까지 잘 닦아 주고, 여자아이는 앞에서 뒤로 닦아 줍니다. 물을 많이 먹여서 변비를 예방하는 것이 좋습니다.
- 너무 꽉 끼는 옷은 좋지 않습니다. 여자아이의 경우 바지보다 치마가 낫고, 팬티도 면으로 된 헐렁한 것이 좋습니다.

14. 수족구 병

원인 수족구 병은 이름 그대로 손과 발과 입안에 물집이 잡히는 병입니다. 수족구 병을 일으키는 바이러스에 감염되어 걸립니다. 바이러스의 종류는 여러 가지인데, 종류에 따라 증상이 심하기도 하고 덜하기도 하며, 한번 걸렸어도 또 걸릴 수 있습니다.

전염 경로 접촉에 의해 전염됩니다. 공기로도 전염되지만 대개의 경우 손과 입을 통해 바이러스가 몸에 들어가게 됩니다. 바이러스에 전염되어도 잠복기를 지나 4~6일 정도 후에 증상이 나타납니다. 비교적 전염성이 강해 어린이집에서 한 명이 걸리면 다른 아이들도 쉽게 걸릴 수 있습니다. 수족구가 유행하면 법정격리기간이 일주일인데, 되도록 소아과 진찰 결과 괜찮다는 판정을 받고 나서 어린이집에 가는 것이 안전합니다.

증상 열이 나고 입안이 헐어 잘 먹지 못합니다. 전체적으로 열감기와 비슷합니다. 물집이 무릎이나 엉덩이에 잡히기도 합니다. 주로 6개월~4세 사이의 아이들이 잘 걸립니다.

돌보기

- 감기와 마찬가지로 잘 먹이고, 잘 쉬게 합니다. 물을 많이 먹이는 것이 좋습니다.
- 입안이 헐어서 먹는 것을 힘들어 하므로, 따뜻한 음식보다는 차가운 아이스크림이나 밀크셰이크, 빙수 같은 것을 먹입니다. 차가운 음식은 통증을 줄여주는 효과가 있기 때문입니다. 설사만 하지 않으면 찬 음료가 열을 떨어뜨리고, 탈수를 예방하는 데 좋습니다.
- 밥보다는 부드러운 죽이 좋으며, 자극적인 음식을 피하고 담백한 음식을 먹입니다. 주스 같은 것을 먹일 때 신맛은 피합니다. 우유, 주스, 물 등은 컵으로 주고, 안 먹으면 숟가락으로 떠먹입니다.
- 아기가 못 먹어서 탈수 증상이 올 수도 있습니다. 생후 12개월 미만의 아기는 8시간 이상 소변을 보지 않을 때, 12개월 이상의 아기는 12시간 이상 소변을 보지 않을 때 병원을 방문하는 것이 좋습니다.

예방법 수족구 병은 예방접종이 없습니다. 유일한 예방은 수족구 병에 걸린 아이와 접촉하지 않는 것입니다. 수족구가 유행할 때는 외출을 삼가고, 손발을 자주 씻고, 세수와 양치질을 잘해야 합니다.

15. 열성 경련

증상 열성 경련은 열이 날 때 일으키는 경기입니다. 고열 상태에서 의식이 없어지면서 눈이 조금 돌아가고 좌우대칭으로 손발을 약간씩 탁탁 떨면서 뻣뻣해집니다. 보통 1~2분에서 15분 정도 경련을 하며 여자아이보다 남자아이에게서 더 흔하게 발생합니다. 생후 9개월에서 5세 사이에 자주 발생하고, 5세 이후에는 줄어듭니다. 가장 많이 발생하는 시기는 생후 14~18개월입니다. 간혹 경기라고 말하는 경련은 대부분 열성 경련입니다.

만약 열이 없이 경련이 5분 이상 계속되거나, 15초 이상 숨이 멈추거나, 몸의 한 부분이 경련을 일으킬 때, 24시간 이내에 2회 이상의 경련을 할 때, 머리를 다친 후에 갑자기 경련을 일으킬 때는 119를 불러 응급실에 가야 합니다. 경련을 하는 도중에 응급실에 가는 것은 위험하므로, 일단 경련이 멎기를 기다리며 119를 부르는 것이 안전합니다.

돌보기

- 아기가 경련을 일으키면 당황하지 말고 아기를 눕힌 후 옷을 벗기고 지켜봅니다. 간혹 경련을 할 때 아기의 손발을 붙잡거나 주무르는 경우가 있는데, 이것은 위험한 행동입니다. 경련을 멈추기를 기다리다가 아기가 토하면 고개를 옆으로 돌려주어 기도가 막히지 않게 해주는 것이 중요합니다.
- 경련 후에는 아기가 쥐죽은 듯 조용히 잠을 잡니다. 대부분 이런 양상을 보이

니 걱정하지 말고 재우면 됩니다.
- 경기를 한 아기를 안정시키기 위해 기응환이나 청심환을 먹이는 경우가 있는데, 이것은 위험한 행동입니다. 경련을 할 때는 아무것도 먹이지 말고, 지켜보는 것이 가장 좋습니다.
- 열성 경련은 재발이 잘됩니다. 그러므로 평소에 열이 오르는지 자주 확인하고, 미지근한 물수건으로 닦아 주는 등 열 관리를 하는 것이 좋습니다.
- 반복되는 경련이 있을 때에는 뇌파검사 등 정밀 검사를 통해 다른 질환이 있는지 확인해 봅니다.

16. 일광화상

아기는 자라면서 활동량이 많아지고 바깥 활동을 자주 하게 됩니다. 그러나 대기오염이 심해지고 오존층이 파괴되면서 자외선으로 인한 피부 질환이 생길 위험이 높으므로 피부 관리가 필요합니다. 요즘에는 비타민 D 합성을 위해 햇볕 아래 광합성하는 것을 권하지 않으며, 남녀노소 비타민 D를 영양제로 먹을 것을 권합니다.

증상 일광화상은 햇볕에 노출되어 피부가 발갛게 타서 아파하는 증상입니다. 햇볕이 가장 강한 오전 10시부터 오후 3시 사이에는 외출을 자제하고, 아기가 노는 중간 중간에 물을 자주 먹여야 합니다.

돌보기
- 아기의 체온을 유지하기 위해 느슨한 옷을 입힙니다.
- 향이 없는 보습크림을 발라 줍니다. 로션에 알코올 성분이 함유되어 있는지 확인하고, 알코올 성분이 있는 것은 사용하지 않습니다.

- 아기를 서늘한 물로 목욕시키거나 깨끗한 가제를 차가운 물에 적셔 화상 부위를 덮어 주면 화끈거림이나 따가움을 줄이는 데 도움이 됩니다.
- 피부가 빨갛게 되고 수포가 생길 정도로 올라와 아기가 힘들어 한다면 추가 염증이 생기지 않도록 관리해야 합니다.
- 수포가 생겼다면 터지지 않게 주의합니다.
- 일어난 각질 피부층을 일부러 벗겨내지 않도록 합니다.
- 아기가 통증과 염증이 심해 아파하면, 병원에 가서 브루펜 시럽 같은 약을 처방받는 것도 방법입니다. 이는 통증과 염증에 도움이 됩니다.

17. 천식

천식은 알레르기에 의해 생기는 대표적인 질병입니다.

알레르기의 의미

알레르기는 우리 몸을 건강하게 유지하기 위해 나타나는 반응이 지나친 것을 말합니다. 예를 들어, 먼지가 몸에 들어왔을 때 기침을 해서 이것을 몸 밖으로 나가게 하는데, 한두 번의 기침과 재채기로 끝나지 않고 지나치게 기침을 하는 것이 알레르기입니다.

알레르기로 나타나는 질병

천식을 포함해서 두드러기, 결막염, 비염, 태열, 음식 알레르기 등이 있습니다. 알레르기는 유전적 성향이 있다고 밝혀졌는데, 엄마, 아빠가 알레르기가 있으면 아이도 알레르기가 있을 확률이 50~70% 됩니다.

천식은 갑자기 발작하여 기침을 하다가 숨 쉬기 힘들어지는 것입니다. 천식을 갖고 있는 아기는 기관지가 무척 예민하다고 보면 됩니다. 그러니 자극되지 않도록 환경 조성을 하고 건강 관리를 해야 합니다.

천식을 일으키는 요인들

흔한 원인으로는 꽃가루, 동물의 털, 집먼지 진드기, 곰팡이 포자, 동물의 비듬, 새의 털과 분비물, 먼지, 우유, 계란, 견과류, 생선, 복숭아, 메밀 등이 있습니다. 이외에 감기를 일으키는 몇몇 바이러스들과 독감, 심한 운동, 달리기, 찬 공기, 찬 음식, 공기 오염, 매연, 연소 가스, 담배 연기, 향수, 페인트나 신나 등의 냄새, 아스피린, 페니실린, 스트레스, 흥분, 식도 역류 등도 천식을 일으키는 원인이 됩니다.

돌보기

- 쾌적한 환경을 유지합니다. 기본적으로 먼지와 털이 날리지 않도록 환경을 조성합니다. 개나 고양이 등 털이 있는 동물을 키우지 않습니다.
- 먼지를 쓸거나 터는 대신 진공청소기를 사용하고 걸레로 닦아서 먼지가 날리지 않도록 합니다.
- 곰팡이나 바퀴벌레도 신경 써서 없애야 합니다.
- 카펫 등을 사용하지 말고, 이불은 자주 말립니다. 메밀베개도 먼지가 잘 날리므로 되도록 사용하지 않습니다.
- 가습기를 이용해서 습도를 50~60% 정도 유지해 줍니다. 공기청정기도 사용하면 좋은데, 되도록 창문을 열어 환기를 시키는 것이 좋습니다.
- 집 안에서 담배를 피우면 안 됩니다. 니코틴에 아이가 노출되지 않도록 주의하세요.
- 가장 흔하게 사용하는 천식 치료제는 호흡기를 통해서 흡입하는 약물입니다.

그런데 흡입 약물은 아이가 말을 알아들을 수 있는 나이가 되어야 쓸 수 있습니다. 기구를 사용할 때는 오염되지 않도록 청결을 유지합니다.

18. 가와사끼 병

이 병은 주로 5세 미만의 영유아들에게 발생하는 질환으로 열이 나는 것이 특징입니다. 원인은 정확히 알려지지 않았으나 환자의 약 20% 정도는 심장의 근육과 동맥에 염증을 일으켜 심장에 손상을 입힐 수 있습니다.

증상 고열, 모양이 일정하지 않은 피부 발진, 손발 부종, 안구 결막의 충혈, 입술이 붉어짐과 균열, 딸기 모양의 혀, 목 림프절이 부어오르는 등의 증상이 나타납니다.

치료법
- 입원해서 증상을 완화시키는 치료를 받아야 합니다. 면역글로불린을 맞고 아스피린 제제를 맞습니다.
- 심장초음파를 통해 심장에 증상이 나타났는지 확인하고 적절한 처치를 합니다. 열 등의 증상을 완화시키는 치료와 함께 면역 치료를 받는 것입니다.
- 주의할 것은 생백신으로 하는 예방접종은 면역치료 후 11개월 후에 가능하므로, 반드시 병원에 이야기해야 합니다.

할머니·엄마·아기가 행복해지기 위한 지혜 ⑦
영유아 검진

2007년 11월부터 국가에서 영유아를 대상으로 시기를 나누어 4개월부터 71개월까지 모두 7번에 나눠 검진을 받도록 하고 있습니다. 아기의 검진은 주로 문진표를 작성하여 아기의 발달이 정상적인지 체크합니다. 또한 의사의 시진, 청진, 신체 계측, 상담 등을 합니다.

검진 방법
❶ 동네 보건소에서 검진 가능한 병원을 확인하고 미리 예약하여 방문합니다.
❷ 문진표는 아기의 부모가 미리 작성하면 좋습니다. 건강보험관리공단 홈페이지에 들어가 '영유아건강검진란'을 찾아 문진표를 작성하세요. 회원 가입을 해 두면 병원에서도 그 결과를 볼 수 있습니다.
❸ 보건소에서 건강 교육도 함께 받을 수 있습니다. 주로 안전사고 예방, 영양, 수면에 대해 교육을 받습니다.
❹ 9~12개월에 2차 영유아 검진이 있습니다. 1차처럼 아기의 성장 발달을 체크하는 문진표를 작성해서 확인하고, 문진과 진찰, 신체 계측, 건강 교육으로 진행됩니다. 건강 교육 시에는 구강 관련 교육이 추가됩니다. 젖니가 본격적으로 나오는 시기라 구강 관리에 대한 교육이 이루어지고 상담도 가능합니다.

PART 4

예방접종 놓치지 말자

기본 예방접종

예방접종은 아기에게 생길 수 있는 치명적인 질환을 예방해서 소중한 아기의 건강을 지키는 든든한 지킴이입니다. 질병관리본부에서 운영하는 예방접종도우미 사이트(nip.cdc.go.kr)가 있어 접종 시기, 주의 사항 등 많은 정보를 공유할 수 있습니다. 예방접종에는 기본접종과 권장접종이 있는데 2015년에 총 14종의 기본접종이 정해져 보건소나 지정의료기관에서 무료로 접종이 가능합니다. 거의 모든 접종이 기본접종에 포함되나, 결핵(경피용)과 로타바이러스는 자기부담을 해야 하는 권장접종에 해당됩니다.

> **예방접종 하러 가기 전, 이것만은 꼭 체크하세요!**
>
> - 접종 전 아기의 상태를 체크합니다. 아침에 아기의 체온을 확인하여 건강 상태가 양호할 때 접종하는 것이 좋습니다.
> - 아기 수첩(예방접종 수첩)을 꼭 챙겨 가세요.
> - 예방접종 시기는 태어난 날을 기준으로 하여 만 개월수로 계산합니다.
> - 예방접종 후 당일에는 목욕을 하지 않습니다. 목욕은 전날 하고 편안한 옷을 입힙니다.
> - 아기의 상태를 꼼꼼히 아기 엄마에게 물어보고, 궁금한 것은 미리 메모해 가면 빠뜨리지 않고 조목조목 물어볼 수 있습니다.
> - 가능하면 증상을 지켜볼 수 있게 오전에 접종합니다.
> - 당일 맞을 예방접종의 이름과 몇차 접종인지 확인하고 가서, 맞히기 전에 아기 이름을 다시 확인하면 좋습니다.
> - 예방접종 날짜는 며칠 정도 융통성 있게 생각해도 괜찮습니다. 상황이 안 좋으면 항상 다니는 소아과에 전화하여 예방접종 날짜를 미루거나 당기는 것 등에 관해 미리 상담하면, 여러 가지 생길 수 있는 번거로운 일들을 피할 수 있습니다.
> - 예방접종은 꼭 아기가 태어난 병원에서 할 필요는 없습니다. 집 근처 다니기 편한 병원이 있거나 육아 상담을 잘해 주고 말이 통하는 소아과 전문의가 있다면 그 병원을 꾸준히 다니는 것이 좋습니다.

신생아 한달 이내 예방접종

한달 이내의 신생아는 2가지 접종을 하는데, B형간염과 BCG 접종입니다. 태어나자마자 B형간염 1차를 맞고, BCG는 한달 이내에 맞습니다. B형간염과 BCG 접종 간격은 큰 상관은 없으나 보통 1주 정도가 적당합니다.

1. B형간염

아기가 태어나고 한달 이내에 접종해야 합니다.

접종 시기 태어나자마자 1차 접종, 만 1개월에 2차 접종, 만 6개월에 3차 접종.

접종 방법

- 엄마가 간염보균자일 경우 태어난 지 12시간 이내에 B형간염 1차 접종과 함께 B형간염 면역글로불린을 접종합니다. 이 면역주사는 B형간염과 바로 싸워 견딜 수 있는 힘을 가진 병사를 지원해 주는 것입니다.
- 항체검사는 3차 접종 후 3개월 정도 지나서 피를 뽑아 검사를 합니다. 약 9~15개월 정도에 검사를 하는데, 이때 검사하는 것이 가장 정확합니다. 너무 늦게 할 경우 항체가 생겼다가 다시 음성으로 나올 수 있기 때문입니다. 한번 항체가 생긴 사람은 면역성이 있는 것으로 보면 됩니다.
- 아이가 B형간염 보유자일 경우 보육시설에 보내는 것을 염려하는 분들이 있는데, 이것은 걱정하지 않아도 됩니다. B형간염은 공기나 물, 음식물을 통해서 옮지 않기 때문입니다.

2. BCG

BCG는 결핵을 예방하기 위한 백신입니다. 최근 결핵환자들이 늘어나는 추세이므로 반드시 접종해야 합니다.

접종 시기 출생 후 4주 이내

접종 방법 경피내(도장) 접종, 피내(일반) 접종, 두 종류가 있습니다. 왼쪽 어깨 부위에 접종합니다. 엉덩이에 접종하면 안 됩니다. 피내 접종은 기본접종으로 무료이지만 경피내 접종은 자기부담 비용이 있습니다. 둘 중에 무엇을 맞힐 것인지 고민을 많이 하는데, 결핵 예방 효과는 같습니다. 차이가 있다면, 경피내 접종이 흉터가 덜 생긴다는 점입니다.

접종 후 주의 사항

- 접종 부위가 곪는 경우는 그냥 두면 됩니다. 소독하거나 반창고, 가제 등으로 덮어 두지 마세요. 너무 아파하거나 열이 나는 경우는 진료를 받아 보는 것이 좋습니다.
- 겨드랑이나 목 부위에 몽우리가 만져지는 경우도 있는데, 그냥 두면 대부분 몇 달이 지나 자연스럽게 없어집니다.

1~3개월 된 아기의 예방접종

1. DPT 백신

DPT는 디프테리아(Diphtheria), 백일해(Pertussis), 파상풍(Tetanus)이 혼합된 백신입니다.

`접종 시기` 기초 접종을 생후 2, 4, 6개월에 3회 맞힌 후 추가 접종은 생후 15~18개월과 4~6세 사이에 합니다. 11~12세에 파상풍만 한 번 더 맞히고, 이후 10년마다 파상풍 주사를 맞힙니다.

`접종 방법` 첫 돌 전에는 다리의 대퇴부 앞쪽 외측에 하고, 첫돌이 지나면 어깨 부위(삼각근)에 접종합니다. 엉덩이에는 접종하지 않습니다. 접종 후 수 초간 가볍게 눌러 주면 됩니다.

접종 후 주의 사항

- 접종 부위가 붓고 뜨끈뜨끈해지며 가렵기도 합니다. 또한 열이 나서 보채고, 일시적으로 처지기도 합니다.
- 드물게는 경련을 일으키기도 하므로 접종하고 난 후에는 아기를 주의 깊게 관찰해야 합니다.
- 되도록 오전에 접종할 것을 권합니다. 접종하면서 열에 관해 처방을 받고 주의 사항을 들은 후 밤에 열이 나면 처방받은 대로 먹이고 지켜봅니다. 대체로 접종 후 발생한 열은 하루 이틀 지나면 좋아집니다.
- 계속 열이 나면 해열제만 먹이지 말고 진찰을 받아 보는 것이 좋습니다. 백신과 상관없이 감기 등 다른 질환에 노출되어 열이 날 수도 있기 때문입니다.

2. 폴리오(소아마비)

소아마비 백신은 예전에는 경구용으로 한 방울씩 입에 떨어뜨려 먹였으나 최근에는 모두 주사로 접종합니다. 기초 접종은 생후 2, 4, 6개월에 하고, 추가 접종은 4~6세에 합니다. 소아마비는 대체로 DPT 백신과 함께 접종합니다.

예방접종, 이것이 궁금해요!

Q 감기에 걸렸는데 예방접종을 해야 하나요?

A 감기에 걸렸어도 증상이 가벼운 경우에는 예방접종을 할 수 있습니다. 전문의의 진찰을 통해 결정하면 됩니다. 그리고 감기에 걸렸다면 접종하러 가서 반드시 의사에게 이야기합니다.

Q 접종 날짜를 놓쳐서 늦어지면 어떻게 해야 하나요?

A 가능하면 제 시기에 접종하는 것이 가장 좋습니다. 늦어진 경우에는 가능하면 빠른 시일 내에 이어서 계속 맞히면 됩니다. 우리 몸은 이전에 접종했던 정보를 기억하고 있기 때문입니다.

Q 한꺼번에 여러 종류를 접종해도 되나요?

A 괜찮습니다. 동시 접종을 하게 되면 안쓰러운 마음에 나눠서 맞히겠다고 하는 분들도 있는데, 한꺼번에 여러 가지, 심지어 5가지를 접종하는 경우도 있으니 크게 염려하지 않아도 됩니다.

Q 주사 맞은 곳을 싹싹 문질러 줘야 약이 잘 흡수되는 건가요?

A 아닙니다. 너무 문지를 경우 흡수가 잘 되기보다 오히려 접종약이 근육 등에 손상을 줄 수 있기 때문에 수초 간 살살 문지르다가 잠시 눌러 주면 됩니다.

3. 히브(뇌수막염)

히브는 b형헤모필루스균에 의한 뇌수막염, 패혈증, 폐렴 등을 예방하기 위한 접종입니다. 기본 접종은 2, 4개월에 하고, 추가로 만 12~15개월에 접종합니다. 제품에 따라 기본 접종을 2, 4, 6개월에 나눠 하기도 합니다.

4. 폐구균

폐구균은 패혈증, 뇌수막염, 폐렴, 중이염 등을 일으키는 균으로 폐구균 접종은 폐렴이나 중이염보다 패혈증과 뇌수막염 등 심각한 병을 예방하는 데 효과가 있습니다. 기본 접종은 생후 2, 4, 6개월에 하고, 추가로 만 12~15개월에 합니다.

5. 로타바이러스 백신(권장접종)

로타바이러스 백신은 두 종류가 있는데, 두 번 접종하는 1가 백신인 '로타릭스'와 세 번 접종하는 5가 백신인 '로타텍'입니다. 로타릭스는 2개월과 4개월에 접종하며, 로타텍은 2, 4, 6개월에 접종합니다.

로타 장염은 전염력이 강해, 예방접종을 권합니다. WHO에서는 2009년부터 전 세계 모든 국가들에게 기본 접종에 포함시킬 것을 권고하고 있습니다.

4~6개월 된 아기의 예방접종

이 시기의 예방접종은 모두 2차, 3차 예방접종입니다.

월령	예방접종
4개월	DPT 2차, 폴리오 2차, 히브 2차, 폐구균 2차
6개월	DPT 3차, 폴리오 3차, B형간염 3차, 히브 3차, 폐구균 3차

10개월 이후 아기의 예방접종

홍역, 수두, 볼거리, 풍진 등은 쉽게 전염된다는 점에서 조부모가 잘 알고 있어야 합니다. 예방접종이 중요하며, 전염되지 않도록 각별한 보살핌이 필요합니다.

월령	예방접종
10~12개월	MMR 1차, 수두, A형간염, 히브 추가, 폐구균 추가, 일본뇌염

1. MMR

MMR은 홍역, 유행성이하선염(볼거리), 풍진을 예방하기 위한 예방접종입니다.

12~15개월 사이에 1차 접종을 하고, 2차 접종은 만 4~6세에 합니다. 이 접종은 초등학교 입학할 때 접종 확인시를 제출해야 하므로, 접종했다는 확인서를 꼭 받아 놓습니다.

홍역의 전염 경로 홍역 환자가 기침하면서 튀어나오는 분비물 혹은 환자가 만진 물건 등을 만져서 옮게 됩니다. 예방접종 전인 경우 홍역에 걸릴 확률이 90%인 만큼 전염력이 높습니다. 그렇기 때문에 아기가 홍역에 걸리면 다른 사람한테 옮기지 않도록 외출을 자제해야 합니다. 그리고 집에서 감기 환자를 돌보는 것과 똑같이 돌보아야 합니다. 다행히 홍역은 한 번 앓고 나면 평생 면역이 생깁니다.

홍역의 증상 처음에는 기침과 콧물을 동반한 감기처럼 오다가 3~5일이 지나면서 갑자기 열이 나고 몸에 발진이 돋습니다. 발진은 목, 귀 뒤, 뺨의 뒷부분에서 시작되어 곧 얼굴로 퍼지면서 하루 정도 지나면 팔과 가슴까지 퍼집니다. 그 다음 배와 등으로 퍼져 점점 허벅지로 내려갑니다. 이런 식으로 이틀에서 사흘 사이에 온몸으로 열꽃이 퍼져 발바닥까지 이르다가 점점 열이 떨어지고 회복되기 시작합니다. 열꽃은 10일 안에 보통 사라집니다.

홍역의 전염 시기 전염되는 것은 발진이 나타나기 전부터입니다. 발진이 사라진 후에는 전염성이 없기 때문에 유치원이나 학교에 보낼 수 있습니다.

2. 수두

수두는 2005년부터 기본접종이 되었습니다. 온몸에 심하게 가려운 물집이 생기는 병으로 전염력이 매우 높습니다.

접종 시기 수두는 만 12~15개월에 1회 접종하는 생백신입니다. MMR도 생백신이므로 같이 접종하기도 합니다. 같이 하지 않을 경우 한달간의 간격을 두고 접종합니다.

전염 경로 수두 환자가 기침할 때나 말할 때 침 등의 분비물과 함께 나오는 바이러스에 접촉되어 걸리게 됩니다. 수두는 물집이 잡히기 전부터도 전염되고, 물집의 진물 등을 통해서도 전염됩니다. 물집이 생기고 3~7일이 지나 딱지가 앉을 때까지 외출하면 안 됩니다. 그래서 학교나 유치원에 가는 아이들은 보통 딱지가 전부 앉을 때까지 일주일 정도 쉬어야 합니다.

수두 예방접종을 하지 않은 상태에서 수두 환자와 접촉했을 경우, 접촉 후 3일 이내에 예방접종을 하면 수두에 걸리지 않거나 걸리더라도 살짝 앓고 지나갑니다.

---

tip 병원에서 예방접종 할 때, 이것만은 꼭 알아두세요!

- 아기의 관심을 다른 곳으로 돌리고 안심시킵니다. 접종 후에는 살짝 눌러 주는 것으로 충분합니다.
- 놀란 아기를 안정시키기 위해 부드럽게 어루만지고, 눈을 바라보며 따뜻한 말로 달래 줍니다.
- 약 20분 정도 소아과에서 아기의 상태를 관찰한 후 집에 갑니다.
- 접종 후 집에서 열이 날 것을 대비하여 해열제를 처방받는 것이 좋습니다. 언제 먹일지, 얼마나 먹일지 정확히 확인하면 집에서도 당황하지 않고 대처할 수 있습니다.
- 접종 부위가 붓더라도 심하지 않으면 걱정하지 마세요. 부은 부위에 찬 물수건을 살짝 올려놓으면 도움이 됩니다.
- 집에 와서 아기가 잘 쉴 수 있도록 환경을 조성해 주세요. 약 3일 정도는 관심을 갖고 몸에 발진이 생기는지, 열이 나거나 경련 등의 증상이 있는지 관찰하고, 이런 증상이 있을 때는 바로 병원에 가야 합니다.

수두에 걸린 아기 돌보기

- 집에서 돌볼 때는 충분히 쉬게 하는 것이 좋습니다.
- 손을 자주 씻고, 손톱을 짧게 깎아 줍니다. 긁어서 생기는 추가 상처를 예방하기 위함입니다. 손에 싸개를 씌우는 것도 방법입니다.
- 땀이 차고 지저분하면 더 가렵습니다. 가볍게 목욕을 하는 것도 가려움을 완화시키는 데 도움이 됩니다. 많이 가려워하면 찬 물수건을 대주는 것도 괜찮습니다.
- 분홍색 약을 피부에 바릅니다.
- 수두가 입안에도 생길 수 있습니다. 이때 많이 아플 수 있으므로 시원한 얼음 조각을 입에 넣어 주거나 아이스크림을 먹이면 좋습니다.
- 시고 짠 음식은 피하고, 부드러운 음식을 먹입니다.
- 간혹 외음부 생식기 쪽에 수두가 생겨 소변 볼 때 아플 수 있는데, 이때는 타이레놀을 주고 바세린을 바르면 완화됩니다.
- 직사광선은 수두를 더 심하게 만들고 아프게 하니 햇볕에 노출되지 않도록 하고, 외출할 때는 긴팔 옷을 입힙니다.

3. A형간염

접종 시기 A형간염은 돌 이후 1차 접종을 합니다. 1차 접종 후 6~12개월 후에 2차 접종을 하면 99% 이상 예방 효과가 있습니다.

전염 경로 A형간염은 오염된 음식이나 먹는 물 등을 통해 전염됩니다. 갑작스럽게 바이러스가 간을 공격하여 구토, 발열, 황달 등 다양한 증상을 일으킵니다. 개인 대 개인의 직접적인 접촉을 통해 가장 흔하게 전염되는 질환입니다.
A형간염은 만 6세 미만의 아이들이 걸리면 별다른 증상이 없이 모르고 지나가

는 경우가 많습니다. 오히려 어른들이 걸리면 심하게 앓고 후유증도 심각하게 남습니다.

4. 일본뇌염

접종 시기 일본뇌염은 생백신과 사백신이 있습니다. 생백신은 2회 접종하며, 사백신은 3회 접종합니다. 사백신은 1~2세 사이에 1~2주 간격으로 2회 접종하고, 1년 후에 다시 접종하며 6세와 12세에 추가 접종을 합니다. 생백신은 만 1~2세 사이에 1회 접종하고, 1년이 지나면 2회 접종을 합니다.

예방법 일본뇌염은 일단 걸리면 치명적이기 때문에 무엇보다 예방이 중요합니다. 우선 모기에 물리지 않도록 주의합니다. 모기장을 잘 치고, 모기향도 사용합니다. 모기가 왕성하게 활동하는 아침, 저녁에는 외출하지 않고, 외출할 때는 긴팔 옷을 입힙니다.

PART 5

안전 365일
응급 처치

응급 처치의 기본은 사고 예방입니다. 그러나 사고는 눈 깜짝할 사이에 일어납니다. '잠깐이면 괜찮겠지'라는 생각이 큰 사고로 이어질 수 있습니다. 피할 수 없는 상황이 발생했을 때는 당황하지 않고 대처하는 것이 가장 중요합니다.

영아돌연사증후군

영아돌연사증후군은 건강하고 멀쩡하던 아기가 아무 이유 없이 갑자기 사망하는 증후군을 말합니다. 대부분 생후 1~4개월 사이에 많이 발생하며, 주로 밤 10시에서 오전 10시 사이에 일어납니다. 원인은 정확하지 않으나, 아기의 뇌에 문제가 있거나 발육이 부진한 경우를 원인으로 꼽을 수 있으며, 이는 엎드려 자거나 담배 연기를 마시거나 일시적으로 혈압이 떨어지는 등의 상황에서 발생합니다.

예방법

아기를 똑바로 눕혀 재워요

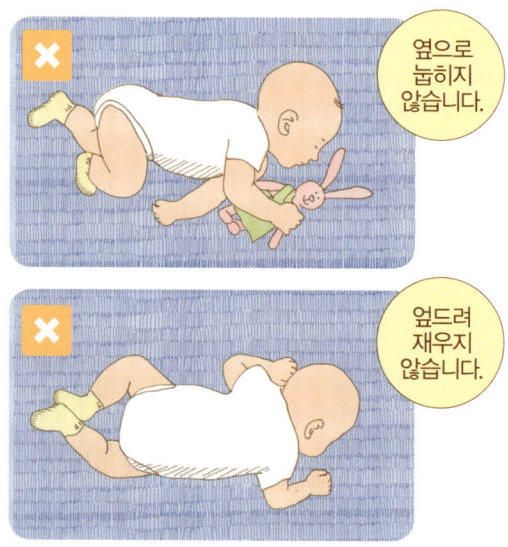

서구에서는 잠자는 동안 구토로 인한 질식을 피하기 위해 아기를 엎드려 재우는 경우가 흔했습니다. 그런데 똑바로 눕혀 재우는 것이 영아돌연사증후군을 감소시킨다고 알려지면서 미국 등 8개국은 '똑바로 눕혀 재우기' 캠페인을 벌여 영아돌연사증후군을 40~70% 감소시켰습니다.

산모는 담배를 피우지 않아요
임신 중 산모의 흡연이 많을수록 영아돌연사증후군의 위험이 높아집니다. 부모 모두가 담배를 피울 경우는 엄마가 혼자 피울 때보다 영아돌연사증후군의 위험을 2배 이상 증가시킵니다. 출산 후의 흡연도 영아돌연사의 위험을 매우 높이는 요인임을 명심하고 가족 모두가 흡연을 하지 않아야 합니다.

푹신한 잠자리를 피하고 적당한 실내 온도를 유지해요
아기를 푹신한 침구나 소파 위에 재우지 않고, 얼굴이 쿠션이나 이불에 묻히지 않도록 합니다. 방 안 온도가 너무 높으면 수면과 호흡이 일정하지 않아 영아돌연사증후군이 발생할 수 있으니 적당한 온도를 유지합니다.

같은 방에서 자되 다른 침대나 이불을 사용해요
같은 방에서 자면 건강 상태 등을 빨리 확인할 수 있습니다. 단, 이부자리는 따로 써야 합니다. 특히 약물을 복용했거나 술을 마셨다거나 지나치게 피곤할 때는 같은 침대에서 아기와 함께 자지 않도록 합니다.

모유 수유
아기는 모유를 먹이는 것이 좋습니다. 모유는 엄마가 아기에게 줄 수 있는 최고의 안전식품이며, 아기의 면역력을 높입니다. 모유 수유가 영아돌연사증후군의 발생

빈도를 줄여 준다는 연구 결과가 발표된 적도 있습니다. 되도록 아기 엄마가 아기에게 모유 수유를 할 수 있도록 편안한 환경을 만들어 주는 것이 필요합니다.

흔들린 아기 증후군

아기를 심하게 흔들거나 높이 들어 흔들면 생기는 질병으로 뇌출혈이나 늑골 골절 등을 유발하는 것을 말합니다. 일단 진단되면 30%가 사망하며 생존할 경우에도 60%는 실명, 마비, 정신박약, 성장장애, 간질 등 후유증이 생깁니다. 특히 2세 이하의 영유아가 울거나 보챌 때 달래기 위해 심하게 흔들거나 높이 흔들면 뇌출혈이 발생할 수도 있습니다. 많이 흔들어 안는 행동, 아기를 안고 세게 도는 행동, 던져서 받는 행동 등은 위험합니다.

월령별로 살펴보는 사고 유형과 안전 예방법

1~3개월

아기 보호 누워 있는 아기 위로 아이들이 뛰어다니면 아기를 밟을 수 있습니다. 어른이 없는 방에 아기 혼자 있지 않도록 합니다.

기도가 막혔을 때 의식이 있으면 기침을 하도록 합니다. 기침을 할 수 없다면 아기의 등 뒤에서 허리를 팔로 감고 주먹 쥔 손을 아기의 명치 아래에 놓고 빠르게 위로 밀쳐 올리는 '하임리히법'을 계속 반복합니다. 1세 이하 영아는 아기의 얼굴이 아래로 향하도록 한 후 손바닥으로 아기의 견갑골(어깨뼈) 사이의 등을 5회 정도 두드립니다. 또 앞으로 돌려 가슴 한가운데를 5회 압박합니다. 혹시 입안에 이물질이 있으면 제거합니다.

영아가 의식을 잃었을 때의 응급 처치

1세 이하의 영아가 의식을 잃었다면 당황하게 됩니다. 이때 마음을 차분히 가라앉히고 응급 처치를 해야 합니다.

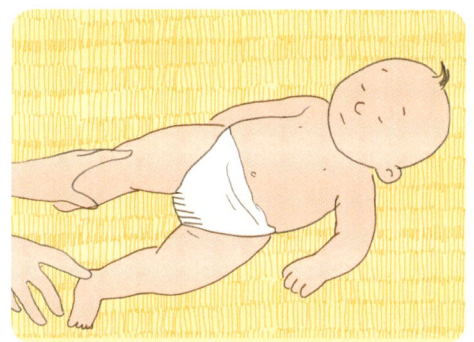

❶ 손가락으로 발바닥을 건드려 상태를 확인한 후 119에 신고합니다.

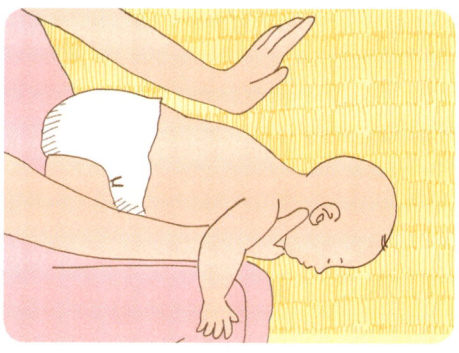

❷ 얼굴을 아래로 향하게 한 뒤 손 뒤꿈치로 등을 5회 압박합니다.

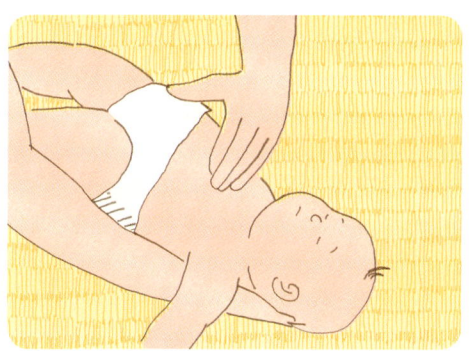

❸ 아래로 머리를 기울인 채 가슴 중앙을 약 4cm 깊이로 5회 압박합니다.

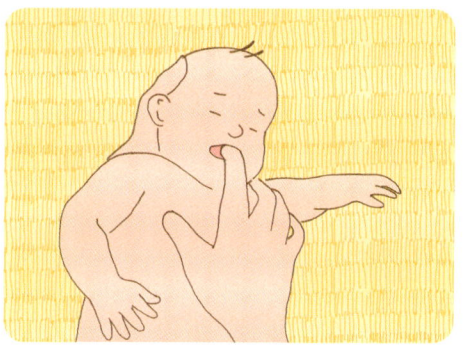

❹ 이물질이 나왔는지 확인 후, 등 압박과 가슴 압박을 반복 시행합니다.

4~6개월

- 계단이나 침대, 소파 아래로 떨어지더라도 충격을 줄일 수 있도록 매트를 깔아 놓습니다.
- 뾰족한 모서리에 다칠 수 있으므로 가구 모서리에 보호 덮개를 씌워 둡니다. 그림책, 장난감 등은 모서리가 둥근 것으로 하고, 안전용품을 사용합니다.

- 선풍기나 콘센트 구멍에 손가락을 넣어 다칠 수 있으므로 커버를 씌웁니다.
- 위험한 물건은 아기 손이 닿지 않게 치우거나 잘 막아 놓습니다.
- 뜨거운 다리미나 밥솥, 난로 등에 데일 수 있고 기다란 전선 등에도 잘 걸려 넘어지므로 항상 유의해야 합니다.

7~9개월

- 식탁보를 붙잡고 매달리거나 잡아당겨 음식물이나 그릇 등이 쏟아지는 사고가 일어날 수 있습니다. 식탁보는 자락이 길지 않은 것으로 하여 아기가 잡아당기지 못하도록 합니다. 가능하다면 식탁보를 사용하지 않는 것이 가장 좋습니다.
- 목욕탕에서 놀다가 변기나 욕조에 빠질 수 있으니 잠시라도 아기를 혼자 두어서는 안 됩니다. 목욕시키기 전에 미리 목욕용품이나 아기의 옷을 챙겨 두는 것이 좋습니다.
- 베란다에 놀이 매트를 깔아 놀이방을 만들어 주는 경우가 많은데, 이는 매우 위험한 행동입니다. 보이지 않는 바깥세상이 늘 궁금하고 호기심이 많은 아기가 바깥을 보려다가 추락하는 사고가 일어날 수 있기 때문입니다. 베란다에는 놀이방을 만들지 않는 것이 좋으며, 아기가 노는 장소에는 발을 딛고 설 만한 물건 등을 치웁니다.
- 세제, 독성물이 담겼던 빈 병, 연고, 크림 등은 아기 손에 닿지 않도록 높은 곳에 둡니다.

10~12개월

- 아기는 창문 등에 다는 블라인드의 조정 끈을 가지고 놀기를 좋아합니다. 블라인드 조정 끈은 되도록 아기 손이 닿지 않는 높이에 고정해 두세요.

- 화장품이나 약품은 아기가 함부로 먹을 수 있으니 잠금장치가 있는 상자나 높은 선반 위에 보관하세요.
- 가구의 모서리와 튀어나온 손잡이에 부딪힐 수 있으니, 모서리가 둥글게 처리된 가구를 사용하고 그렇지 않으면 모서리에 보호 덮개를 씌워 주세요. 만약 덮개가 떨어졌으면 더 위험할 수 있으므로 보수 작업을 잘해야 합니다.
- 문이나 서랍을 열어 보다가 손이 끼일 수 있어요. 문과 서랍 틈새에 고무나 보호대를 붙여 문이 완전히 닫히지 않도록 하세요.
- 성인용 침대에서 떨어져 다칠 수 있습니다. 아기를 성인용 침대에 혼자 두거나 재우지 마세요.

tip 보행기와 카시트 사용법

보행기 : 유럽 국가 중에는 보행기가 안전에 문제가 있다고 판단하여 보행기를 금지하는 나라도 있습니다. 해마다 보행기를 타다가 가구에 부딪히거나 전복되는 사고가 일어납니다. 보행기를 구입했다면 아기가 허리를 가누는 5개월 이후 이유식 먹일 때나 집안일 할 때 잠깐 사용하고, 아기를 장시간 앉히지 않도록 합니다.

카시트 : 가까운 거리라도 반드시 카시트에 태워 이동해야 합니다. 어른이 안고 탈 경우 사고가 나면 어른의 무게가 아기에게 쏠려 더 크게 다칠 수 있습니다. 또한 돌 혹은 만 2세까지는 카시트를 후방 장착합니다. 즉 아기가 뒤를 바라보고 앉도록 설치하는 것입니다. 이렇게 하면 아기의 머리와 목과 허리 등에 가해지는 충격이 감소합니다. 아기가 싫어하더라도 마음 약해지지 말고 카시트에 태우는 습관을 들이도록 합니다.

13~15개월

- 탁자 위에 있던 물건이 떨어져서 아기에게 충격을 가할 수 있습니다. 탁자 위

에 위험하거나 무거운 물건, 쉽게 움직이는 물건 등을 올려두지 않습니다.
- 베란다에 발을 딛고 올라갈 수 있는 의자나 박스, 화분 등은 두지 마세요. 베란다에서 떨어질 수 있습니다.
- 아기는 작은 장난감이나 물건을 코나 입에 집어넣을 수 있습니다. 특히 단추, 동전 등은 아기가 쉽게 삼키므로 위험합니다. 바닥에 굴러다니는 동전이나 장난감 부품, 쓰레기 등이 없는지 잘 살펴보세요.

> **tip 낙상 사고**
>
> - 아기 혼자 침대에 올려두어서는 안 됩니다. 잠깐 한눈파는 사이에 아기가 떨어져서 다치는 경우가 생기기 때문입니다. 대부분 어른이 전화 통화할 때나 화장실 다녀올 때 이런 사고가 일어납니다.
> - 가급적 위험한 물건은 손이 닿지 않는 곳에 놔두는 것이 안전합니다. 가위, 송곳, 볼펜, 핸드폰, 뜨거운 음식 등은 아기의 얼굴에 떨어지면 크게 다칠 수 있으니 조심해야 합니다.
> - 아기를 높이 들었다 받는 놀이는 하지 않습니다. 조부모의 경우 손목의 힘이 약해져서 아기를 떨어뜨리는 사고가 일어날 수 있습니다.

16~18개월

- 밥솥의 증기에 손이나 얼굴을 델 수 있습니다. 작동 중인 밥솥은 아기의 손이 닿지 않는 곳에 안전하게 둡니다.
- 쌓여 있는 냄비나 그릇을 만지다가 넘어뜨려 다칠 수 있습니다. 그러므로 싱크대 문은 아기가 열 수 없도록 잠금장치를 설치하고, 냄비나 프라이팬은 모서리 부분이 날카롭지 않은지 확인합니다.
- 냉장고 문 아래칸에는 아기 손이 닿을 수 있으므로 아무것도 두지 않습니다.
- 콘센트에 손가락이나 젓가락을 넣어 감전될 수 있습니다. 사용하지 않는 콘

센트에는 안전 덮개를 부착합니다. 안전 덮개가 너무 화려하거나 신기하면 아기가 호기심에 더 만질 수 있으므로 디자인이 단조로운 것이 좋습니다.
- 비닐봉지는 아기가 갖고 놀지 못하게 치워 둡니다. 아기가 비닐봉지 소리를 좋아해서 뒤집어쓰고 놀다가 질식할 위험이 있습니다.

19~21개월

- 아기가 온수에 손을 델 수 있으므로 평상시에는 수도꼭지를 항상 냉수 방향으로 해둡니다. 물을 받아 사용할 때는 찬물을 먼저 받고 온수를 틀어서 온도를 조절합니다.
- 화장실에서 바닥의 물기나 세제, 비누 조각을 밟아 미끄러질 수 있습니다. 바닥에 미끄럼 방지 타일이나 스티커를 사용하면 안전합니다. 그러나 타일이나 스티커가 자주 떨어질 경우 아기의 발에 걸려 더 위험해질 수 있으므로 잘 살펴야 합니다.
- 비누조각이나 샴푸는 사용 후 바로 정리합니다. 세제는 아기의 손이 닿지 않는 곳에 보관하고, 사용 후 다시 한 번 욕실에 물을 뿌려 미끄러지지 않도록 닦습니다.
- 날카로운 물건을 만지다가 손이 베일 수 있습니다. 면도기나 칼, 가위 등은 아기의 손이 닿지 않는 곳에 보관하고 잠금장치를 설치합니다.

22~24개월

어깨·팔이 빠졌을 때 팔꿈치는 만 3세 전후로 잘 빠집니다. 이때는 팔을 고정시킨 후 병원에 가야 합니다. 팔꿈치가 빠지면 자연스레 팔을 구부리고, 팔꿈치가 붓기 전에 얼음찜질을 해주는 것이 좋습니다. 한 번 빠지면 자주 빠질 수 있기 때문에 옷을 입힐 때나 손을 잡을 때 조심해야 합니다.

코피가 멈추지 않을 때 머리를 앞으로 숙인 상태에서 입으로 숨을 쉬고 콧방울 위를 꽉 잡습니다. 말을 하거나 침을 뱉거나 코를 쿵쿵거리면 피가 잘 멎지 않습니다. 10분 정도면 대개 코피가 멎는데 계속 나면 다시 반복하고 그래도 멈추지 않으면 병원에 가야 합니다.

약물·오염 음식·독물을 먹었을 때 한두 컵의 우유나 물을 마시게 하여 독물을 희석시키고 손가락으로 목구멍을 자극해서 토하게 한 후 병원으로 빨리 옮깁니다. 평소에 시럽 형태의 구토 유발제를 구비해 놓는 것이 좋습니다.

섭취에 의한 중독은 대부분 5세 이하의 아이들에게서 자주 일어납니다. 부주의에 의한 사고가 많은 시기입니다.

체온계의 수은을 먹거나 살충제 등을 먹을 경우에는 1시간 이내에 내용물을 위에서 제거하는 것이 중요합니다. 물이나 우유를 마시게 한 다음 병원에 빨리 가야 합니다. 여기서 주의할 것은 암모니아수나 벤젠, 석유나 수은, 산이나 알칼리성 용액은 토하게 하면 안 된다는 것입니다. 이런 용액은 토하는 중에 기도나 폐로 들어가 손상을 입힐 수 있기 때문입니다.

 아기에게 위험한 약품 관리법

- 모든 약품이나 위험한 용품은 아기의 손이 닿지 않는 곳에 보관하고 잠금장치를 합니다.
- 아이들에게 약을 '사탕' 혹은 '맛있는 것'이라고 말하지 않습니다. 어릴 때부터 약은 약이라는 것을 알려 주는 것이 중요합니다.
- 사용 후 남은 약품은 아기가 먹지 않도록 반드시 폐기합니다.

 ## 응급 처치 시 기본 수칙

1. 상처가 났을 때

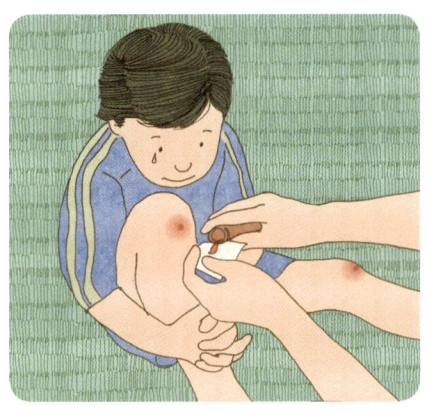

상처 부위를 소독합니다. 과산화수소수나 요오드액을 상비해 두고 아이가 상처를 입으면 즉시 소독합니다.

2. 높은 곳에서 떨어졌을 때

아이를 함부로 옮기지 않습니다. 뼈가 다쳤을 경우 잘못 건드리면 더 위험해질 수 있기 때문입니다. 움직이지 못하도록 한 후 바로 구급차를 부릅니다.

3. 피가 날 때

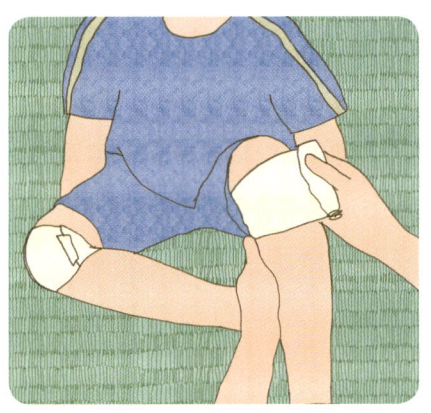

피가 나면 소독된 가제나 깨끗한 천으로 덮고 손으로 압박해 지혈하는 것이 중요합니다. 피를 멈추게 하는 가장 좋은 방법은 압박입니다. 지혈이 되면 소독된 가제를 댄 다음 압박 붕대로 감습니다.

4. 의식을 잃거나 구토, 경련 등의 증상을 보일 때

빨리 응급실로 갑니다. 구급차를 부르거나 사전에 가까운 병원 길을 알아두어 빠르게 병원으로 이동할 수 있도록 합니다. 이렇게 하려면 평소에 아이가 다니는 병원에 가보기도 하고, 냉장고 문이나 잘 보이는 곳에 응급 전화번호와 동네 응급병원 및 의료기관 전화번호, 콜택시 전화번호 등을 메모해 두는 것이 좋습니다.

5. 이물질을 먹었을 때

아기 입에 들어간 동전, 단추, 바둑알 등의 이물질을 빼내려고 하다가 더 밀어 넣을 수 있습니다. 이물질이 눈에 안 보이거나 너무 깊이 들어가 있으면 건드리지 말고 바로 병원에 갑니다.

6. 귀에 이물질이 들어갔을 때

귀에는 물, 벌레, 콩 등의 각종 이물질이 들어갈 수 있습니다. 대부분은 저절로 빠져 나오지만 무리하게 빼내면 외이도나 고막에 손상을 입혀 외이도염, 고막 천공 등의 합병증이 생길 수 있으니 주의하세요.

- **벌레가 들어갔을 때** : 귀에 밝은 불빛을 비추면 벌레가 기어 나오는 경우가 있습니다. 불빛으로도 안 되면 병원에 가서 벌레를 꺼내야 합니다. 예외적으로 바퀴벌레의 경우 어두운 곳을 좋아해 불빛을 비추면 더 안으로 들어갑니다. 머리핀, 성냥개비, 귀이개 등을 사용하는 경우에도 벌레가 더 안으로 들어갈 수 있으므로 주의해야 합니다.

- **물이 들어갔을 때** : 물이 들어간 귀를 아래로 향하게 하여 한발로 서서 뛰면 빠지는 경우가 많습니다. 면봉을 넣고 부드럽게 물기를 닦아 줘도 좋습니다. 물은 대개 저절로 흘러나오기 때문에 무리하게 빼내지 않습니다.

- **콩이 들어갔을 때** : 그냥 두면 습기가 차서 콩이 불어 커지는 경우가 있으므로, 알코올 2~3방울을 떨어뜨려 콩을 줄어들게 하거나 올리브유 등을 넣어 더 부풀지 않게 한 후 병원에 가서 제거합니다. 집에서 여러 도구를 이용하여 꺼내려 하다가 오히려 더 안쪽으로 밀어 넣어 외이도, 고막 등을 상하게 할 수 있습니다.

7. 화상을 입었을 때

- 화상 부위에 수돗물을 흘려보내면서 충분히 식힙니다. 이때 물을 너무 세게 틀면 화상 부위가 더 악화될 수 있으므로 조심해야 합니다.
- 화상 부위가 넓을 때에는 물에 적신 가제를 덮어 통증을 가라앉힙니다.
- 화상 부위에 생긴 물집은 터트리지 않도록 합니다.
- 얼굴, 손, 발 등에 화상을 입었을 경우에는 즉시 의사의 도움을 받습니다.
- 민간요법을 쓰지 않습니다. 2차 감염을 일으킬 수 있기 때문입니다.
- 옷 위로 끓는 물을 뒤집어 쓴 경우에는 옷을 억지로 벗기려 하지 않습니다. 특히 화상 부위에 달라붙은 타 버린 옷자락 등을 절대 억지로 떼어내지 않도록 합니다.
- 화상은 겉으로 보이는 것보다 더 심각할 수 있으므로 돌 이전의 아기가 화상을 입은 경우에는 작은 것일지라도 의사에게 보이는 것이 좋습니다.

PART 6
기적을 만드는 베이비 마사지

아기를 예쁘고 건강하게 만드는 마사지

　베이비 마사지는 신체 접촉을 통한 사랑의 표현입니다. 조부모의 손에 사랑과 정성과 온기를 담아 아기에게 줄 수 있는 최고의 선물인 것이지요. 베이비 마사지는 신생아 때부터 가볍게 시작하면 좋습니다. 아기는 태어나고 12개월까지 온몸의 세포가 자라고 성장하기 때문에 이 시기에 마사지를 적절히 해주면 신체 발달에 도움이 됩니다.

베이비 마사지가 아기에게 좋은 이유
- 사랑받고 있다는 느낌을 주며 애착 관계가 형성되어 정서적 안정을 가져오고 스트레스를 감소시켜 줍니다.
- 병균에 대한 면역력을 향상시켜 질병을 예방합니다.
- 기분을 좋게 하는 세라토닌 호르몬이 분비되어 숙면으로 이끕니다.
- 순환기와 호흡기 기능, 소화와 배설 기능이 좋아져 몸을 튼튼하게 해줍니다.
- 혈액 순환 및 신진대사를 좋게 하여 노폐물을 잘 배설합니다.
- 감각을 동시에 자극하여 뇌 발달에 도움이 됩니다.
- 성장판을 자극하여 성장에 도움이 됩니다.

베이비 마사지 하기에 좋은 환경 만들기
- 마사지를 하기 전에 아기가 춥지 않도록 실내 온도를 따뜻하게 만들어 주는 것이 중요합니다. 아기는 체온 조절 능력이 떨어지고, 또 마사지를 할 때는 옷을 걸치지 않고 기저귀 정도만 찬 채로 있기 때문입니다. 실내 온도는 23~26도 정도가 적절하고, 어른이 느끼기에도 따뜻해야 합니다.
- 시간대는 오전, 오후 상관없고, 매일매일 꾸준히 하는 것이 중요합니다.

- 마사지를 할 때는 손에서 반지, 팔찌, 시계 등을 빼 주세요. 연약한 아기의 피부를 다치게 할 수 있습니다.
- 마사지는 젖을 먹은 후 1시간 정도 뒤에 하는 것이 좋습니다.

할머니 손은 약손

- 베이비 마사지를 시작하기 전에 손바닥에 '식물성 오일'을 묻힌 뒤 따뜻한 온기를 느낄 수 있도록 많이 비벼 줍니다. 온기가 있는 손으로 마사지를 할 때 효과가 더 좋습니다. 따뜻한 할머니의 손으로 아기의 몸을 자극해 몸도 튼튼해지고 키도 쑥쑥 자라는 기적 같은 효과를 가져올 수 있습니다.
- 베이비 마사지를 할 때는 신체 부위에 따라 사용하는 손의 부위를 조금씩 다르게 해주면 더욱 편안한 마사지를 할 수 있습니다. 아기의 얼굴, 머리, 팔, 손, 다리를 마사지할 때는 엄지손가락과 다른 손가락을 활용하여 강하지 않게 자극을 주는 것이 좋으며, 배, 가슴, 등, 엉덩이는 손바닥 전체를 이용하여 부드럽게 쓸어 주듯이 마사지를 하면 좋습니다. 근육을 부드럽게 누르고, 뼈가 있는 부분은 더욱 부드럽게 마사지합니다.
- 마사지를 시작하기 전에 아기에게 미리 신호를 주어 아기도 마음의 준비를 할 수 있게 합니다.
- 항상 움직임이 많은 아기에게는 손에 장난감을 쥐어 주며 마사지를 합니다.
- 아기가 지루해하지 않도록 동작할 때마다 "쭈까 쭈까 쭉쭉" 하고 소리내어 말하면 효과가 더 좋습니다.

> **tip 이럴 때는 마사지를 피해 주세요!**
>
> - 아기의 피부에 피부 질환이 생겼을 때
> - 아기가 잠에서 막 깨어났을 때
> - 젖을 먹고 난 직후
> - 예방접종을 한 후 48시간이 지나지 않았을 때
> - 마사지하는 동안 아기가 울며 거부할 때

신생아 마사지

피부 접촉은 사랑을 전하는 데 큰 도움이 됩니다. 마사지로 온몸의 감각을 자극하면 아기에게 정서적으로 안정감을 주어 유대 관계가 좋아집니다. 2-3회 정도 반복해 주면 좋습니다.

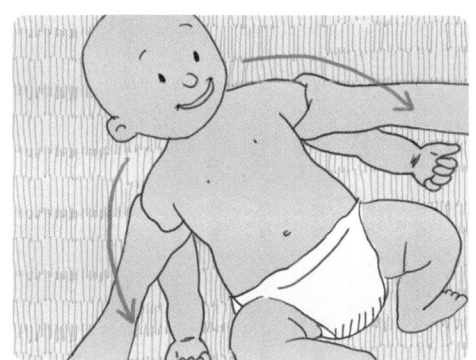

1 양손으로 아기의 어깨부터 천천히 주무르며 아래 손목 방향으로 쓸어내려 줍니다. 근육 발달과 긴장 이완에 좋습니다.

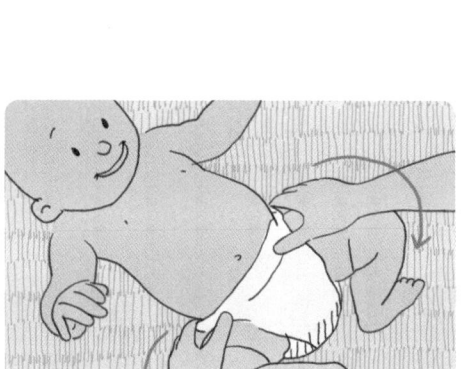

2 양손으로 허벅지부터 천천히 주무르며 아래 발목 방향으로 쓸어내려 줍니다. 관절의 힘과 유연성에 도움을 줍니다.

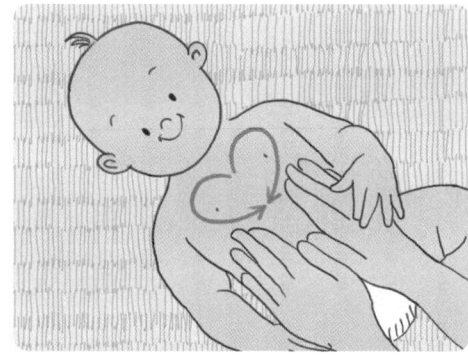

3 가슴 가운데에 양손을 가볍게 얹고 하트(♡) 모양으로 마사지를 합니다. 폐의 기능을 강화하며, 면역력을 높이는 데 좋습니다.

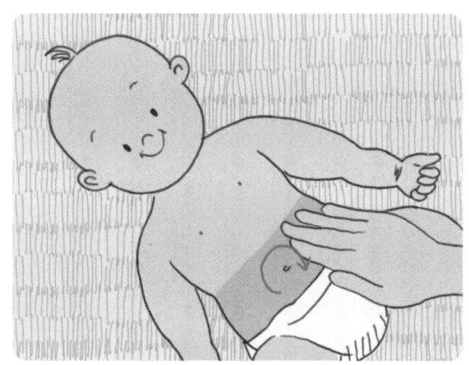

4 배(진한 색 부분)에 한 손을 가볍게 얹고 시계 방향으로(↻) 마사지를 합니다. 배설 기능에 도움이 되며, 영아산통(배앓이) 예방에 좋습니다.

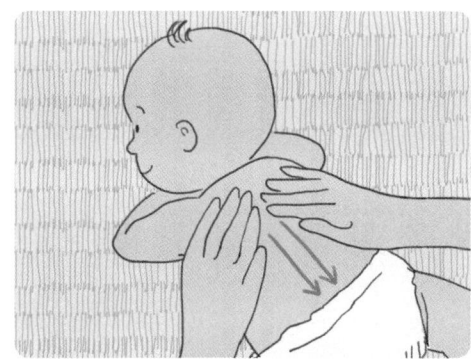

5 양손을 등에 가볍게 얹고 엉덩이 쪽으로 쓸어내려 줍니다. 긴장된 아기의 몸을 편안하게 풀어 주어 숙면을 취할 수 있게 합니다.

기저귀 체조

하체를 자극하는 기저귀 체조는 고관절과 무릎 관절에 자극을 주기 때문에 성장 발달에 좋습니다. 기저귀를 갈 때마다 해야 할 필요는 없으니, 아기의 반응과 상황에 따라 적절히 조절해 주세요.

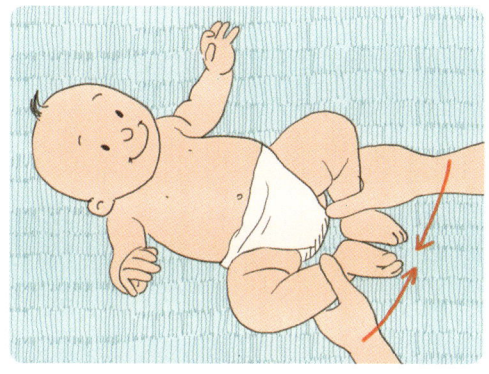

1 양 발바닥을 살짝 맞부딪쳐 발바닥 박수를 칩니다. 여러 번 반복하면 혈액 순환 및 신진대사에 도움이 됩니다.

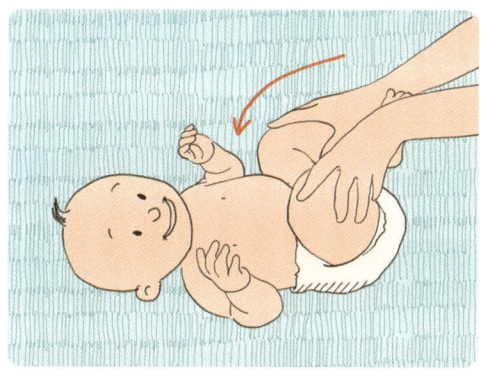

2 양 다리를 살짝 잡아 무릎을 구부려 배 쪽으로 지그시 눌러 줍니다. 소화 기능과 배변활동에 좋습니다.

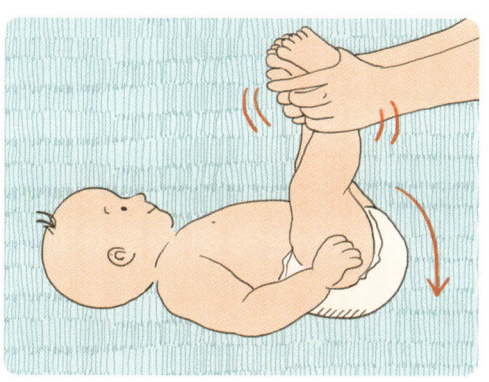

3 발목을 잡고 올려 흔들다가 아래로 살짝 떨어뜨립니다. 이렇게 하면 다리의 긴장이 풀어집니다.

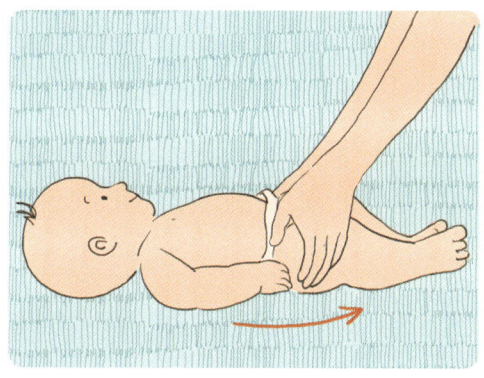

4 허벅지에서 발 쪽으로 부드럽게 쓸어내립니다.

아침에 일어난 후에 하는 마사지

팔과 어깨와 다리를 이완시켜 주어 건강하게 자라는 데 도움을 줍니다.

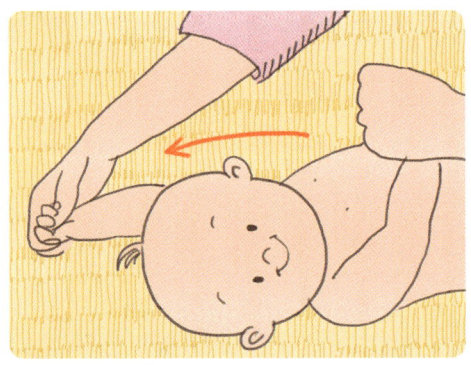

1 양손을 잡아 한 팔씩 번갈아 가며 위로 부드럽게 올려 줍니다.

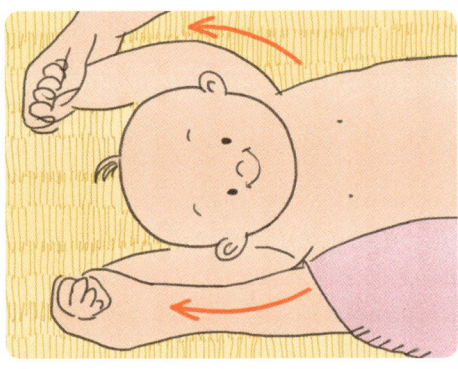

2 양팔을 동시에 부드럽게 위로 올려 줍니다.

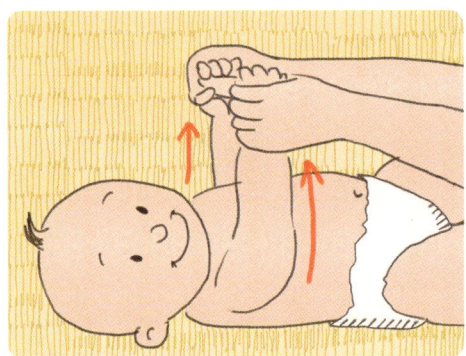

3 양손으로 아기의 손목을 잡고 일으키려는 듯 팔을 부드럽게 잡아 올린 후 천천히 내립니다.

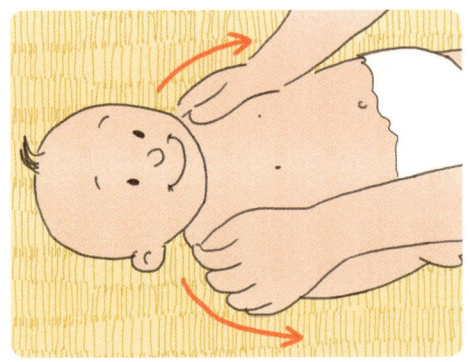

4 양손으로 어깨에서 손가락까지 부드럽게 주무르며 내려옵니다.

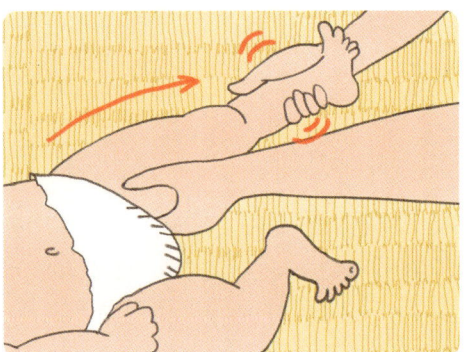

5 한 손은 아기의 발목을 잡고, 다른 한 손으로는 허벅지를 잡아 살짝 털어 주며 내려옵니다. 반대쪽 다리도 똑같이 해줍니다.

잠들기 전에 하는 마사지

몸의 긴장이 풀리면서 안정 호르몬이 분비되어 편안한 숙면을 하게 합니다.

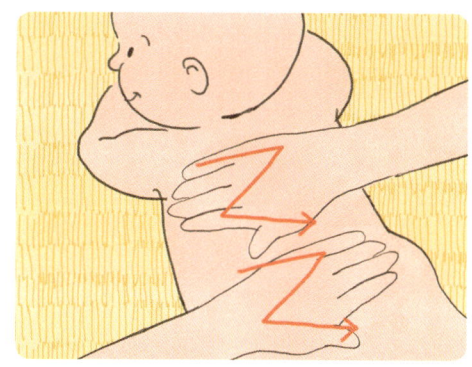

1 양손을 가로 방향으로 놓고 어깨에서 엉덩이까지 지그재그로 내려옵니다.

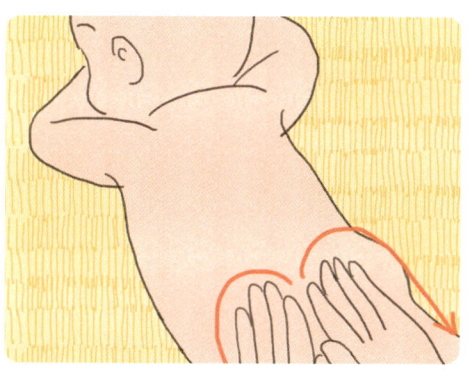

2 양손을 엉덩이에 놓고 부드럽게 쓰다듬은 후 발목까지 내려옵니다.

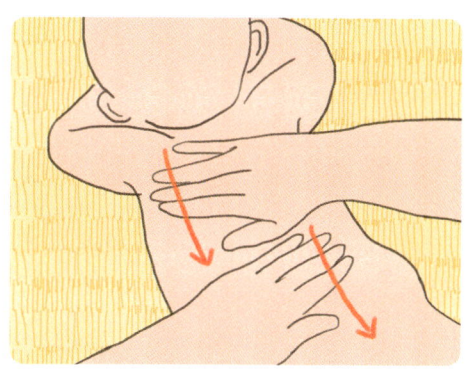

3 양손을 가로 방향으로 놓고 어깨에서 엉덩이 쪽으로 번갈아 가며 쓸어 내려옵니다.

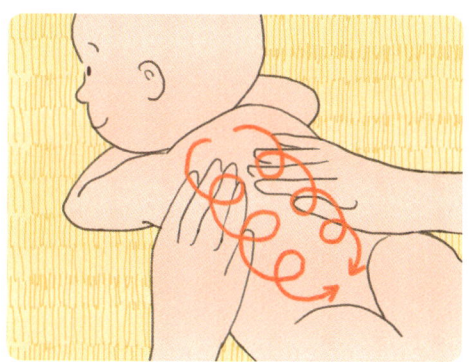

4 양 손가락 끝으로 척추 옆을 원 모양으로 돌리면서 엉덩이까지 내려갑니다.

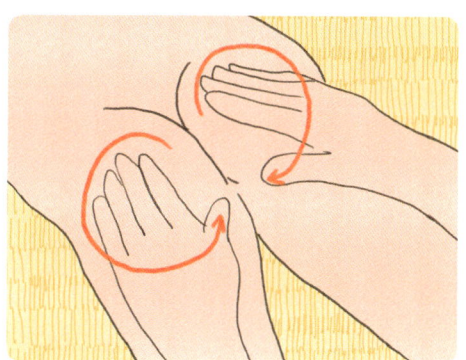

5 양손으로 엉덩이를 지그시 누르면서 돌려 줍니다.

목욕 후에 하는 마사지

온몸을 부드럽게 쓰다듬어 몸의 긴장을 풀어 주고 정서적으로 안정감을 갖게 해줍니다.

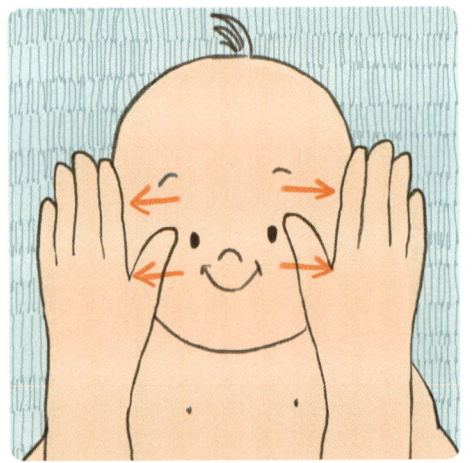

1 손을 비벼 따뜻하게 한 후 얼굴 안쪽에서 바깥쪽으로 만져 줍니다.

2 양손으로 얼굴선을 따라 내려와 턱 선을 만져 줍니다.

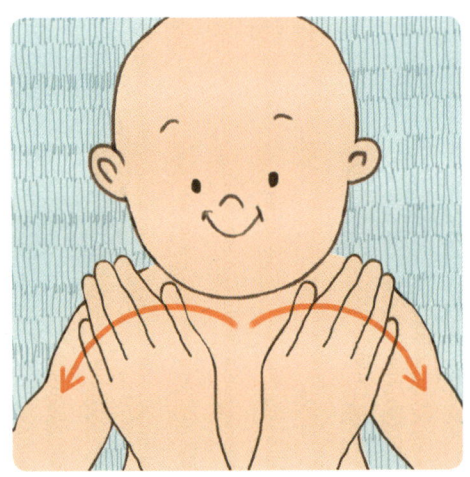

3 양손으로 가슴 중심에서 팔까지 만져 줍니다.

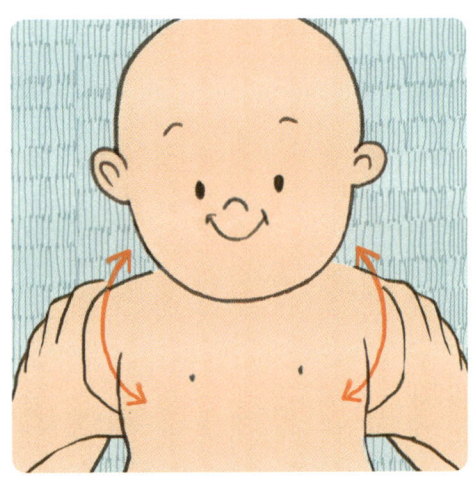

4 양손을 구부려 'C'자를 만든 후 겨드랑이를 부드럽게 쓸어 줍니다.

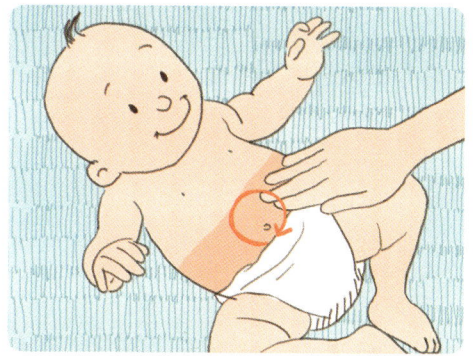

5 아기의 배 위에 손을 얹고 시계 방향으로 돌리며 부드럽게 만져 줍니다.

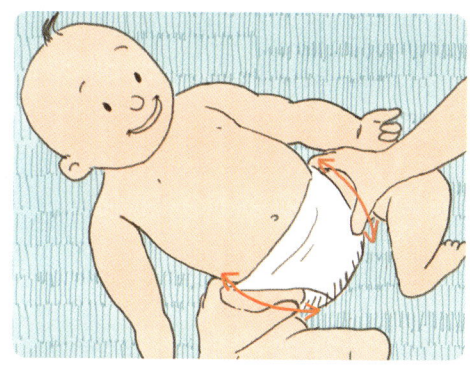

6 양손을 구부려 'C'자를 만든 후 서혜부를 양손으로 부드럽게 위아래 돌려 준 뒤 허벅지에서 발까지 쓸어 줍니다.

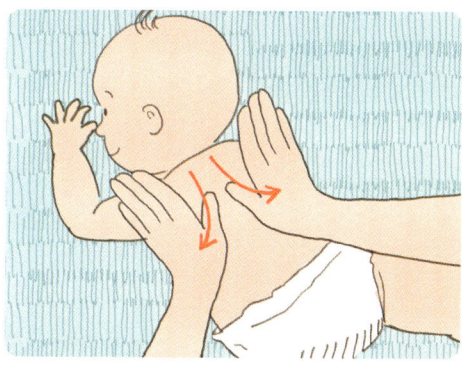

7 아기를 엎어 놓고 등(견갑골)을 부드럽게 쓸어 줍니다.

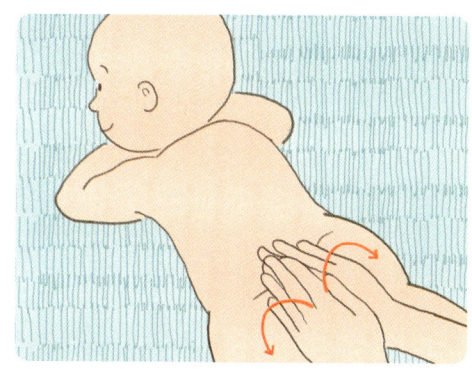

8 엉덩이에 손을 올려 부드럽게 돌려 줍니다.

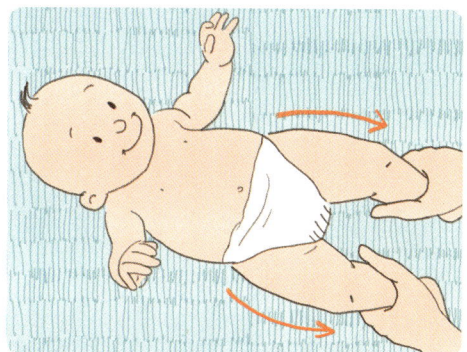

9 양손으로 허벅지에서 발까지 쓸어내리듯이 만져 줍니다.

장 튼튼 마사지

위장 활동이 활발해져 소화 흡수율이 높아집니다. 또한 소화 기능과 변비에 효과적입니다. 장 마사지를 하기 전에는 양손을 비벼 따뜻하게 한 후 아기의 배 위에 살짝 올려 호흡을 맞춘 다음 마사지합니다.

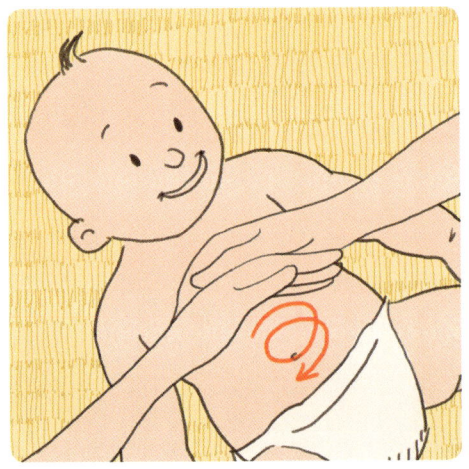

1 양손을 그림처럼 겹친 후 물레방아를 돌리듯 위에서 아래로 부드럽게 배를 마사지합니다.

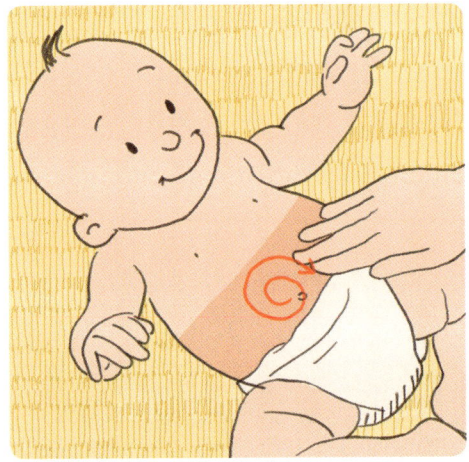

2 한쪽 손바닥을 배꼽 주변에 대고 달팽이 모양으로 부드럽게 돌려 줍니다. 대장을 자극하여 변비 예방에 도움이 됩니다.

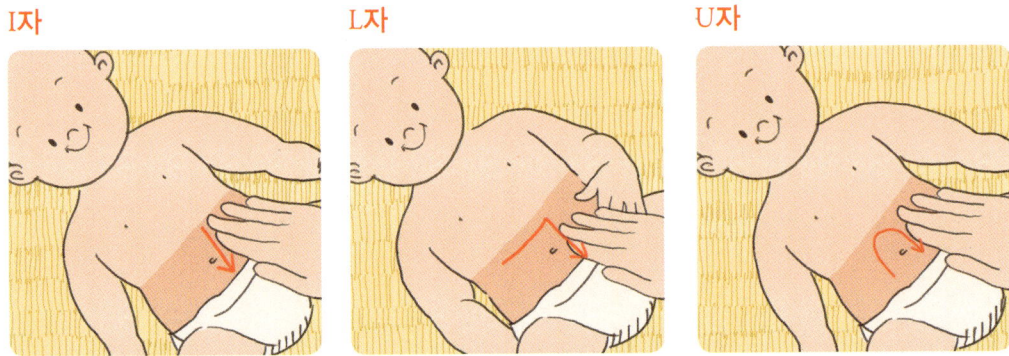

3 한쪽 손바닥을 배 위에 올려놓고 'I'라고 씁니다. 다음에 대문자 'L'을 그린 후 'U'를 그립니다. 모두 아기가 내려다봤을 때를 기준으로 모양을 만든다고 보면 됩니다.

두뇌 발달에 좋은 마사지

뇌의 혈액 순환을 도와줍니다. 이마를 마사지할 때는 아직 대천문이 닫히지 않아 말랑말랑하므로 살살 만져 주는 게 좋습니다.

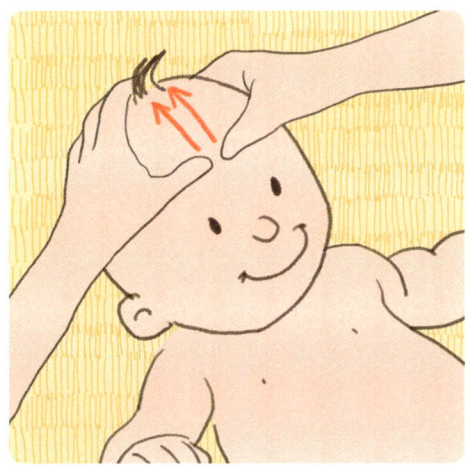

1 양손 엄지손가락으로 눈썹 사이부터 이마 위쪽까지 부드럽게 밀어 줍니다. 뇌파를 자극해 집중력 향상에 도움이 됩니다.

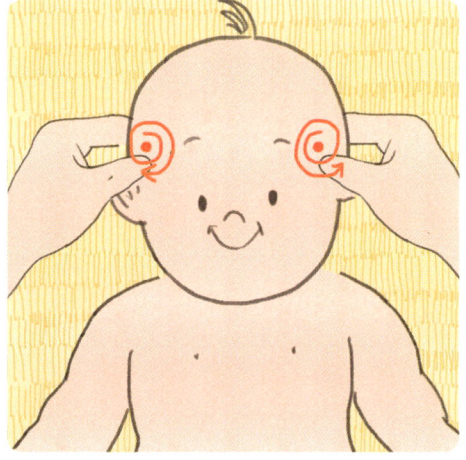

2 양쪽 눈 바깥쪽의 약간 오목한 부분인 태양혈, 즉 관자놀이 부분을 엄지로 살짝 누르며 돌려 줍니다. 두뇌 발달과 정서 안정에 좋습니다.

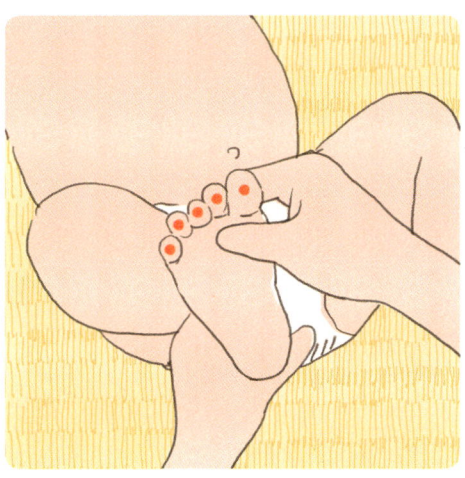

3 오른손 엄지와 검지를 이용해 아기의 발가락을 하나하나 지그시 눌러 줍니다. 반대쪽 발도 눌러 줍니다. 뇌하수체를 자극하여 오감 발달에 도움이 됩니다.

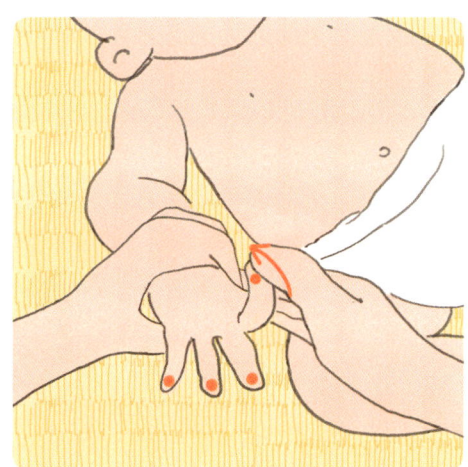

4 오른손 엄지로 아기의 손가락을 차례대로 부드럽게 밀어올려 줍니다. 뇌 신경이 많이 분포되어 있어 뇌를 자극하는 데 효과적입니다.

예뻐지는 마사지

예쁜 얼굴과 예쁜 뒷모습, 곧은 허리와 입 된 엉덩이를 만드는 데 도움이 됩니다.

1 양손 엄지손가락을 아기의 아래 입술에 올려놓고 입술의 중심에서 꼬리까지 부드럽게 밀어올려 줍니다. 입 꼬리에서는 부드럽게 돌려 줍니다.

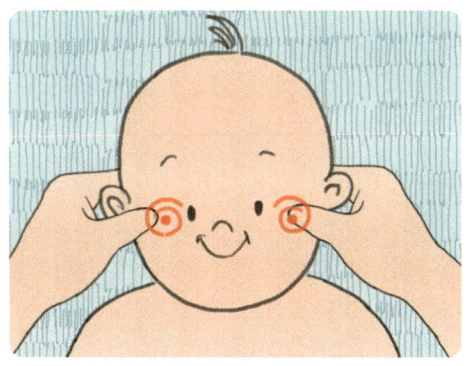

2 양손 엄지손가락으로 아기 볼의 광대뼈 부분을 달팽이 모양처럼 부드럽게 돌려 줍니다.

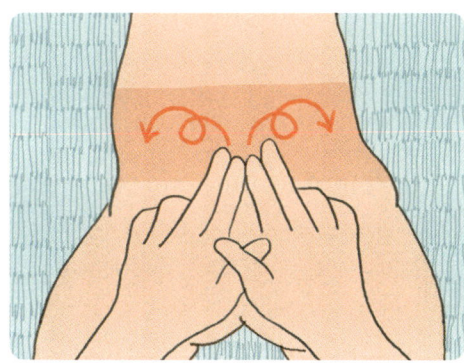

3 아기를 엎어놓고 허리에서 옆구리까지 양손 검지와 중지로 돌리면서 부드럽게 마사지합니다. 곧고 가는 허리를 만드는 데 도움이 됩니다.

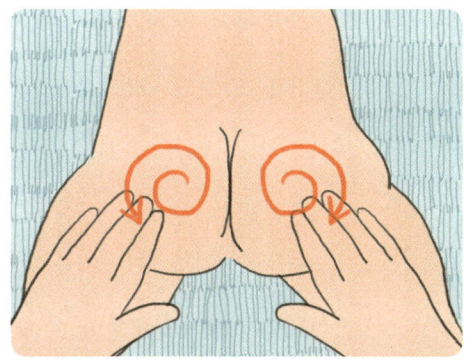

4 아기 엉덩이 아래쪽에 양손을 올려놓고 달팽이 모양처럼 돌려 줍니다. 엉덩이 근육을 탄력 있게 만듭니다.

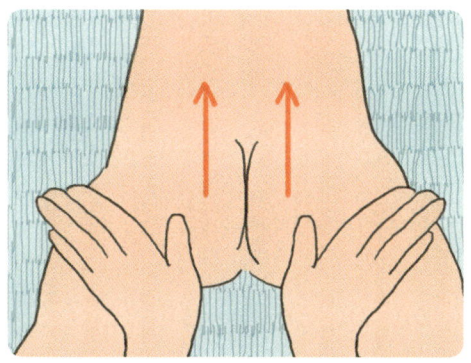

5 양 손바닥으로 엉덩이를 허리 쪽으로 밀어 올립니다. 엉덩이를 올려 주는 데 도움이 됩니다.

성장 마사지

몸 관절에 있는 성장점을 자극하는 마사지를 통해 뼈를 튼튼히 하고 성장을 촉진시킵니다.

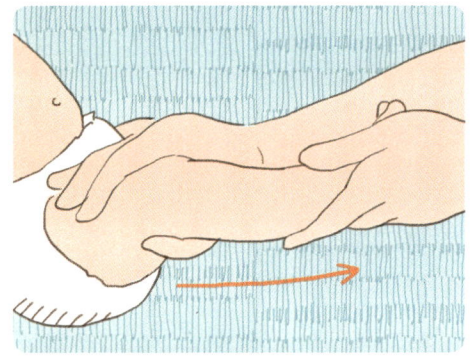

1 한 손으로 아기 발목을 부드럽게 잡고 다른 한 손으로 아기의 허벅지를 잡아 발목까지 쓸어 내려옵니다. 반대쪽 다리도 똑같이 합니다. 다리가 휘는 것을 예방할 수 있습니다.

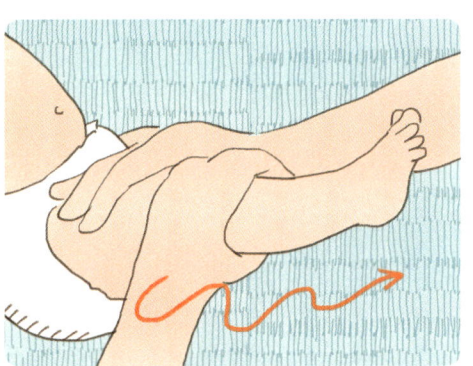

2 양손으로 아기의 허벅지를 잡고 발목까지 내려옵니다. 반대쪽 다리도 똑같이 합니다. 곧고 예쁜 다리를 만드는 데 도움이 됩니다.

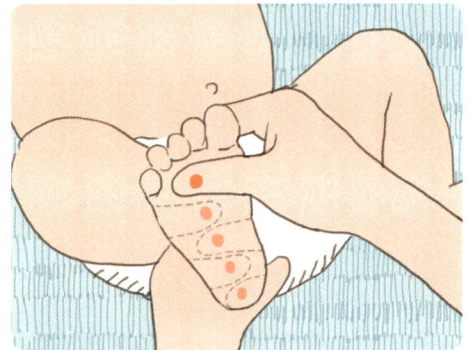

3 양손 엄지손가락을 이용해 아기의 발바닥을 촘촘히 누르며 발가락 쪽으로 올라갑니다. 혈액순환과 성장에 도움이 됩니다.

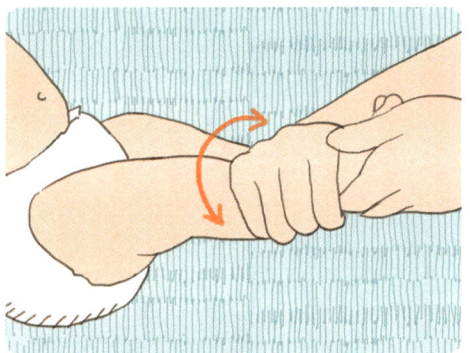

4 한 손으로 아기의 발을 잡고 다른 한 손으로 아기의 발목을 부드럽게 돌려 줍니다. 반대쪽 다리도 똑같이 합니다. 성장점을 자극하는 데 도움이 됩니다.

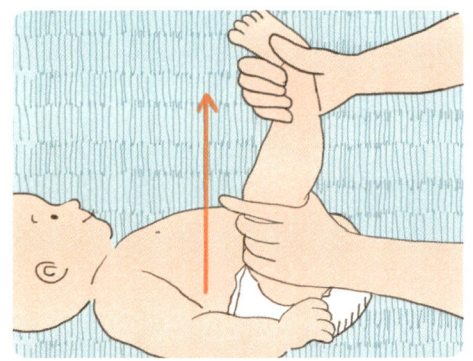

5 한 손으로 아기의 한쪽 발목을 잡아 들어올리고, 다른 한 손으로 아기의 허벅지를 감싼 후 발목까지 부드럽게 쓸어 줍니다. 반대쪽 다리도 똑같이 합니다. 발목 관절은 힘을 주어 잡지 않습니다.

근육 이완을 위한 스트레칭

근육을 이완시켜 긴장감을 풀어 주는 스트레칭으로, 아기를 편안하게 해주는 데 효과적입니다. 관절을 부드럽게 움직여 주므로 뼈의 성장에 도움이 됩니다. 스트레칭을 할 때는 아기가 할 수 있는 만큼만 교차해 줍니다.

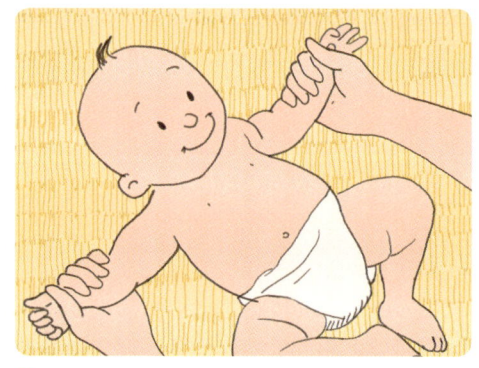

1 손목을 살짝 잡고 가볍게 털어 줍니다.

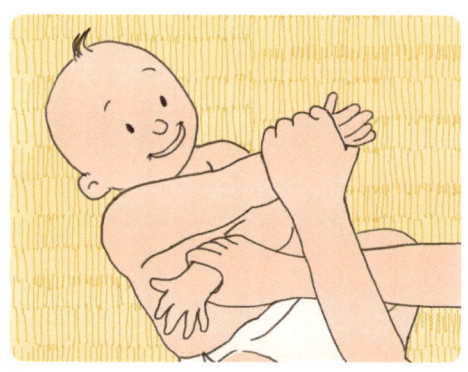

2 양팔을 부드럽게 교차시킨 후 쭈욱 펴 줍니다.

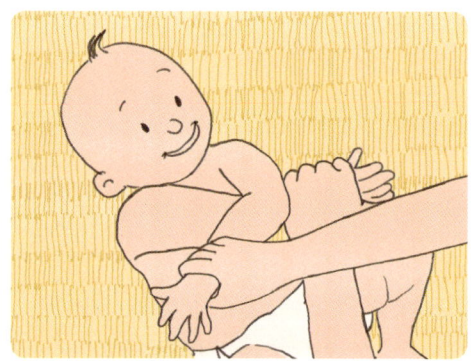

3 반대로도 교차시켜 줍니다. 등의 긴장을 풀어 주며 숨을 편히 쉴 수 있게 도와줍니다.

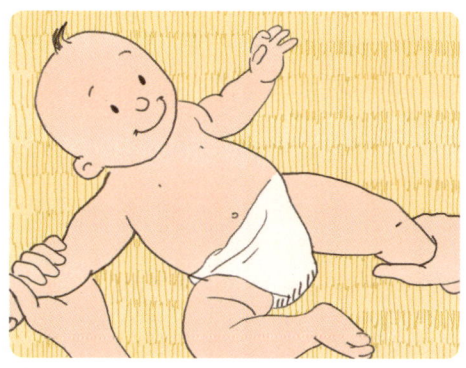

4 손목과 발목을 잡고 가볍게 털어 줍니다.

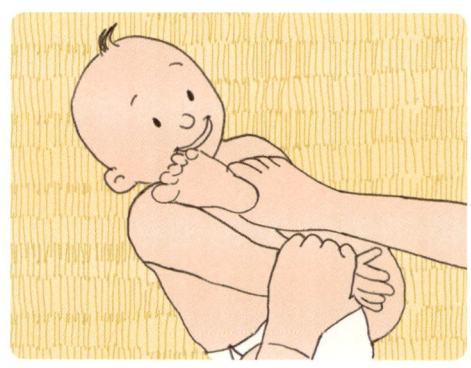

5 팔과 다리를 교차시킨 후 대각선으로 쭈욱 펴 줍니다. 척추의 긴장을 풀어 주며 척추를 곧게 하는 데 도움이 됩니다.

6 반대쪽 손목과 발목을 잡고 가볍게 털어 줍니다.

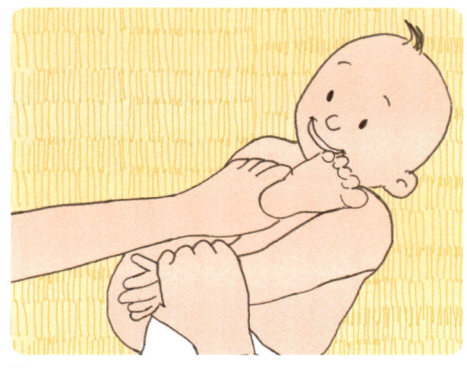

7 팔과 다리를 교차시킨 후 대각선으로 쭈욱 펴 줍니다.

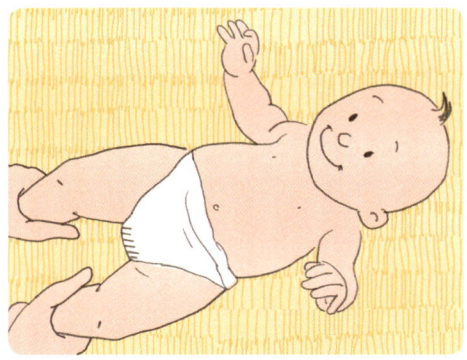

8 발목을 잡고 가볍게 털어 줍니다.

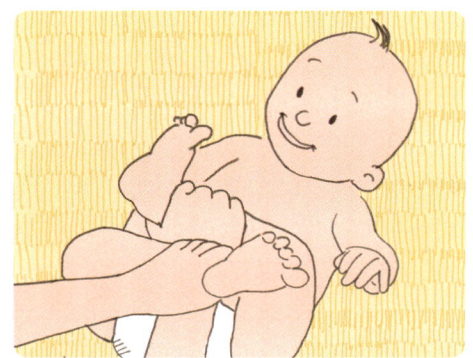

9 양 다리를 살짝 잡고 부드럽게 교차시켜 줍니다. 골반과 무릎 관절이 부드러워지는 데 도움이 됩니다.

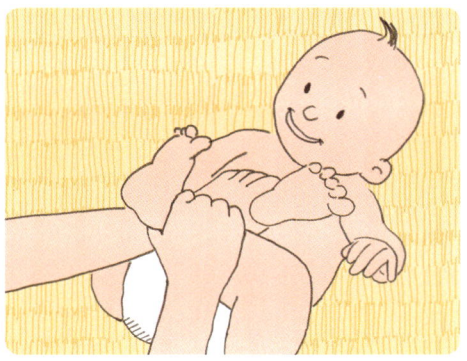

10 반대로도 교차시켜 줍니다.

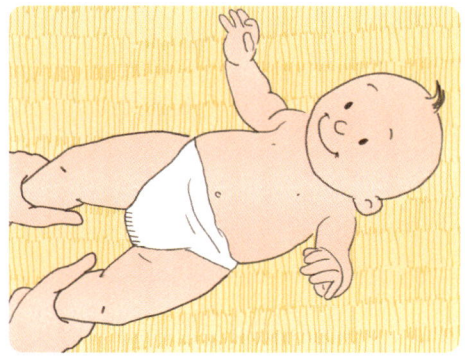

11 발목을 잡고 가볍게 털어 줍니다.

체형 마사지

체형을 균형 있게 발달시키는 데 효과적입니다.

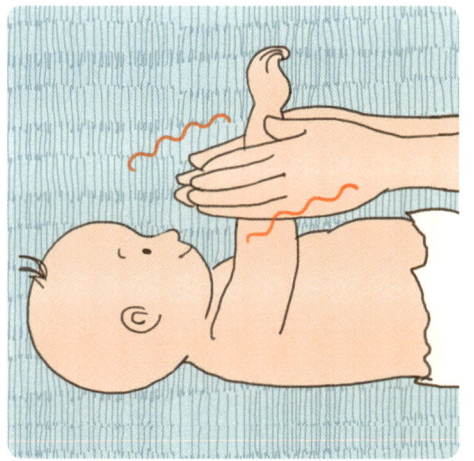

1 양 손바닥으로 아기 팔을 세워 잡아 부드럽게 비벼 줍니다. 반대쪽 팔도 비벼 줍니다. 팔이 예쁘게 자랄 수 있게 도와줍니다.

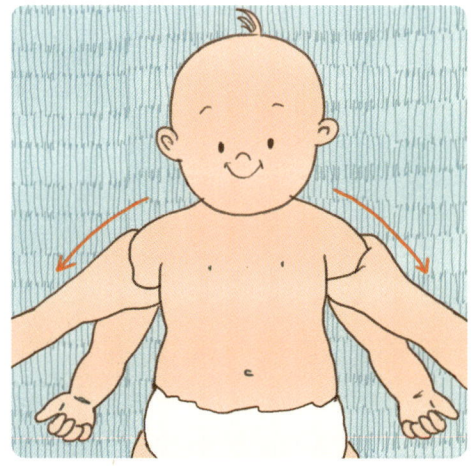

2 양손으로 어깨부터 손까지 부드럽게 주무르며 내려옵니다. 팔의 혈액 순환에 도움이 됩니다.

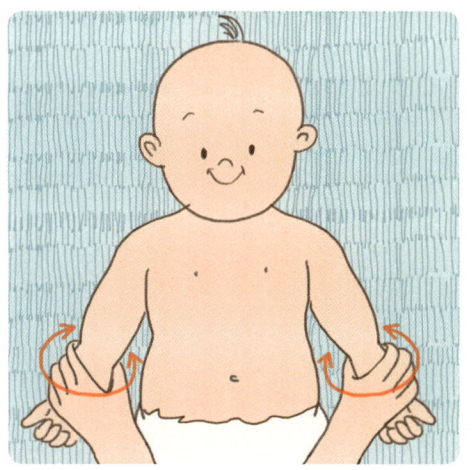

3 아기를 눕힌 자세에서 양손으로 팔을 잡아 좌우로 부드럽게 돌려 줍니다. 팔의 뭉친 근육을 푸는 데 효과적입니다.

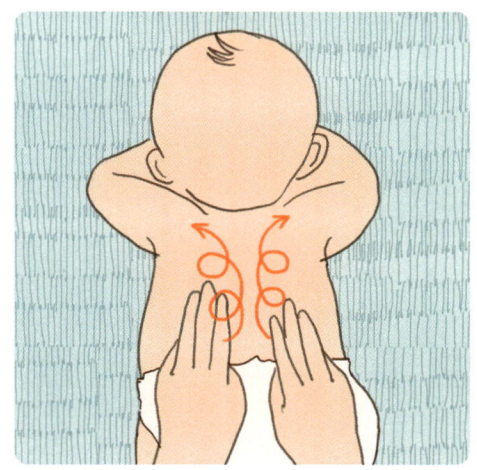

4 아기를 엎어놓고 세 손가락으로 작은 원을 그리듯이 하면서 등의 아래에서 위로 올라갑니다. 혈액 순환과 신체 기관 활력에 도움이 됩니다.

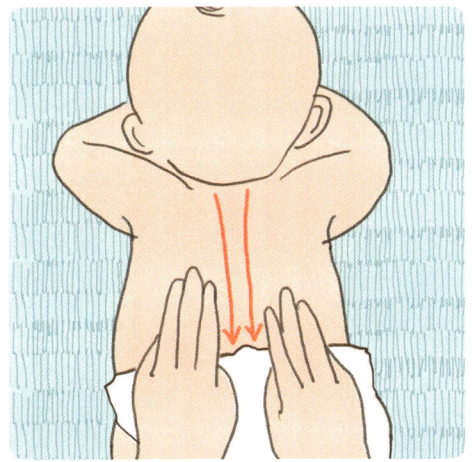

5 척추 옆 부분 기립근에 세 손가락을 대고 위에서 아래로 부드럽게 내려옵니다. 척추를 곧게 하여 균형 잡힌 몸을 만들어 줍니다.

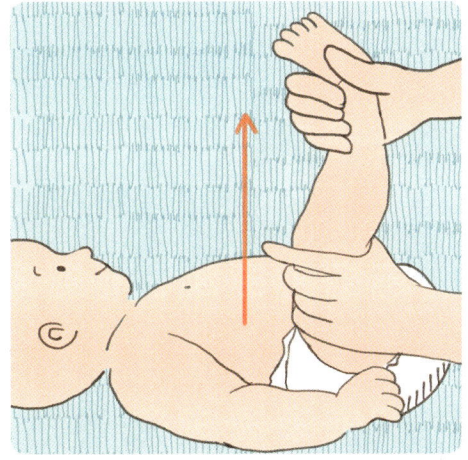

6 아기의 한쪽 다리를 들고 손바닥으로 쓸어 줍니다. 반대쪽 다리도 똑같이 합니다.

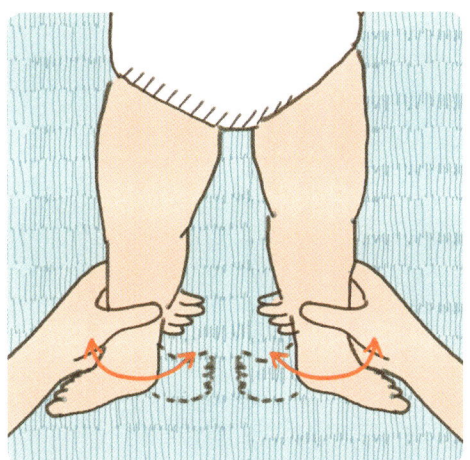

7 아기를 눕힌 후 양손으로 종아리를 잡아 다리 전체를 좌우로 부드럽게 돌려 줍니다. 성장 촉진에 효과적입니다.

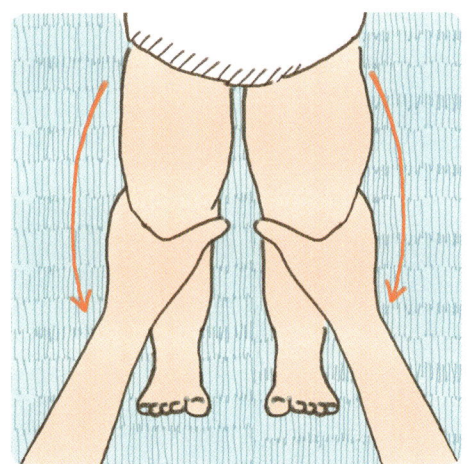

8 두 다리를 쭉 펴고 양손으로 주물러 주며 허벅지에서 발까지 쓸어내립니다. 다리 힘을 길러 주는 데 좋습니다.

감기 예방 마사지

몸의 혈자리를 자극해 면역력을 높여 감기 예방에 도움을 줍니다. 얼굴을 마사지할 때는 적은 양의 오일 또는 로션을 사용하면 좋습니다.

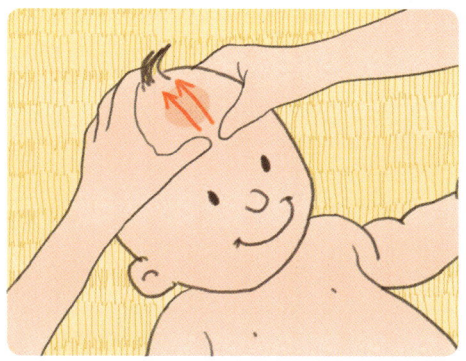

1 양 엄지손가락으로 눈썹 사이부터 이마 위쪽(천문혈)까지 부드럽게 밀어 줍니다.

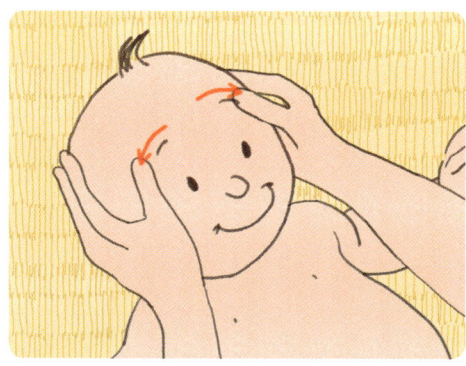

2 양 엄지손가락으로 아기의 눈썹(감궁혈)을 부드럽게 밀어 줍니다.

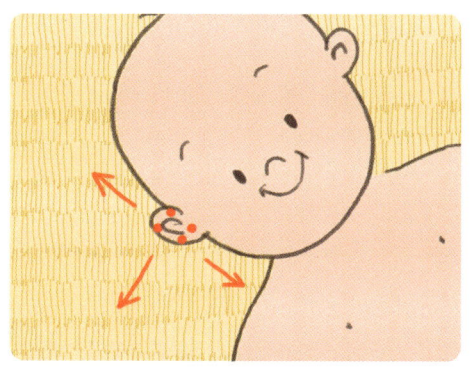

3 귀를 위쪽, 옆쪽, 아래쪽으로 부드럽게 당겨 줍니다. 귀 안쪽은 돌려가며 눌러 줍니다.

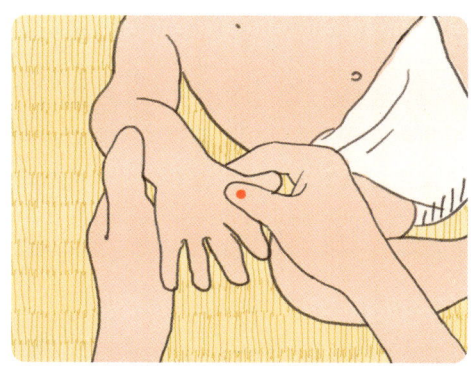

4 엄지와 검지 사이의 움푹한 곳(합곡혈)을 부드럽게 눌러 줍니다.

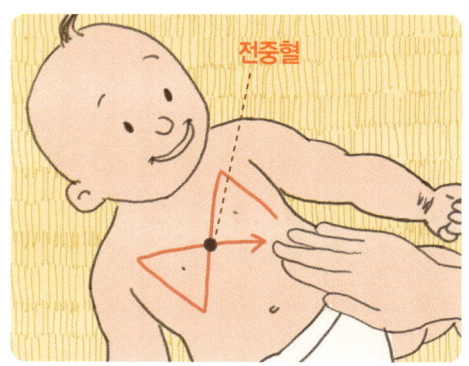

5 늑골 아래에서 왼쪽 어깨 쪽으로 밀어 준 뒤 전중혈을 지나며 늑골 아래에서 오른쪽 어깨 쪽으로 밀어 주며, 다시 전중혈을 지납니다. (전중혈의 위치는 양쪽 젖꼭지의 중간입니다.)

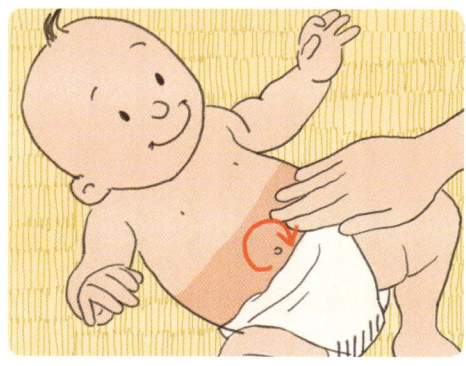

6 아기의 배꼽 주변을 시계 방향으로 원을 그리며 마사지해 줍니다.

비염 예방 마사지

몸의 혈자리를 자극해 코의 혈액 순환을 좋게 하고, 코 막힘과 비염 증상을 완화시켜 줍니다.

1 양손 검지를 아기의 콧대에 대고 지그시 누르며 미간(인당혈) 쪽으로 밀어 올려 줍니다. 머리가 맑아지며 집중력 향상에 도움이 됩니다.

2 콧날을 따라 쓸어내리며 콧방울 옆 영향혈 자리를 부드럽게 돌려 줍니다. 코 주위의 기혈을 좋게 하여 콧물과 코 막힘 증상을 완화시킵니다.

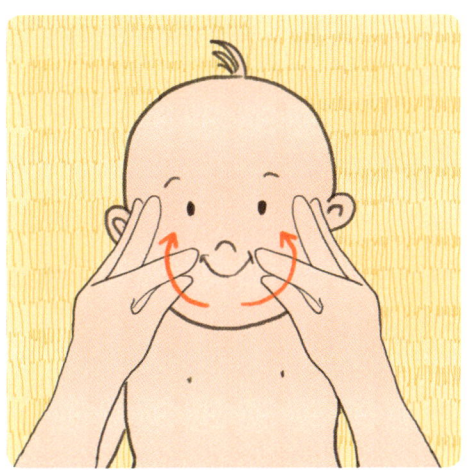

3 아기의 입 주변에 양손 엄지와 검지를 대고 웃는 모양으로 부드럽게 올려 줍니다.

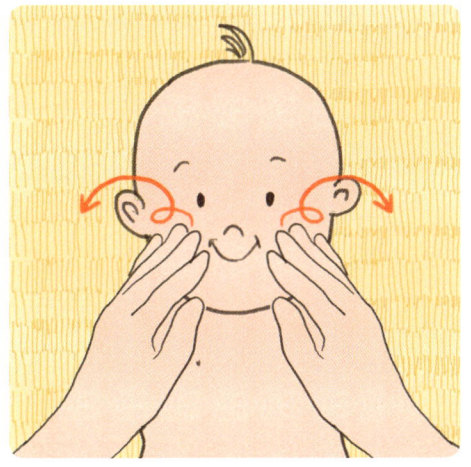

4 양손 네 손가락을 아기의 볼에서 귀쪽으로 동그랗게 원을 그리며 부드럽게 마사지합니다.

조부모를 위한 특별 마사지

아기를 돌보다 보면 몸 여기저기가 쑤시고 아프기 마련입니다. 아기를 위한 마사지를 해주면서 조부모 스스로의 건강을 위해서도 간단히 마사지를 하면 좋습니다. 할아버지가 수고한 할머니에게 해주어도 좋고, 딸이나 며느리가 손주 돌보느라 여기저기 아픈 할머니에게 간단히 마사지를 해드리면 하루의 피로가 싹 가시고 사랑이 더 깊어질 것입니다. 쉽게 할 수 있는 특별 마사지를 소개합니다.

통증을 없애 주는 마사지

손과 발은 인체의 축소판이라 할 수 있습니다. 손과 발에 있는 반사구에 압력을 주면 통증을 완화시키는 데 도움이 됩니다. 반사구란 우리 몸을 거울에 비추어 보는 것을 말하는데, 손 반사구는 우리 몸을 손에 비추는 것, 발 반사구는 우리 몸을 발에 비추는 것이라 할 수 있습니다. 반사구에는 우리의 신경이 집결되어 있고, 특히 발 부위에 몰려 있습니다. 이는 인체의 오장육부와 밀접한 관련이 있습니다.

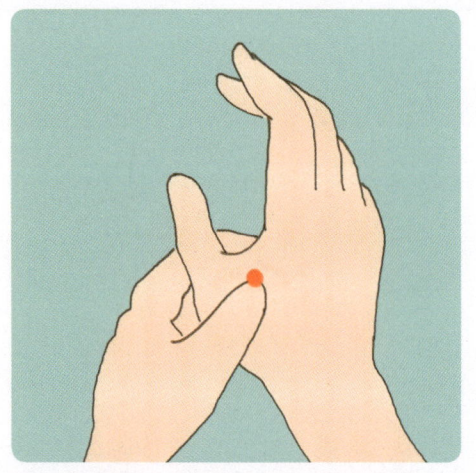

1 긴장을 풀어 주려면 명치 반사구가 있는 손의 가장자리에 엄지와 검지손가락의 끝을 댄 뒤, 반복적으로 압력을 주어 자극합니다.

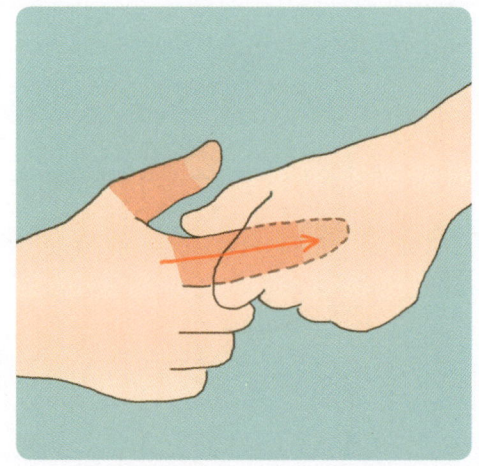

2 목과 머리가 아플 때에는 손가락에 있는 목과 머리의 반사구를 엄지와 검지의 사이에 넣고 누르면서 자극을 주면 통증이 완화됩니다.

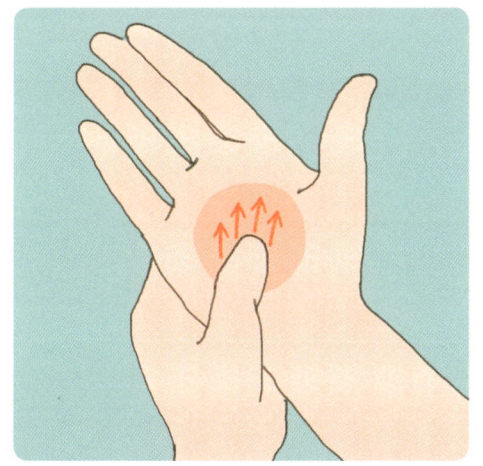

3 머리와 가슴에 통증이 있을 때에는 손바닥의 배와 가슴 반사구를 엄지로 반복적으로 자극을 주면 통증이 완화됩니다.

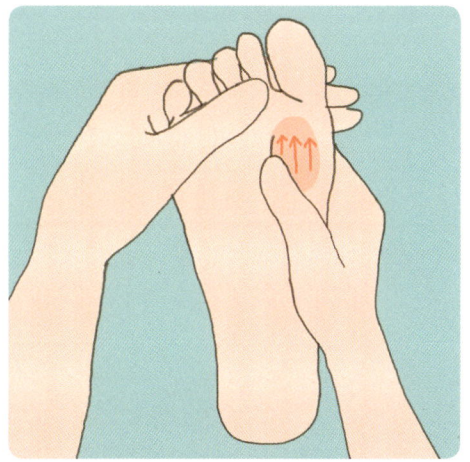

4 발의 긴장을 풀기 위해서는 명치 부분의 반사구를 반복적으로 눌러 자극을 줍니다.

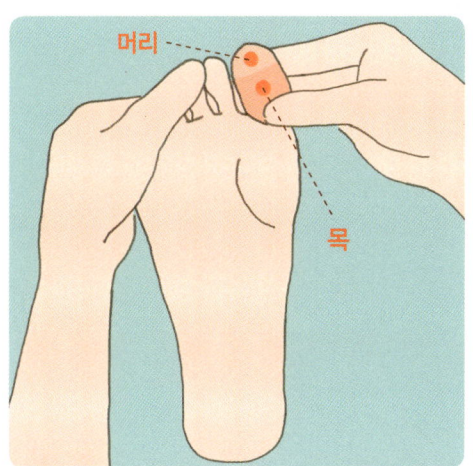

5 목과 머리의 통증을 완화하기 위해서는 발가락에 있는 머리와 목의 반사구를 엄지와 검지손가락을 이용해 반복적으로 자극을 줍니다.

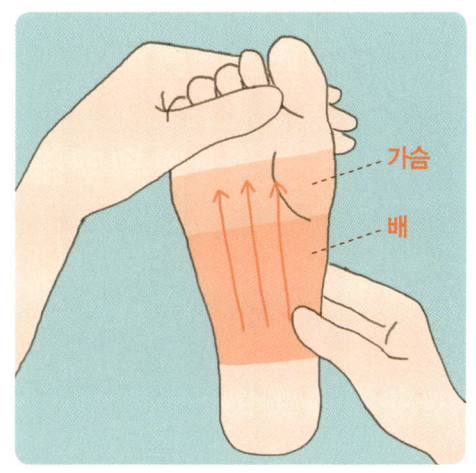

6 배와 가슴에 통증이 있을 때는 발바닥에 있는 배와 가슴의 반사구에 엄지를 대고, 반복적으로 자극을 줍니다.

요실금 예방 발 마사지

발에 있는 반사구를 마사지하는 것으로, 요실금 예방에 효과적입니다.

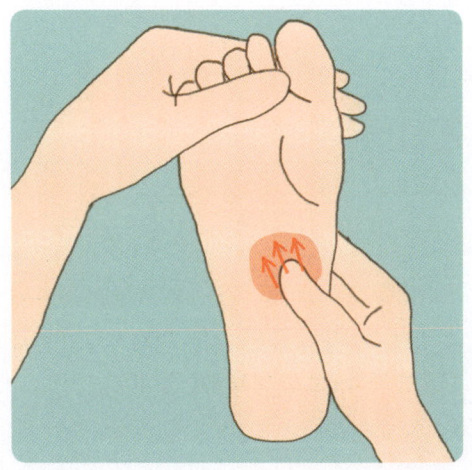

1 신장 반사구에 엄지로 반복적으로 압력을 주어 신장을 자극합니다.

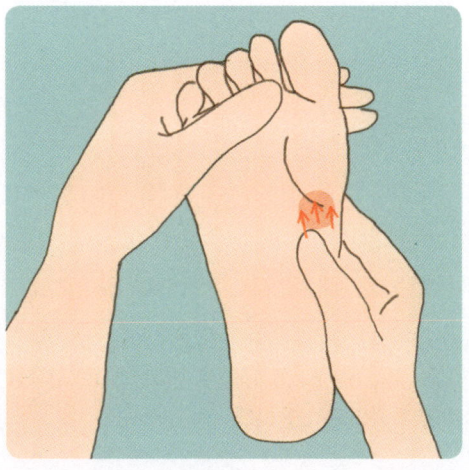

2 부신 반사구에 엄지로 반복적으로 압력을 주어 신장을 자극해 줍니다.

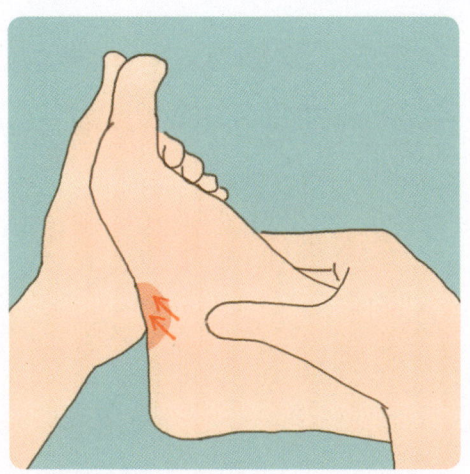

3 소변 생성을 촉진하기 위해 방광 반사구에 엄지로 반복적으로 압력을 주어 자극합니다.

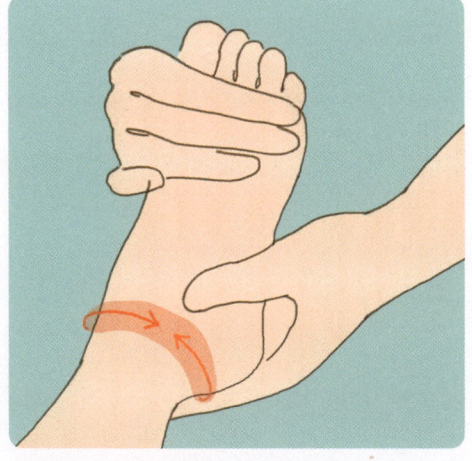

4 림프선 반사구에 엄지로 좌우 반복적으로 압력을 주어 림프선을 자극합니다.

관절의 통증 완화 발 마사지

발에 있는 몸의 반사구에 압력을 주는 마사지로, 관절의 통증 예방에 도움이 됩니다.

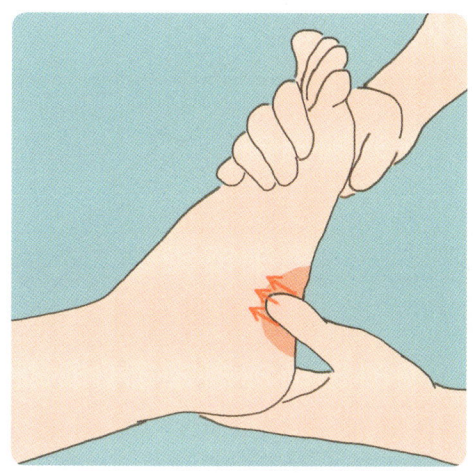

1 무릎과 다리의 반사구에 반복적으로 압력을 주어 무릎과 다리의 통증을 완화해 줍니다.

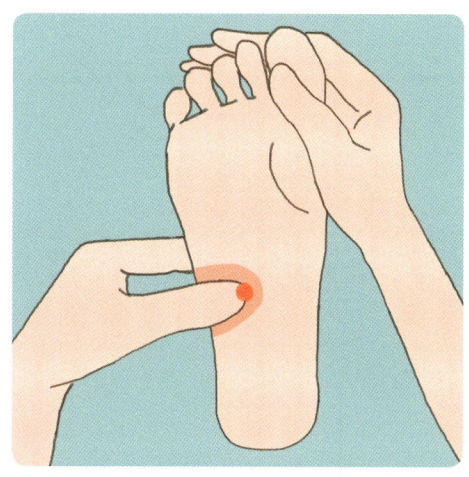

2 대장 반사구에 반복적으로 압력을 주어 대장의 움직임을 촉진시켜 줍니다.

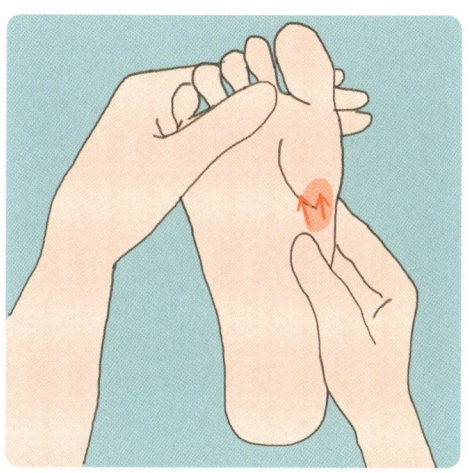

3 부신 반사구에 엄지로 자극을 해주면 염증 완화에 도움이 됩니다.

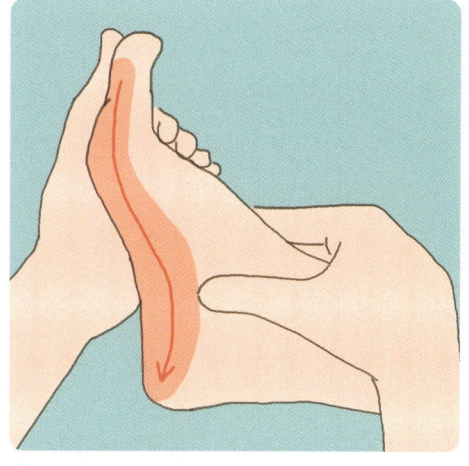

4 척추 반사구를 엄지로 눌러 반복적으로 자극하면 척추의 긴장이 풀립니다.

부록

다양한 육아지원정책과
커뮤니티 소개

참고 자료

표준예방접종일정표

1. 국가 기관에서 운영하는 조부모 육아지원정책

(1) 아이돌봄서비스 www.idolbom.go.kr

여성가족부에서 운영하는 아이돌봄서비스는 만 12세 이하 아동을 둔 맞벌이 가정 등에 아이돌보미가 직접 방문하여 아동을 안전하게 돌봐 주는 서비스입니다. 다양한 맞춤형 서비스를 받을 수 있습니다.

(2) 공동육아나눔터 및 가족품앗이 www.familynet.or.kr

'공동육아나눔터'는 18세 미만의 자녀를 둔 가정이면 누구나 이용이 가능합니다. 부모들이 모여 육아 경험과 정보를 교환할 수 있고 장난감, 도서, 놀이 공간을 제공합니다. 서로 육아에 필요한 물품도 교환할 수 있습니다. 동화구연 등 상시 프로그램도 운영합니다. 인근 시군구 건강가족지원센터에 가입 신청을 하면 됩니다.

'가족품앗이'는 같은 지역에 사는 사람들끼리 자신의 노동력이나 물품, 육아 정보를 나누며 서로 잘하는 것을 품앗이하여 육아에 따른 어려움과 경제적 부담을 더는 것입니다. 건강가정지원센터 홈페이지에 들어가면 다양한 활동과 정보를 얻을 수 있습니다.

(3) 중앙육아종합지원센터 http://central.childcare.go.kr

보건복지부장관과 지방자치단체의 장이 설치 및 운영하며, 영유아 보육이나 양육에 관한 정보 수집 및 제공을 돕는 국가 기관입니다. 발달 단계에 맞는 유아 도서, 장난감 대여, 신나게 놀며 체험할 수 있는 놀이 공간과 다양한 부모 교육 및 상담 프로그램도 제공됩니다.

2. 지역 단체에서 행하는 육아지원정책

(1) 가족보건의원
지역 주민들이 저렴하게 진료, 검진, 예방접종을 할 수 있습니다. 각 지역의 보건의원 연락처와 진료과목 예방접종 시기 등 모든 정보를 알 수 있습니다.

(2) 조부모 육아교실
각 지자체와 보건소, 육아종합지원센터, 인구보건복지협회 산하 각 지회에서 지역별로 조부모들을 위해 육아교실을 운영하고 있습니다. 영유아 발달 과정에 따른 놀이법, 동화 들려주기, 손유희, 훈육법, 대화법, 베이비 마사지, 안전 및 응급상황 대처법, 양성평등교육, 조부모 건강 관리 등 최신 육아 정보를 이론과 실기를 통해 배울 수 있습니다.

인구보건복지협회 홈페이지 www.ppfk.or.kr

3. 스마트폰 앱을 통한 조부모 육아 커뮤니티

(1) 도담도담
백색소음, 자장가, 동요들이 들어 있어 아기들이 잠투정하며 보챌 때 도움을 받을 수 있습니다. 타이머가 설정되어 있어 반복 듣기가 가능합니다.

(2) 크라잉베베
우는 아기의 신체적, 생리적 원인을 파악하여 해결할 수 있도록 도와줍니다. 육아에 대한 궁금증과 문제를 해결하며, 다양한 노하우를 공유합니다.

(3) 베이비프렌즈
육아에 필요한 모든 정보와 육아용품을 교환할 수 있습니다.

(4) 육아클럽
임신에서 출산, 육아에 필요한 정보를 제공하며 월령에 따른 발달 체크, 예방접종 시기와 내용, 수유일지, 수면, 이유식, 응급처치 등의 다양한 정보를 얻을 수 있습니다.

(5) 하기스 맘큐 www.momq.co.kr
남양유업에서 오랜 기간 동안 운영하고 있는 육아관련 정보 사이트입니다. 신생아부터 2세 이상의 아기를 양육할 때 필요한 건강, 안전, 놀이 교육, 교육비나 유아용품을 할인받을 수 있는 방법 등 유용한 정보가 많습니다.

(6) 차이의 놀이
0~7세 아이를 위한 연령별 맞춤 놀이를 소개해 주고 있습니다.

(7) 모바일 닥터 Motel doctor
의학기자 출신이 만든 의료앱으로, 아기의 건강에 이상이 생겼을 때 그 증상을 분석하고 원인과 대처법을 알려 줍니다.

참고 자료

《엄마, 뱃속이 그리워요 : 출생에서 100일까지 이야기》, 하비 카프 저, 윤경애 역, 한언, 2011.
《우당탕탕, 작은 원시인이 나타났어요 : 1세부터 5세까지 이야기》, 하비 카프 저, 이강표 역, 한언, 2011.
《신의진의 아이심리백과》, 신의진 저, 걷는나무, 2011.
《김수연의 아기발달백과》, 김수연 저, 지식너머, 2014.
《베이비 위스퍼 : 행복한 엄마들의 아기 존중 육아법》, 트레이시 호그, 멜린다 블로우 저, 노혜숙 역, 세종서적, 2002.
《적기교육 : 아이의 발달 속도에 맞는 최고의 양육법》, 이기숙 저, 글담, 2015.
《아이의 미래를 바꾸는 아빠의 놀이 혁명》, 권오진 글, 황중환 그림, 웅진주니어, 2005.
《삐뽀삐뽀 119 소아과》, 하정훈 저, 유니책방, 2016.
《자연주의 육아백과 : 자연을 먹고 크는 아이, 아파도 자연으로 다스리는 아이》, 전찬일 저, 한겨레출판, 2013.
《내 아이 첫 이유식》, 이혜영, 이서연 저, 경향미디어, 2018.
《280일 태교 음식》, 송금례, 김정민 저, 물푸레, 2014.
《아기의 두뇌를 결정하는 베이비 마사지》, 앨런 히스, 닉키 베인브리지 저, 라효정 역, 21세기북스, 2004.
《건강하고 똑똑한 아이로 키우는 하루 15분 베이비 마사지 & 요가》, 신혜숙 저, 동아일보사, 2008.
《우리 아이 미남미녀로 키우는 베이비 한방 마사지》, 신재권, 명진출판, 2002.
《예쁘고 건강한 우리 아이 베이비 마사지 & 요가》, 프로리더-(사)국제전문지도자협회 저, 경향미디어, 2011.
《똑소리 나는 내 아이를 위한 베이비 마사지 & 요가》, 인선화 저, 크라운출판사, 2013.
《튼튼하고 똑똑한 아이로 키우는 베이비 마사지》, 피터 워커 저, 푸른물고기, 2011.
《내 몸이 가벼워지는 손발 마사지》, 바바라 쿤즈, 케빈 쿤즈 저, 정안수 역, 21세기북스, 2004.
《전문인을 위한 베이비 마사지 강의》, 라효정 외 저, 이유, 2004.
《아동간호학(총론)》, Marilyn J. Hockenberry, David Wilson, Cheryl C. Rodgers 저, 김영혜, 박인숙, 안민순, 권봉숙, 김정미, 서지영, 손현미, 오상은, 이내영, 이영은, 이지원, 정향미, 조인숙, 조헌하, 주현옥 역, 현문사, 2018.

국민안전교육포털 kasem.safekorea.go.kr
대한영양사협회 www.dietitian.or.kr
한국식품영양과학회 www.kfn.or.kr
식품의약품안전처 www.mfds.go.kr
대한소아과학회 www.pediatrics.or.kr

표준예방접종일정표

대상 감염병	백신종류 및 방법	횟수	출생~1개월이내	1개월	2개월	4개월	6개월	12개월	15개월	18개월	19~23개월	24~35개월	만4세	만6세	만11세	만12세
결핵	BCG(피내용)	1	BCG 1회													
B형간염	HepB	3	HepB 1차	HepB 2차			HepB 3차									
디프테리아/파상풍/백일해	DTaP	5			DTaP 1차	DTaP 2차	DTaP 3차		DTaP 4차				DTaP 5차			
	Tdap	1													Tdap 6차	
폴리오	IPV	4			IPV 1차	IPV 2차	IPV 3차						IPV 4차			
b형헤모필루스인플루엔자	Hib	4			Hib 1차	Hib 2차	Hib 3차	Hib 4차								
폐렴구균	PCV	4			PCV 1차	PCV 2차	PCV 3차	PCV 4차								
	PPSV	-									고위험군에 한하여 접종					
홍역/유행성이하선염/풍진	MMR	2						MMR 1차						MMR 2차		
수두	VAR	1						VAR 1회								
A형간염	HepA	2						HepA 1~2차								
일본뇌염	IJEV(불활성화 백신)	5							IJEV 1~2차			IJEV 3차		IJEV 4차		IJEV 5차
	LJEV(약독화 생백신)	2							IJEV 1차			IJEV 2차				
사람유두종바이러스 감염증	HPV	2													HPV 1~2차	
인플루엔자	IIV	-						IIV 매년 접종								
로타바이러스 감염증	RV1	2			RV 1차	RV 2차										
	RV5	3			RV 1차	RV 2차	RV 3차									

자세한 정보는 질병관리본부 예방접종 도우미사이트(nip.cdc.go.kr)와 콜센터 1339를 통해 문의해 주세요.

지혜로운 조부모의
감성 육아법

지은이 | 맑은샘생명학교

초판 1쇄 발행 | 2019년 3월 25일
초판 2쇄 발행 | 2020년 7월 27일

펴낸이 | 신난향
편집위원 | 박영배
펴낸곳 | (주)맥스교육(맥스미디어)
출판등록 | 2011년 08월 17일(제321-2011-000157호)
주소 | 서울특별시 서초구 마방로2길 9(보광빌딩 5층)
전화 | 02-589-5133(대표전화) 팩스 | 02-589-5088
홈페이지 | www.maxedu.co.kr

기획 · 편집 | 유영, 임채혁
디자인 | 유지현
그림 | 김효연
영업 · 마케팅 | 백민열
경영지원 | 장주열

ISBN 979-11-5571-608-3 13590
정가 17,000원

* 이 책의 내용을 일부 또는 전부를 재사용하려면 반드시 (주)맥스교육(맥스미디어)의
  동의를 얻어야 합니다.
* 이 도서의 국립중앙도서관 출판예정도서목록(CIP)은 서지정보유통지원시스템
  홈페이지(http://seoji.nl.go.kr)와 국가자료공동목록시스템(http://www.nl.go.kr/kolisnet)에서
  이용하실 수 있습니다.(CIP제어번호: CIP2019008703)
* 잘못된 책은 바꾸어 드립니다.

> 저희 맥스미디어(MAXMEDIA)는 독자 여러분의 책에 관한 아이디어와 원고 투고를
> 기쁜 마음으로 기다리고 있습니다. 책 출간에 대한 아이디어가 있으신 분은 이메일
> maxedu@maxedu.co.kr로 간단한 개요와 취지, 연락처 등을 보내주세요.
> 작가가 되는 기회의 문을 두드리세요.